温飛卿詩集箋注

〔唐〕温庭筠　著
〔清〕曾　益等　箋注
王國安　標點

上海古籍出版社

圖書在版編目(CIP)數據

温飛卿詩集箋注/(唐)温庭筠著;(清)曾益等箋注;王國安標點.—上海:上海古籍出版社，1998.3
(2023.8重印)
(中國古典文學叢書)
ISBN 978-7-5325-2398-6

Ⅰ.温… Ⅱ.①温… ②曾…③王… Ⅲ.唐詩-注釋-
Ⅳ. I222.742

中國版本圖書館CIP數據核字(2008)第 040693 號

中國古典文學叢書
温飛卿詩集箋注
[唐] 温庭筠 著
[清] 曾益等 箋注
王國安 標點
上 海 古 籍 出 版 社 出版、發行
(上海市閔行區號景路159弄1-5號A座5F 郵政編碼 201101)
(1)網址:www.guji.com.cn
(2)E-mail:gujil@guji.com.cn
(3)易文網網址:www.ewen.co
常州市金壇古籍印刷廠有限公司印刷
開本 850×1168 1/32 印張 8.875 插頁 5 字數 152,000
1998年3月第1版 2023年8月第10次印刷
印數:19,251-19,850

ISBN 978-7-5325-2398-6
I·1221 平裝定價:45.00元

前言

在中國文學史上，温庭筠的名字是並不陌生的。他是晚唐重要作家之一。他和著名詩人李商隱齊名，世稱「温李」；他又是唐代第一個大量填詞的作家，對詞的發展有一定的影響。

温庭筠，本名岐，字飛卿，山西太原人。他是唐初宰相温彥博的裔孫。温氏一族，在隋末唐初是政治上的風雲人物，深得李唐王朝信任；但是，到了晚唐已衰微沒落。温庭筠生於公元八一二年，卒於公元八七〇年左右，主要生活在文、武、宣、懿四朝。晚唐時代，政治極其腐朽。統治集團內部朋比結黨，互相傾軋，把持朝政，壟斷仕途。温庭筠雖然年輕時就富有文學才華，「尤長於詩賦」〔一〕，但由於無人援引，因而屢舉進士不第；又因其生性傲岸，譏嘲權貴，得罪了宰相令狐綯，長期遭到排斥，一生中僅擔任過方城尉和國子監助教之類的小官。温庭筠的生活比較放蕩，史書上說他「士行塵雜，不修邊幅」，「與新進少年狂游狹邪」〔二〕，

〔一〕《舊唐書·文苑傳》。
〔二〕《舊唐書·文苑傳》。

從段成式的《戲贈飛卿》、《贈飛卿》等作來看，可知這並非全是誣詞，說明其在政治上長期失意之際，生活上是日趨頹放的。

一般說來，温庭筠的詩好用濃豔的詞藻，缺乏深刻的思想內容，存在比較濃厚的形式主義傾向。這種傾向，在他的樂府詩中表現得最爲明顯。本來在中唐時期，由於白居易等的倡導，詩人們「緣事而發」，競相創作新樂府，指摘時弊，反映現實，這種良好的風氣，在晚唐作家中並未消失。但是温庭筠的樂府詩，反映社會現實較少，而刻意追求的是形式的華美，描摹的是醉酒歌舞的奢靡生活，充滿了珠光寶氣、脂粉香澤。他的一部分五七律中，也有這樣的情況。這種浮豔輕靡的詩風，是和他長期出入歌場舞榭的放蕩生活分不開的。

然而，由於温庭筠同當權的大地主階級有一定的矛盾，落拓不遇的生活遭際，更使他對當時的弊政有較多的感觸，因此，他也寫出了一些反映現實、頗具進步內容的詩篇。例如其《燒歌》一詩，不僅生動地再現了唐代南方燒畬種田的習俗，更重要的是把批判的鋒芒直指封建統治集團，「誰知蒼翠容，盡作官家稅」，感嘆之中，深深地寄託了詩人對農民的同情和對統治集團的強烈不滿。《過華清宮二十二韻》敍述唐玄宗逸樂奢靡，終於招致安史之亂的經過，也有警誡之意。即使在他的樂府中，也有一些具有積極意義的佳作。《鷄鳴埭》寫齊武帝荒於畋獵，《春江花月夜》寫隋煬帝逸游江南，都是以歷史上帝王荒淫奢逸而破家亡國的內容爲題材，暗寓對當時統治者的諷刺。「蠻弦代雁曲如語，一醉昏昏天下迷。四方傾動風塵起，猶在濃香夢魂裏。後主荒宮有曉鶯，飛來只隔西江水」，何嘗不是對晚唐統治者的寫照？這類作品，在温庭筠集中雖然不多，但却是值得我們予以重視的。

温庭筠的詩中，比較多的篇什是咏嘆個人身世，抒發他懷才不遇、有志難酬的感慨。晚唐時代，仕途爲大地主階級所壟斷，要想在政治上獲得出路，只有取媚權貴，但温庭筠沒有這樣做，而是譏刺權貴，不願同流合汚。他詩中所反映的那種屢遭挫折的郁憤，在當時的歷史條件下是有一定的社會意義的。特别是他的有些詩作，把個人失意之感同憂時報國之情結合起來，更顯得可貴。他的《山中與諸道友夜坐聞邊防不寧因示同志》一詩，抒寫聽說邊境有警後的感受，語意很含蓄，但憂時感傷、報國無路的苦悶躍然紙上。當然，在温庭筠的這類詩中，也有一些寫得十分頽喪，或者流露出對於功名利祿的熱衷，這是需要我們加以區别對待的。

晚唐一些作家，往往好借弔古以抒懷，李商隱、杜牧都寫有不少詠史題材的傑作。温庭筠也有一部分詠史詩，成就較高，很有一些名篇。試舉《過五丈原》爲例：

鐵馬雲雕共絶塵，柳陰高壓漢宮春。天清殺氣屯關右，夜半妖星照渭濱。下國臥龍空寤主，中原得鹿不由人。象床寶帳無言語，從此譙周是老臣。

前四句追述蜀國大軍北進，氣勢浩大，表達了對諸葛亮北伐功敗垂成的惋惜；後四句慨嘆諸葛亮去世后，劉禪昏庸，主張投降的譙周得勢，以致功業全棄。詩從大處落筆，大處議論，識見卓越，格調清峻，在同類作品中洵稱佳製。它如贊美蘇武堅貞不屈的《蘇武廟》，感嘆文才無用的《蔡中郎墳》、《過陳琳墓》，大都自出機杼，寄情感於議論，寫得精彩動人。特別是《過陳琳墓》一首，直抒胸臆，沈鬱悲壯，深刻地表現了詩人飄泊不遇的思想感情。

温庭筠還有一些描寫自然景物的小詩，雖然缺乏深刻的思想內容，但大都寫得清新可喜，時有警句。如「鷄聲茅店月，人迹板橋霜」，狀景工細；「高風漢陽渡，初日郢門山」，壯闊雄峻；「波上馬嘶看櫂去，柳邊人歇待船歸」，活潑自然；都是歷代爲人傳誦的名句。

在藝術上，温庭筠的詩作是獨具風格的。當時，有人稱李商隱、段成式和温庭筠的詩體爲「三十六體」〔一〕，這主要是指他們「以穠緻相誇」〔二〕的一部分作品。其實温庭筠的詩作具有兩種不同的面貌。他的樂府詩和七古，受到吳歌西曲和梁陳宮體詩的影響較多；在唐代詩人中，則主要是模倣李賀，但又缺乏李賀詩中所蘊含的政治內容。有些作品，除了

〔一〕《舊唐書・文苑傳》。「十六」，是指他們在封建大家族裏兄弟一輩中的排行。宋王應麟《小學紺珠》：「三人皆行十六，故曰『三十六體』。」

〔二〕元辛文房《唐才子傳》李商隱條。

內容空虛外，由於過分講究藻飾，使人讀了產生朦朧恍惚的感覺，其詞意晦澀的弊病，較之李賀、李商隱更爲嚴重。而他的一部分近體詩，却是氣韻清拔，格調高峻，面貌同他的樂府詩迥然不同。清吳喬說，温庭筠「七古句雕字琢，腴而實枯，遠而實近……五言律尤多警句，七言律實自動人」〔一〕。說明昔人也早注意到了温庭筠詩作中的兩種不同風格。

温庭筠很注意詩歌語言的錘煉，遣詞造句不肯蹈襲前人。如果我們仔細地加以鑒別，剔除那些濃詞艷語，確能體味到其工麗奇崛的特點。除前面引述過的一些外，它如「一點黃塵起雁喧，白龍堆下千蹄馬。河源怒觸風如刀，剪斷朔雲天更高」，「百幅錦帆風力滿，連天展盡金芙蓉」等等，想像奇偉，筆力雄健，在晚唐詩人中並不多見。特別是他精通音樂，是個塡詞好手，駢文名家，因此他的詩歌語言往往富有音節之美，讀起來聲調和諧，一些樂府詩更是具有這一特點。

總的說來，温庭筠的全部詩歌反映重大社會現實較少，思想性較高的作品不多，但在藝術技巧上却有可取之處，藝術風格也有一定的特色。温李齊名，主要是他們某些作品風格比較近似，而從思想內容、藝術成就來看，温庭筠是不及李商隱的。

〔一〕清吳喬《圍爐詩話》。

温庭筠一生著述頗富，據《新唐書·藝文志》載，有《握蘭集》三卷，《金筌集》十卷，《詩集》五卷，《漢南眞稿》十卷；其中《握蘭》、《金筌》很可能是詞集，但全都散佚了。《温飛卿詩集箋注》是明末曾益編集作注，顧予咸加以補輯，其子顧嗣立補注重訂的。前後經過三人之手，特别是顧嗣立在重訂過程中，對曾注的訛誤多所糾正，並增補了不少注釋。此書考據較詳核，注釋簡明，雖然在校勘、注釋中還有一些不足之處，比如明毛晉所刻的《金荃集》是温庭筠詩的一種較好刻本，作者就未曾取校，但瑕不掩瑜，對於我們今天研究温庭筠的詩作仍能提供不少幫助。本書即據顧氏秀野草堂原刻本進行標點，校改了一些明顯的錯誤；並用毛晉刻本和《全唐詩》覆校一遍，擇要作出校記。同時輯録了温庭筠的詞和文，作爲附録，供讀者參考。顧氏刻本中原有的《舊唐書》本傳、諸家詩評和後記等，均移於書後作附録。本書校點中凡有錯誤或不當之處，殷切期望讀者指正。

王　國　安

一九七八年二月於復旦大學

溫飛卿詩集目錄

卷第一

卷第二

卷第三

卷第五

卷第六

卷第七

別集卷第八

集外詩卷第九

溫飛卿詩集卷第一

山陰 曾益(謙)原注 蘇州 顧予咸(小阮)補注 顧嗣立重校

雞鳴埭歌

一作曲。補：李延壽南史：齊武帝車駕數幸琅邪城，宮人常從早發，至湖北埭，雞始鳴，故呼爲雞鳴埭。金陵志：雞鳴埭在青溪西南潮溝之上，齊武帝早遊鍾山射雉，至此始聞雞鳴。許愼說文：壅水爲堰曰埭。

南朝天子射雉時，嗣立案：南史：齊武帝永明六年五月，左衞殿中將軍邯鄲超表陳射雉，書奏賜死。九月壬寅，於琅邪城講武，習水步軍。九年九月戊辰，幸琅邪城講武，觀者傾都，普頒酒肉。銀河耿耿星參差。白帖：天河謂之銀漢，亦曰銀河。銅壺漏斷夢初覺，張衡渾天儀制：以銅爲器，實以淸水，下各開孔，以玉虬吐漏水入兩壺。嗣立案：南齊書：武帝數遊幸苑囿，載宮人從後車。宮內深隱，不聞端門鼓漏聲，置鐘於景陽樓上，宮人聞鐘聲，早起裝飾。至今此鐘惟應五鼓及三鼓也。寶馬塵高人未知。史記李斯傳：中廐之寶馬，臣得賜之。補：徐陵移齊文：庸蜀寶馬，彌山不窮。魚濯蓮東蕩宮沼，吳曾漫錄：樂府江南詞：魚戲蓮葉東，魚戲蓮葉西，魚戲蓮葉南，魚戲蓮葉北。濛濛御柳懸棲鳥。紅妝萬戶鏡中春，補：費昶行路難：至尊離宮百餘處，千門萬戶不知曙。碧樹一聲天下曉。班固西都賦：珊瑚碧樹，周阿而生。嗣立案：淮南子：桃都山有大樹，名曰蟠桃，枝相去三千里。山上有天雞，日初出，照此木，天雞卽鳴，天下雞隨皆應之。盤踞勢窮三百年，張勃吳錄：諸葛亮謂大帝曰：「鍾山龍蟠，石頭虎踞。」補：隋薛道衡傳：郭璞云：「江表偏王三百年，還與中國合。」庾信哀江南賦：將非江表王氣，終於三百年乎！朱方殺氣成愁烟。補：吳地記：吳改朱方曰丹徒。江淹賦：爰契闊於朱方。晉天文志：條條片片，殺氣也。彗星拂地浪連海，補：淮南子：鯨魚死而彗星出。爾雅：彗星爲欃槍。注：亦謂之孛，言其形孛孛然如埽帚。戰鼓渡江塵漲天。嗣立案：南史：陳後主荒於酒色，不恤政事。隋文帝大作戰船，使投柹於江曰：「若彼能改，吾又何求？」及納蕭𪚴、蕭巖，隋文愈忿，以晉王廣爲元帥，督八十總管致討。補：家語：子貢曰：「兩壘相望，塵埃相接。」庾信賦：塵埃漲天。繡龍畫雉塡宮井，禮記：天子龍卷。劉熙釋名：衮，卷也，畫卷龍於衣也。又：王后之上服曰褘衣，畫翬雉之文於衣也。補：南史：隋軍克臺城，貴妃與後主俱入井。隋軍出之，晉王廣命斬於青溪中。南畿志：景陽井在臺城內，陳後主與張麗華、孔貴嬪投其中以避隋兵。舊傳闌有石脈，以帛拭之作臙脂痕，名臙脂井。一名辱井。在法華寺。野火風驅燒九鼎。嗣立案：南史：大皇佛寺起七層塔，未畢，火從中起，飛至石頭，死者甚衆。左傳：武王遷九鼎於洛邑。殿巢江燕砌生蒿，廣雅：砌，戺也。詩：呦呦鹿鳴，食野之蒿。注：菣也，卽青蒿。十二金人霜炯炯。司馬遷史記：始皇收天下兵，聚之咸陽，銷以爲鍾鐻，金人十二，重各千石，置宮廷中。芊綿平綠臺城基，南畿志：臺城在鍾山側。補：容齋隨筆：晉、宋後謂朝廷禁省爲臺，故稱禁城爲臺城。暖色春空一作容。荒古陂。寧知玉樹後庭曲，嗣立案：陳書：後主、貴妃遊宴，使諸貴人、女學士與狎客共賦新詩，互相贈答，采其尤豔麗者，以爲曲調，被以新聲，選宮女有容色者以千百數，令習而歌之。其曲有玉樹後庭花、臨春樂等，大抵皆美張貴妃、孔貴嬪之容色也。舊唐志：玉樹後庭花，太簇商曲也。陳後主所作。其曲云：「妖妃臉似花含露，玉樹流光照後庭。」留待野棠如雪枝。崔豹古今注：棠梨，合歡也。

織錦詞

丁東細漏侵瓊一作瑤。瑟，影轉高梧月初出。梁簡文帝詩：避暑高梧側，輕風時入襟。詩：月出皎兮。補：公孫乘月賦：猗嗟明月，當心而出。簇簌金梭萬縷紅，祕閣閒話：蔡州蔡氏七夕禱天，得金梭。詳卷三。鴛鴦豔錦初成匹。劉孝威詩：蒲萄始欲罷，鴛鴦猶未成。嗣立案：葛洪西京雜記：霍光妻遺淳于衍蒲萄錦二十四匹、散花綾二十五匹。綾出鉅鹿陳寶光家。寶光妻傳其法，霍顯召入其第，使作之。機用一百二十鑷，六十日成一匹。錦中百結皆同心，梁武帝詩：腰間雙綺帶，夢爲同心結。蕊亂雲盤相間深。陸翽鄴中記：錦有大茱萸、小茱萸、蒲萄文錦、桃核文錦。補：杜甫白絲行：萬草千花動凝碧。王子年拾遺記：蠕支國有列堞錦，文似雲霞，覆於日月，如城雉樓堞也。此意欲傳傳不得，玫瑰作柱朱弦琴。補：司馬相如子虛賦：其石則赤玉玫瑰。晉灼曰：玫瑰，火齊珠也。嗣立案：才調集徐注：沈約詩：寶瑟玫瑰柱。尚書大傳：大琴朱弦。爲君裁破合歡被，古詩：文彩雙鴛鴦，裁爲合歡被。星斗迢迢一作寥寥。共千里。補：古詩：迢迢牽牛星，皎皎河漢女。謝莊月賦：隔千里兮共明月。象齒一作尺。熏鑪未覺秋，補：左傳：象有齒以焚其身。西京雜記：天子以象牙爲火籠。謝惠連雪賦：燎熏鑪兮炳明燭。江淹別賦：共金鑪之夕香。碧池中才調集作已。有新蓮子。補：庾信詩：深紅蓮子豔，細錦鳳皇花。

夜宴謠

長釵墜髮雙蜻蜓，碧盡山斜開畫屏。虬須一作髯。公子五侯客，魏志：崔琰虬須，對客直視。荀悅漢紀：谷永與齊人樓護，俱爲五侯上客。一飲千鍾如建瓴。補：孔叢子：平原君與子高飲，強子高酒曰：「昔有遺諺：堯舜千鍾，孔子百壺，子路嗑嗑，尙飲百榼。古之賢無不能飲者也，吾子何辭焉！」漢書高帝紀：下兵於諸侯，譬猶高屋之上建瓴水也。鸞咽奼一作妖。唱圓無節，說文：鸞，赤文五彩，鳴中五音。補：張率白紵歌：歌兒流唱聲欲淸，舞女趁節體自輕。眉斂湘烟袖回雪。海錄碎事：唐明皇令畫工畫十眉圖，一曰涵烟眉。補：張衡舞賦：裾似飛燕，袖如回雪。淸夜恩情四座同，莫令溝水東西別。補：卓文君白頭吟：今日斗酒會，明旦溝水頭。躞蹀御溝上，溝水東西流。亭亭蠟淚香珠殘，郭茂倩樂府詩集作濺。庾信對燭賦：銅荷承蠟淚，鐵鋏染浮烟。暗露曉樂府詩集作小。風羅幕寒。見卷二。飄飄一作飆。戟帶儼相次，二十四枝龍畫竿。典略：天子戟二十有四。詳卷二。裂管縈弦共繁曲，補：白居易詩：翕然聲作疑管裂。隋煬帝詩：淸歌宛轉繁弦促。芳尊細浪傾春醁。補：盛弘之荆州記：淥水出豫章康樂縣，其間烏程鄉有酒官，取水爲酒，酒極甘美，與湘東鄙湖酒年常獻之，世稱酃淥酒。酃淥、酃醁同。高樓客散杏花多，補：曹植詩：明月照高樓，流光正徘徊。崔寔四民月令引農語：二月昏，參星夕，杏花盛，桑葉白。脈脈新蟾如瞪目。補：張衡靈憲：姮娥奔月，是爲蟾蜍。劉孝綽詩：攢柯半玉蟾。王延壽魯靈光殿賦：齊首目以瞪眄。埤蒼：瞪，直視也。

蓮浦謠

鳴橈軋軋溪溶溶，杜甫詩：鳴橈總發時。廢綠平烟吳苑東。吳苑注詳下。水淸蓮媚兩相向，鏡裏見愁愁更紅。補：梁昭明太子采蓮曲：桂楫蘭橈浮碧水，江花玉面兩相似。白馬金鞭一作鞍。大隄上，補：隋煬帝詩：白馬金貝裝，橫行遼水傍。陳沈炯詩：陳王裝腦勒，晉后鑄金鞭。襄陽樂歌：朝發襄陽城，暮至大隄宿。大隄諸女兒，花豔驚郎目。西江日夕多風浪。補：梁簡文帝曲：采蓮渡頭擬黃河，郎今欲度畏風波。費昶采菱曲：日斜天欲暮，風生浪未息。荷心有露似驪珠，薛道衡詩：荷心宜露泫。庾信詩：秋露似珠圓。莊子：千金之珠，必在九重之淵，驪龍頷下，能得珠者，必遭其睡也。不是眞圓亦搖蕩。補：白居易詩：荷露雖團豈是珠。

郭處士擊甌歌

補：段安節樂府雜錄：唐武宗朝，郭道源善擊甌，率以邢甌、越甌十二隻，旋加減水其中，以筯擊之。

佶栗金虯石潭古，說文：虯，龍子無角。玉篇：虯，無角龍也。俗作虬。勺陂瀲灩幽修語。嗣立案：徐注：漢地理志：滭水至壽入芍陂。木華海賦：潋滟瀲灩。李善曰：瀲灩，相連之貌。湘君寶馬上神雲，劉向列女傳：舜陟方死於蒼梧，二妃死於江、湘之間，俗謂之湘君。嗣立案：屈原楚辭湘夫人：朝馳余馬兮江皋。又：靈之來兮如雲。碎佩叢鈴滿烟雨。嗣立案：詩：雜佩以贈之。傳：佩玉上有葱珩，下有雙璜衝牙，蠙珠以納其間。楚辭湘君：捐余玦兮江中，遺余珮兮澧浦。詩：和鈴央央。傳：和在軾前，鈴在旂上。吾聞三十一本無三十字。六宮花離離，李賀詩：三十六宮土花碧。輭風吹春星斗稀。補：魏武帝樂府：月明星稀，烏鵲南飛。玉晨冷一作吟。磬破昏夢，上清紫晨君經：上皇先生紫晨君，蓋二儀之胤，玉晨之精。天露未乾香著衣。徐注：列星圖：天乳一星在氐北，主甘露，占明潤則甘露降。蘭釵委墜垂雲髮，後漢梁冀傳：冀妻孫壽造倭墮髻。補：古今注：墮馬髻，今無復作者。倭墮髻，一云墮馬之餘形也。古樂府：頭上倭墮髻。司馬相如賦：雲髮豐豔。小響丁當逐回雪。曹植洛神賦：飄颻兮若流風之回雪。晴碧烟滋重疊山，補：江淹詩：閨草含碧滋。宋玉高唐賦：重疊增益。羅屏半掩桃花月。太平天子駐雲車，補：漢武故事：帝乘小車，畫雲其上。王建宮詞：太平天子朝元日，五色雲車駕六龍。龍鑪勃鬱雙蟠拏。補：梁沈約和劉繪博山香鑪詩：蛟螭盤其下，驤首盼曾穹。宮中近臣抱扇立，杜甫詩：雲移雉尾開宮扇。侍女低鬟落翠花。杜甫詩：戶外昭容紫袖垂。亂珠觸續正跳蕩，補：白居易琵琶行：嘈嘈切切錯雜彈，大珠小珠落玉盤。傾頭不覺金烏斜。補：張衡靈憲：日，陽精之宗，積而成烏，烏有三趾。唐太宗詩：紅輪不暫駐，烏飛豈復停。我亦爲君長歎一作太。息，緘情遠寄愁無色。莫霑香夢緣楊絲，千里春風正無力。嗣立案：北魏樂府楊白花：春風一夜入閨闥，楊花飄蕩落南家。含情出戶脚無力，拾得楊花淚霑臆。

遐水謠

天兵九月渡遐水，馬蹋沙鳴雁聲一作驚雁。起。邊地圖：鳴沙，在沙州沙角山。沙如乾糖，人馬過此，則沙鳴有聲，聞數里外。或隨人足而墮，經宿復還山上。即禹貢所稱流沙。殺氣空高萬里情，塞寒如箭傷一作雙。眸子。狼烟堡上霜漫漫，段成式酉陽雜俎：狼糞烟直上，烽火用之。枯葉飄一作號。風天地乾。犀帶鼠裘無暖色，官制：中書舍人犀帶佩魚。補：杜甫詩：暖客貂鼠裘。淸光炯冷黃金鞍。補：沈約白馬篇：白馬紫金鞍，停鑣過上蘭。虜塵如霧罩一作昏。亭障，蒯立案：秦始皇紀：築亭障以逐戎人。匈奴傳：築城障列亭。顧胤云：障，山中小城。亭，候望所居也。庾信詩：蕭條亭障遠，悽慘風塵多。隴首年年漢飛將。柳惲詩：亭皐木葉下，隴首秋雲飛。漢書：李廣爲右北平太守，匈奴號曰「漢之飛將軍」。麟閣無名期未歸，漢書：甘露三年，單于入朝。上思股肱之美，乃圖畫大將軍霍光等十一人於麒麟閣。張晏曰：武帝獲麒麟時作此閣。樓中思婦徒相望。沈約詩：高樓切思婦，西園遊上才。

曉仙謠

玉妃喚月歸海宮，靈寶赤書經：元始登命，太眞案筆，玉妃拂筵，鑄金爲簡，刻書玉篇。徐堅初學記引史記：蓬萊、方丈、瀛洲，此三神山，諸仙及不死藥在焉。黃金白銀爲宮闕，未至，望之如雲；及到，三山反居水下。欲到，則風引船而去，終莫能至者。月色澹白涵春空。銀河欲轉星醫醫，碧浪疊山埋早紅。宮花有露如新淚，補：劉子：春花含日似笑，秋露泫葉如泣。曹植浮萍篇：悲風來入懷，淚落如垂露。小苑叢叢樂府詩集作茸茸。入寒翠。綺閣空傳唱漏聲，補：枚乘雜詩：交疏結綺窗，阿閣三重階。李賀詩：幾回天上葬神仙，漏聲相將無斷絕。網軒未辨凌雲字。沈約詠月詩：網軒映珠綴，應門照綠苔。劉義慶世說新語：荀羨登北固山望海，云：「雖未覩三山，便自使人有凌雲意。」遙遙珠帳連湘烟，漢武故事：以琉璃、珠玉、明月、夜光，錯雜天下珍寶爲甲帳。詳卷八。鶴扇一作羽。如霜金骨仙。陸機羽扇賦：昔楚襄王會於章臺之上，大夫宋玉、唐勒侍，皆操白鶴之羽以爲扇，諸侯掩麈尾而笑。謝惠連白羽扇贊：涼齊清風，素同冰雪。東方朔十洲記：東海之西岸有扶桑，人食其椹，體骨皆作金色，高飛翔空。碧簫曲盡彩霞動，補：鮑照升天行：鳳臺無還駕，簫管有遺聲。江淹仙陽亭詩：下視雄虹照，俯看彩霞明。下視九州皆悄然。補：李賀詩：遙望齊州九點烟，一泓海水杯中瀉。秦王女騎紅尾鳳，列女傳：蕭史者，秦繆公時人也。善吹簫，繆公有女弄玉好之，公遂以妻焉。遂教弄玉作鳳鳴。居數十年，吹似鳳聲，鳳皇來止其屋，爲作鳳臺。夫婦止其上不下，數年，一旦皆隨鳳皇飛去。江淹詩：畫作秦王女，乘鸞向烟霧。乘一作半。空回首晨雞弄。補：太玄經：雌雞晨鳴，雄雞宛頭。霧一作露。蓋狂塵億兆一作萬。家，算法：十萬爲億，十億爲兆。世人猶作牽情夢。

錦城曲

補：元和郡國志：錦城在成都縣南十里，故錦官城也。益州記：錦城在益州南笮橋東流江南岸，昔蜀時故錦官也。今號錦城，城墉猶在。酈道元水經注：道西城故錦官也。言錦工織錦，則濯之江流，而錦至鮮明；濯以他江，則錦色弱矣。

蜀山攢黛留晴雪，字義：獨立水中曰蜀。畫品：巉嵯嵚崟，巴蜀之山也。三峽記：峨嵋積雪，經時不散。簝筍蕨牙縈九折。補：左思蜀都賦：馳九折之阪。水經注：崍山，邛崍山也。在漢嘉、嚴道縣。一曰新道南山。有九折阪，夏則凝冰，冬則毒寒，王陽按轡處也。江風吹巧翦霞綃，花上千枝杜鵑血。補：埤雅：杜鵑，一名子規，苦啼，啼血不止。一名怨鳥。夜啼達旦，血漬草木。凡始鳴皆北向，啼苦則倒懸於樹。劉敬叔異苑：杜鵑始陽相催而鳴，先鳴者吐血死。杜鵑飛入巖下叢，夜叫思歸山月中。補：零陵地志：思歸，其音似「不如歸去」。巴水漾情情不盡，補：水經注：巴，漢世郡治江州，巴水北北府城是也。三巴記：閬、白二水東南流，曲折三回如巴字。文君織得春機紅。司馬相如傳：相如與臨邛令相善。臨邛富人卓王孫有女文君，新寡，好音，相如以琴心挑之，夜奔相如。蜀都賦：百室離房，機杼相和。貝錦斐成，濯色江波。怨魄未歸芳草死，補：蜀記：昔有人姓杜名宇，王蜀，號曰望帝。宇死，俗說云宇化爲子規。子規，鳥名也。蜀人聞子規鳴，皆曰望帝也。成都記：望帝死，其魂化爲鳥，名曰杜鵑，亦曰子規。蜀都賦：鳥生杜宇之魄。屈原離騷：恐鵜鴂之先鳴兮，使夫百草爲之不芳。王逸注：言我恐鵜鴂以春分鳴，使百草華英摧落，芬芳不成也。江頭學種相思子。左思吳都賦：相思之樹。嗣立案：徐注：王維詩：紅豆生南國，春來發幾枝。勸君多采擷，此物最相思。即此也。樹成寄與望鄉人，益州記：升仙亭夾路有二臺，一名望鄉臺，在華陽縣北九里。成都記：望鄉臺，隋蜀王秀所築。白帝荒城一作城荒。五千里。嗣立案：全蜀總志：白帝城在夔州府治東五里。元和郡國志：公孫述至魚復，有白龍出井中，因號魚復爲白帝城。水經注：白帝山城周回二百八十步，北緣馬嶺，接赤岬山，其間平處，南北相去八十五丈，東西七十丈；又東傍東瀼溪，即以爲隍，西南臨大江，闞之眩目；惟馬嶺小差委迤，猶斬山爲路，羊腸數四，然後得上。蜀都賦：經途所亘五千餘里。

生禖屏風歌

補：禮記月令：仲春之月，玄鳥至。至之日，以太牢祀於高禖。天子親往，后妃帥九嬪御，乃禮。天子所御，帶以弓韣，授以弓矢于高禖之前。鄭玄曰：高辛氏之世，玄鳥遺卵，娀簡吞之而生契。後王以爲媒官，嘉祥而立其祠焉。變媒言禖，神之也。嗣立案：漢書東方朔傳：有封泰山，責和氏璧及皇太子生禖，屏風，殿上柏柱，平樂觀賦獵，八言、七言上下。枚皋傳：武帝春秋二十九，乃得皇子，羣臣喜，故皋與東方朔作皇太子生賦及立皇子禖祝，受詔所爲，皆不從故事，重皇子也。後漢書注：晉元康中，高禖壇上石破，詔問出何經典，朝士莫知。博士束晳答曰：「漢武帝晚得太子，始爲立高禖之祠。高禖者，人之先也。故立石爲主，祀以太牢。」

玉墀暗接昆侖井，漢武帝落葉哀蟬曲：玉墀兮塵生。桑欽水經：昆侖墟在西北，去嵩高五萬里地之中也。其高萬一千里。呂氏春秋：昆侖之井。井上無人金索冷。補：戴延之西征記：太極殿上有金井闌、金博山、金轆轤，蛟龍負山於井上。李正封詩：宵潤玉堂簾，露寒金井索。畫壁陰森九子堂，漢書成帝紀：元帝在太子宮生甲觀畫堂，爲世嫡皇孫。應劭曰：甲觀在太子宮甲地，畫堂畫九子母。階前碎月鋪花影。繡屏銀鴨香蓊濛，漢羊勝屏風賦：重葩累繡，沓璧連璋。補：李賀詩：深幃金鴨冷。李商隱詩：睡鴨香爐換夕熏。天上夢歸花繞叢。補：漢書：薄姬曰：「昨夜夢蒼龍據妾胸。」上曰：「此貴徵也，吾爲汝成之。」遂幸，有身，生文帝。宜男漫作後庭草，風土記：宜男草，一名鹿葱，宜懷妊婦人佩之，必生男。補：庾信傷心賦：風無少女，草不宜男。不似櫻桃千子紅。

嘲春風

春風何處好？別殿饒芳草。苒嫋轉鸞旗，詩：鸞旗戾止。萎蕤吹雉葆。補：張衡東京賦：羽蓋威蕤。善曰：羽貌。揚芳歷九門，禮記注：天子九門：路門，應門，雉門，庫門，皋門，城門，近郊門，遠郊門，關門也。澹蕩入蘭蓀。鮑照白紵歌：春風澹蕩俠思多。沈約和謝宣城詩：昔賢侔時雨，今守馥蘭蓀。注：蓀，香草名也。爭奈白團扇，時時偷主恩。嗣立案：班倢伃怨歌行：新裂齊紈素，皎潔如霜雪。裁爲合歡扇，團團似明月。出入君懷袖，動搖微風發。常恐秋節至，涼風奪炎熱。棄捐篋笥中，恩情中道絕。

舞衣曲

藕腸纖縷抽輕春，東晳補亡詩：草以春抽。烟機漠漠嬌蛾一作娥。嚬。補：謝朓詩：生烟紛漠漠。詩：螓首蛾眉。師古曰：蛾眉，形若蠶蛾眉也。梁劉孝綽同武陵王看伎詩：送態表嚬蛾。金梭淅瀝透空薄，金梭注見上。剪落交刀一作鮫綃。吹斷雲。補：東宮舊事：太子納妃，有龍頭金縷交刀四。張家公子夜聞雨，補：漢五行志：成帝時童謠云：燕燕尾涎涎。張公子，時相見。謂富平侯張放也。夜向蘭堂思楚舞。張衡南都賦：揖讓而升宴於蘭堂。史記：戚夫人泣，上曰：「爲我楚舞，吾爲若楚歌。」蟬衫麟帶壓愁香，梁簡文帝詩：衫薄擬蟬輕。李賀詩：玉刻麒麟腰帶紅。偷得鶯簧樂府詩集作黃鶯。鎖樂府詩集作銷。金縷。補：劉孝威東飛伯勞歌：瓊筵玉笥金縷衣。管含蘭氣嬌語悲，補：洛神賦：含辭未吐，氣若幽蘭。胡槽雪腕鴛鴦絲。嗣立案：張籍詩：黃金捍撥紫檀槽。晉樂府雙行纏：朱絲繫腕繩，眞如白雪凝。李白詩：蜀琴欲奏鴛鴦弦。芙蓉力弱應難定，嗣立案：世說補：江從簡小時有文情，作采荷調以刺何敬容曰：「欲持荷作柱，荷弱不勝梁。欲持荷作鏡，荷暗本無光。」楊柳風多不自持。嗣立案：梁元帝春別應令詩：門前楊柳亂如絲，直置佳人不自持。沈約春思：楊柳亂如絲，綺羅不自持。回嚬笑語西窗客，星斗寥寥波脈脈。古詩：盈盈一水間，脈脈不得語。不逐秦王卷象牀，嗣立案：晉樂志：成帝咸康七年用顧臻表，除高絙、紫鹿、跂行、鼈食及秦王卷衣、笮兒等樂。吳兢樂府古題要解：秦王卷衣曲，言咸陽春景及宮闕之美，秦王卷衣以贈所歡也。戰國策：孟嘗君出行國，至楚，獻象牀。注：象齒爲牀。鮑照白紵歌：象牀瑤席鎭犀渠。滿樓明月梨花白。補：劉孝綽于座應令詠梨花詩：詎匹龍樓下，素蕊映華扉。

張靜婉采蓮曲 幷序〇曲一作歌。

靜婉，羊侃伎也。其容絕世。侃自爲采蓮二曲，今樂府所存失其故意，因歌以俟采詩者。事具載梁史。補：南史：羊侃字祖忻，泰山梁父人。善音律，自造采蓮、櫂歌兩曲，甚有新致。姬妾列侍，窮極奢靡。有舞人張淨琬，腰圍一尺六寸，時人咸推能掌上舞。淨琬、靜婉同。

蘭膏墜髮紅玉春，補：宋玉招魂：蘭膏明燭，華容備些。注：以蘭香練膏也。西京雜記：趙飛燕與女弟昭儀，并色如紅玉，爲當時第一，皆擅寵後宮。燕釵拖頸拋盤雲。補：郭子横洞冥記：元鼎元年起昭靈閣，有神女留一玉釵，帝以賜趙倢伃。元鳳中，宮人謀欲碎之，視釵柙，惟見白燕升天。宮人因作玉燕釵。詩：鬒髮如雲。城西楊柳向嬌一作橋。晚，門前溝水波粼粼。補：謝朓詩：垂楊蔭御溝。古今注：長安御溝謂之楊溝，植楊於其上。詩：揚之水，白石粼粼。麒麟公子朝天客，注見上。珂一作珮。馬璫璫才調集作堂堂。度春陌。補：西京雜記：長安盛飾鞍馬，競加雕鏤，皆以南海白蜃爲珂，猶以不鳴爲患，或加以鈴鑷，走則如撞鐘磬。掌中無力舞衣輕，補：飛燕外傳：成帝獲飛燕，身輕欲不勝風，恐其飄翥，帝爲造水晶盤，令宮人掌之而歌舞。翦斷鮫綃破春碧。張華博物志：鮫人從水中出，曾寄寓人家，積日賣綃。鮫人臨去，從主人索器，泣而出珠滿盤，以與主人。嗣立案：任昉述異記：鮫人即泉先也，又名泉客。南海出鮫綃紗，泉先潛織。一名龍紗。其價百餘金，以爲服，入水不濡。抱月飄烟一尺腰，嗣立案：許顗詩話：舞人張靜婉腰圍一尺六寸，能掌上舞，唐人作楊柳枝詞云：「認得羊家靜婉腰。」麝臍龍髓一作腦。憐嬌饒。一作嬈。嗣立案：埤雅廣要：麝似麞而小，黑色，好食柏葉，啗蛇。香在陰莖前皮內，別有膜袋裹之。每爲人逐，迫即投巖，急自舉爪剔出香投之，就絷且死，猶拱四足保臍。麝香落處，草木皆焦黃。酉陽雜俎：龍腦香樹出婆利國，亦出波斯國。樹高八九丈，大可六七圍，葉圓而背白無花實，香在木心中。斷其樹，劈取之，膏於樹端流出，斫樹作坎而承之。秋羅拂水碎光𨔝，𨔝，古文動字。補：梁元帝蕩婦秋思賦：秋水文波，秋雲似羅。露重花多香不銷。鸂鶒交交一作膠膠。塘水滿，吳都賦：鸂鶒鷛鷞。注：水鳥也。詳卷六。綠萍金才調集作芒如。粟蓮莖短。補：謝靈運詩：綠蘋齊初葉。一夜西風送雨來，粉痕零落愁紅淺。杜甫詩：露冷蓮房墜粉紅。船頭折藕絲暗牽，嗣立案：梁簡文帝櫂歌行：葉亂由牽荇，絲飄爲折蓮。采蓮：荷絲傍皓腕，菱角遠牽衣。藕根蓮子相留連。嗣立案：樂府青陽歌曲：下有並根藕，上有同心蓮。郎心似月月易一作未。缺，謝靈運月賦：昨三五兮既滿，今二八兮將缺。十五十六清光圓。嗣立案：鮑照玩月詩：三五二八時，千里與君同。沈約詠月詩：洞房殊未曉，清光信悠哉！

湘宮人歌

池塘芳意溼，楊師道春朝閒步詩：池塘藉芳草。夜半東風起。生綠畫羅屏，西京雜記：昭陽殿中設木畫屏風，文如蜘蛛絲縷。金壺貯春水。補：殷夔刻漏法：爲器三重，門皆徑尺，差立於方輿踟躕之上，爲金龍口吐水，轉注入踟躕經緯之中。鮑照詩：金壺啓夕淪。注：金壺之漏，已啓夕波。黃粉楚宮人，酉陽雜俎：近代妝尙靨如射月，曰黃星靨。李賀詩：入苑白泱泱，宮人正靨黃。方飛一作芳花。玉刻鱗。娟娟照棋燭，不語兩含嚬。原注：讀曲歌：明鐙照空局，悠然未有期。

黃曇子歌

補：郭茂倩樂府詩集：晉書五行志：桓石民爲荊州，百姓忽歌黃曇子曲。後石民死，王忱爲荊州之應。黃曇子，王忱字也。案：橫吹曲李延年二十八解有黃覃子，不知與此同否。凡歌辭考之與事不合者，但因其聲而作歌爾。

參差綠蒲短，搖豔雲一作春。塘滿。補：塘上行古詞：蒲生我池中，綠葉何離離。紅瀲蕩融融，鶯翁灘鵝暖。萋芊小城一作成。路，馬上修蛾嬾。曹植洛神賦：修眉蛾蛾。羅衫褭回一作向。風，補：上聲歌：新衫繡兩端，迮著羅裙裏。行行動微塵，羅裙隨風轉。點粉金鸝卵。補：國語：鳥翼鷇卵。韋昭曰：未乳曰卵。

觱篥歌

原注：李相伎人吹。○補：樂府雜錄：觱篥者，本龜茲國樂，亦名悲栗。以竹爲管，以蘆爲首，其聲悲栗，有類於笳也。嗣立案：桂苑叢談：咸通中，丞相李蔚自大梁移鎮淮海。浙右小校薛陽陶監押度支運米入城，公喜其姓名有同曩日朱崖李相左右者，遂令試詢之，果是舊人。公甚喜，留止別館。一日召陽陶遊，詢其所聞及往日蘆管之事，薛因獻朱崖李相、陸暢、元、白所撰歌一軸，公益喜之。次出蘆管於賞心亭奏之，其管絕微，每於一觱篥中常容三管，聲如天際自然而來，情思寬閒。公大嘉賞之，贈詩有云：「虛心纖質雁銜餘，鳳吹龍吟定不如。」劉昫舊唐書：李蔚，咸通中以京兆尹、太常卿同平章事，加中書侍郎。罷相，出爲山南東道節度使、宣武軍節度觀察等使，轉淮南節度副大使。本集有獻淮南李僕射五十韻詩可以參考。

蠟烟如纛新蟾滿，韓翃詩：日暮漢宮傳蠟燭，輕烟散入五侯家。補：古詩：三五明月滿，四五蟾兔缺。門外沙平一作平沙。草牙短。補：李肇國史補：凡拜相，禮絕班行，府縣載沙填路，自私第至子城東街，名曰沙隄。黑頭丞相九天歸，世說：諸葛道明初過江左，丞相謂曰：「明府當爲黑頭公。」夜聽飛瓊吹朔管。漢武故事：西王母命侍女許飛瓊鼓震靈之簧。情遠氣調蘭蕙熏，補：宋玉神女賦：吐芬芳其若蘭。天香瑞彩含絪緼。補：易：天地絪緼，萬物化醇。皓然纖指都揭血，日暖碧霄無片雲。含商咀徵雙幽咽，鮑照白紵歌：含商咀徵歌露晞。軟縠疎羅共蕭屑。一作瑟。補：子虛賦：雜纖羅，垂霧縠。拾遺記：吳主趙夫人析髮以神膠續之，乃織爲羅縠，累月而成。裁之爲幔，内外視之，飄飄如烟氣輕動，而房中自涼。何遜詩：長風正騷屑。不盡長圓疊翠愁，柳風吹破澄潭月。鳴梭淅瀝金絲蕊，恨語殷勤隴頭水。補：樂府隴頭歌：隴頭流水，鳴聲幽咽。遙望秦川，肝腸斷絶。漢將營前萬里沙，地理志：萊陽夾河而岸沙，長二百餘里，名萬里沙。更深一一霜鴻起。鮑照詩：霜高落塞鴻。十二樓前花正繁，補：漢郊祀志：方士有言黄帝時爲五城十二樓，以候神人於執期。應劭曰：昆侖玄圃五城十二樓，仙人之所常居。交枝簇蒂連壁一作璧。門。王融遊仙詩：璧門涼月舉。景陽宮女正愁絶，宮苑記：齊武帝置鐘景陽樓上，令宮人聞鐘聲幷起妝飾。詳見上。莫使此聲催斷魂。補：江淹恨賦：一旦魂斷。

照影曲

景陽妝罷瓊窗暖，注見上。欲照澄明香步嬾。孟浩然詩：澄明愛水物。補：王子年拾遺記：石崇篩沈水之香如塵末，布致象牀上，使所愛踐之，無迹即賜眞珠百粒，若有迹者，則節其飲食，令體輕弱。梁元帝烏栖曲：蘭房椒閣夜方開，那知步步香風逐。橋上衣多抱彩雲，江淹詩：日暮崦嵫合，參差彩雲重。金鮮才調集作鱗。不動春塘滿。沈約詩：白水滿春塘。黄印額山輕爲塵，補：梁簡文帝詩：同安鬟裏撥，異作額間黄。庾信樂府：眉心濃黛直點，額角輕黃細安。翠鱗紅稞俱含顰。桃花百媚如欲語，補：古詩：自有桃花容。古樂府：思我百媚娘。李白詩：荷花嬌欲語，愁殺蕩舟人。曾爲一作謂。無雙今兩身。補：古樂府：纖纖作細步，精妙世無雙。

公無渡河一作拂舞詞。嗣立案：樂府古題要解：公無渡河本箜篌引。霍里子高晨起刺船，見一白首狂夫，披髮提壺，亂流而渡，其妻隨止之不及，遂溺死。於是其妻援箜篌而鼓之，作歌曰：「公無渡河，公竟渡河。墮河而死，當奈公何！」聲甚悽愴，曲終亦投河而死。子高還語其妻麗玉，麗玉傷之，乃引箜篌寫其聲，聞者莫不墮淚飲泣。麗玉以其聲傳鄰女麗容，名曰箜篌引。

黃河怒浪連天來，爾雅：河出昆侖墟，所渠并千七百一川，色黃。李白將進酒：君不見黃河之水天上來。大響谹谹一作肱肱。如殷雷。補：揚子法言：非雷非霆，殷殷谹谹。詩：殷其雷。龍伯驅風不敢上，補：列子：龍伯之國。河圖玉版：昆侖以北九萬里龍伯國，人長三十丈，萬八千歲。百川噴雪高崔嵬。二十三一作五。弦何太哀，嗣立案：周禮樂器圖：雅瑟二十三弦，頌瑟二十五弦。呂氏春秋：朱襄氏作五弦瑟，以來陰氣，以定羣生。瞽叟乃拌五弦爲十五弦之瑟，命之曰大章。舜立，乃益八弦爲二十三弦之瑟。高氏小史：太昊作二十五弦箜篌。漢書郊祀志：泰帝使素女鼓五十弦瑟，悲，帝禁不止，故破其瑟爲二十五弦。請公莫渡立徘回。注見上。下有狂蛟鋸爲尾，補：王建公無渡河：蛟龍齧尸魚食血。裂帆截櫂磨霜齒。補：張正見公無渡河：櫂折桃花水，帆橫竹箭流。李白公無渡河：有長鯨白齒若雪山。神椎鑿石塞神潭，晉書祖約傳：約曰：「假有神椎，必有神槌。」白馬⿺走參⿺走覃赤塵起。補：吳都賦：⿺走參⿺走覃⿰犭立⿰扌栗。善曰：相隨驅逐衆多貌。公乎躍馬揚玉鞭，見卷二。滅沒高蹄日千里。孫卿子：騏驥一日千里。

太液池歌

嗣立案：漢書：作建章宮，其北治大池，漸臺高二十餘丈，名曰泰液，池中有蓬萊、方丈、瀛洲、壺梁，象海中神山龜魚之屬。師古曰：太液池者，言其津潤所及廣也。西京雜記：太液池邊皆是彫胡、紫蘀、綠節之類。菰之有米者，長安謂爲彫胡。葭蘆之未解葉者，謂之紫蘀。菰之有首者，謂之綠節。其間鳧雛、雁子布滿充積，又多紫龜、綠鼈，池邊多平沙，沙上鵁鶄、鶬鴰、鳷鵲、鴻鶂，動輒成羣。

腥鮮龍氣連清防，嗣立案：三輔故事：太液池北岸有石魚，長二丈，高五尺，西岸有石龜三枚，長六尺。夏侯沖答潘岳詩：相思限清防。顏延之詩：踟躕清防密。注：清防，謂屏風也。一云防扞水者。周禮：以防止水。劉楨詩：流波爲魚防。花風漾漾吹細光。補：梁簡文帝詩：花風暗裏覺。疊瀾不定照天井，倒影蕩搖一作漾。晴翠長。西京賦：蔕倒茄于藻井，披紅葩之狎獵。補：陵陽子明經：倒景氣去地四千里，其景皆倒在下。景、影同。平碧淺春生綠塘，雲容雨態連春蒼。宋玉高唐賦：旦爲朝雲，暮爲行雨。夜深銀漢通柏梁，漢書：元鼎二年春，起柏梁臺。漢武故事：以香柏爲之，香聞數十里。二十八宿朝玉堂。補：後漢書論：中興二十八將，前世以爲上應二十八宿。

漢書：建章宮南有玉堂。漢宮闕簿：長安有玉堂殿，去地十二丈，基階皆用玉，故名。

雉場歌

綱立案：南史：東昏侯置射雉場二百十六處，每出輒與鷹犬隊主徐令孫、媒翳隊主俞靈韻齊馬而走，左右爭逐之。

茭葉萋萋接烟樹，一作曙。詩：其葉萋萋。雞鳴埭上梨花露。注見上。彩仗鏘鏘已合圍，李陵答蘇武書：單于臨陳，親自合圍。繡翎白頸遙相妒。補：潘岳射雉賦：灼繡頸而衮背。又：櫟雌妒異，倏來忽往。雕尾扇張金縷高，碎鈴素拂驪駒豪。補：說文：驪，馬深黑色。何承天纂文：馬二歲爲駒。補：古樂府：何以識夫壻？白馬從驪駒。綠場紅迹來一作未。相接，箭發銅一作狼。牙傷彩毛。綱立案：齊東昏侯紀：翳中帷帳及步障皆袷以綠紅錦，金銀鏤弩牙，瑇瑁帖箭。南越志：龍川有營澗，常有銅牙弩流出水，皆以銀黃雕鏤，取之者久而後得。父老云越王弩營也。杜甫詩：貞觀銅牙弩。麥隴桑陰小山晚，六虬歸去凝笳遠。補：司馬相如上林賦：乘鏤象，六玉虬。謝朓鼓吹曲：凝笳翼高蓋。李善注：徐引聲謂之凝。城頭卻望幾含情，青一作春。畝春一作青。蕪連古一作石。苑。綱立案：齊東昏侯紀：郊郭四民皆廢業，樵蘇路斷。金陵志：齊東昏侯即臺城閱武堂爲芳樂苑，山石皆塗以采色，跨池水立紫閣諸樓觀。又於苑中立店肆，以潘妃爲市令。又作土山，開渠立埭苑中。時百姓歌云：「閱武堂，種楊柳。至尊屠肉，潘妃酤酒。」

雍臺歌

補：古今樂錄：梁鼓角橫吹舊曲有大白淨皇太子、小白淨皇太子、雍臺、擒臺、胡遵利羝女、淳于王、捉搦、東平劉生、單迪歷、魯爽、半和、企喻、比敦、胡度來十四曲，三曲有歌，十一曲亡。梁武帝曲：日落登雍臺，佳人殊未來。

太子池南樓百尺，補：徐爰釋問注：西明內有太子池，孫權子和所穿，有土山臺，晉帝在儲宮所築，故俗呼太子池。吳均雍臺詩：雍臺十二樓，樓樓鬱相望。淮南王詞：百尺高樓與天連。入一作八。窗新樹疎簾隔。補：徐悱詩：忽有當窗樹，兼含映日花。黃金鋪首畫鉤陳，揚雄甘泉賦：排玉戶而颺金鋪兮。補：蜀都賦：金鋪交映。劉淵林曰：金鋪，門鋪首以金爲之。星經：句陳六星爲六宮，亦主六軍。晉天文志：句陳六星在紫宮中。句陳，後宮也。王者法句陳設環列。羽葆亭童拂交戟。蜀志：先主傳：先主少時，與宗中諸小兒於樹下戲，言吾必當乘此羽葆蓋車。補：射雉賦：擎場拄翳，停僮葱翠。善曰：停僮，翳貌也。停僮、亭童同。史記：交戟之衞士，欲止不內。庾信詩：交戟映彤闈。盤紆闌楯臨高臺，帳殿一作殿帳。臨流鸞扇開。補：庾肩吾曲水詩：回川入帳殿。庾信馬射賦：帷宮宿設，帳殿開筵。大唐六典：尚舍奉御，凡大駕行幸，預設三部帳幕。帳皆烏氊爲表，朱綾爲覆，下有紫帷方座，金銅行牀，覆以簾，其外置槊城以爲蔽扞。庾信詩：思爲鸞翼扇，願備明光宮。早雁驚鳴細波起，補：沈約詩：雁門早鴻離離度。映花鹵簿龍飛回。嗣立案：封演聞見記：輿車行幸，羽儀導從，謂之鹵簿。自秦、漢以來，始有其名。蔡邕獨斷載鹵簿有大駕、小駕、法駕之異，而不詳鹵簿之義。案字書，鹵，大楯也。字亦作櫓。又作樐。音義皆同鹵。以甲爲之，所以扞敵。賈誼過桑論云伏尸百萬，流血漂鹵是也。甲楯有先後，部伍之次皆著之簿鹵籍，天子出入則案次導從，故謂之鹵簿耳。陸機詩：吳寶龍飛，劉亦岳立。

吳苑行

嗣立案：趙曄吳越春秋：吳王闔閭治宮室，立射臺於安里，華池在平昌，南城宮在長樂。闔閭出入游臥，秋冬治於城中，春夏治於城外。治姑蘇之臺，旦食䱉山，晝游蘇臺，射於鷗陂，馳於游臺，興樂石城，走犬長洲。

錦雉雙飛梅結子，平春遠綠窗中起。吳江澹畫水連空，三尺屏風隔千里。嗣立按：杜甫戲題畫山水圖歌：尤工遠勢古莫比，咫尺應須論萬里。焉得并州快剪刀，剪取吳松半江水。小苑有門紅一作門。扇開，補：何遜南苑詩：苑門闢千扇，苑戶開萬扉。天絲舞蝶俱一作共。徘徊。補：梁簡文帝春日詩：落花隨燕入，游絲帶蝶驚。綺戶雕楹長若此，補：張衡七命：雕堂綺櫳。西京賦：雕楹玉碣。韶光歲歲如歸來。梁元帝纂要：春曰韶景。

常林歡歌

嗣立案：唐書樂志：常林歡，疑宋、梁間曲。宋、梁之世，荊、雍爲南方重鎮，皆皇子爲之牧，江左詞詠，莫不稱之，以爲樂土。故隋王誕作襄陽之歌，齊武帝追憶樊、鄧。梁簡文帝樂府歌云：「分手桃林岸，送別峴山頭。若欲寄音信，漢水向東流。」又曰：「宜城酘酒今行熟，停鞍繫馬暫棲宿。」桃林在漢水上，宜城在荆州北。荆州有長林縣。江南謂情人爲歡。「常」、「長」聲相近，蓋樂人誤謂「長」爲「常」。通典：常林歡，蓋宋、齊間曲。

宜城酒熟花覆橋，補：劉孝儀謝酒啓：奉教垂賜宜城酒四器。李肇國史補：酒則宜城之九醖。沙晴綠鴨鳴咬咬。一作交交。蔡洪鳴賦：冠葩綠以耀首。穠桑繞舍麥如尾，補：宋玉笛賦：麥秀漸兮鳥華翼。埤蒼曰：漸，麥芒也。幽軋鳴機雙燕巢。補：梁武陵王紀詩：昨夜夢君歸，賤妾下鳴機。古詩：思爲雙飛燕，銜泥巢君屋。馬聲特特荆門道，補：盛弘之荆州記：郡西泝江六十里，南岸有山曰荆門。酈道元水經注：荆山在南，上合下開，狀似門。蠻水揚光色如草。太康地記：荆州，古蠻服之地。錦薦金鑪夢正長，補：鄴中記：石季龍作席，以金裹五香，雜以五彩綫，編蒲皮，緣之以錦。徐悱贈內詩：網蟲生錦薦，遊塵掩玉牀。司馬相如美人賦：金鑪香熏，黼帳長垂。東家呃一作咿。喔雞鳴早。補：射雉賦：良遊呃喔，引之規裏。徐陵烏栖曲：惟憎無賴汝南雞，天河未落猶爭啼。

塞寒行

補：漢書匈奴傳：秦始皇帝使蒙恬將數十萬之衆，北擊胡，悉收河南地，因河爲塞，築四十四縣城，臨河，徙適戍以充之。

燕弓弦勁霜封瓦，列子：燕角之弧，朔蓬之幹。補：陸機擬古詩：凝霜封其條。樸簌寒雕睇平野。山海經：雕一名鶚，黑色健飛，擊沙漠中，空中盤旋，無細不覩。鮑照詩：平野起秋塵。一點黃塵起雁喧，杜甫詩：黃塵磧沙漠。白龍堆下千蹄馬。漢書匈奴傳：豈爲康居、烏孫能踰白龍堆而寇西邊哉！乃以制匈奴也。孟康曰：龍堆形如土龍身，無頭有尾，高大者二三丈，埤者丈餘，皆東北向相似也。在西域中。顧立案：徐注：貨殖傳：陸地牧馬二百蹄，牛蹄角千。河源怒觸才調集作濁。風如刀，山海經：河源出昆侖之上。補：王昌齡塞下曲：飲馬渡秋水，水寒風似刀。翦斷朔雲天更高。宋玉九辨：泬漻兮天高而氣清。晚出榆關一作林。逐征北，地理志：榆關，一名臨閭關，在漢中。補：吳筠春怨：君去住榆關，妾留住函谷。驚沙飛迸衝貂一作征。袍。心許凌烟名不滅，唐書：貞觀十七年二月，圖功臣於凌烟閣。補：兩京記：太極宮中有凌烟閣，在凝陰殿內，功臣閣在凌烟閣南。年年錦字傷離別。晉書：竇滔妻蘇氏，名蕙，字若蘭。滔爲秦州刺史，被徙流沙，蘇氏思之，織錦爲回文旋圖詩以贈滔。宛轉循環，讀之詞甚悽惋，凡八百四十字。彩毫一畫竟何榮，補：西京雜記：天子筆管以錯寶爲跗，毛皆以秋兔之毫。唐書：詔閻立本畫凌烟閣功臣二十四圖，上自爲贊。南部新書：畫功臣皆北面，設三隔：內一層畫功高宰輔，外一層寫功高侯王，又外一層次第功臣。空一作長。使青樓泣才調集作淚。成血。曹植美女篇：青樓臨大路。補：南史：齊武帝興光樓上施青漆，世人謂之青樓。吳筠閨怨：非獨淚如絲，亦見珠成血。

湖陰詞 并序

王敦舉兵至湖陰，明帝微行，視其營伍，由是樂府有湖陰曲。而亡其詞，因作而附之。顧立案：晉書明帝紀：太寧二年六月，王敦將舉兵內向。帝密知之。乃乘巴滇駿馬微行至于湖，陰察敦營壘而出。敦正晝寢，夢日環其城，驚起曰：「此必黃須鮮卑奴來也。」使騎追帝。帝見逆旅賣食嫗，以七寶鞭與之，曰：「後騎來，可以此示也。」追者至，問嫗，嫗曰：「去已遠矣。」因以鞭示之。五騎傳玩，稽留良久。帝僅而獲免。案：晉書地理志：于湖，縣名，屬丹陽郡。楊愼曰：帝至于湖爲句，陰察營壘爲句，溫作「湖陰」，誤也。

祖龍黃須珊瑚鞭，鐵驄金面青連錢。嗣立案：異苑：王敦頓軍姑熟，明帝躬往覘之。敦晝寢，卓然驚悟曰：「營中有黃頭鮮卑奴來，何不縛取？」帝所生母荀氏燕國人，故貌類焉。世說新語：明帝著戎服騎巴賨馬，齎一金馬鞭，陰察軍形勢。梁元帝詩：照耀珊瑚鞭。沈炯樂府：驄馬鐵連錢。爾雅：青驪驎曰驒。注：色斑駁如魚鱗，今連錢驄也。

虎髯一作須。拔劍欲成夢，日壓賊營如血鮮。海旗風急驚眠起，甲重光搖照湖水。蒼黃追騎塵外歸，森索妖星陳前死。事俱詳上。嗣立案：晉書天文志：永昌元年七月甲午，有流星大如瓮，長百餘丈，青赤色，從西方來，尾分爲百餘岐，或散。時王敦之亂，百姓流亡之應也。又案：晉宣帝紀：公孫文懿反時，有長星墜於梁水，帝縱兵擊之，斬於梁水星墜之所。此句蓋借用此事也。〇以上八句實敍其事。五陵愁碧春萋萋，嗣立案：王敦傳：敦又大起營府，侵人田宅，發掘古墓，剽掠市道，士庶解體，咸知其禍敗焉。班固西都賦：北眺五陵。灞川玉馬空中嘶。瑞應圖：王者清明尊賢，則玉馬至。嗣立案：晉書：新蔡王騰初發幷州，次於眞定。值大雪，平地數尺，營門前方數丈雪融不積。騰怪而掘之，得玉馬高尺許，奏獻之。徐注：聞奇錄：沈傳師爲宣武節度，堂前馬嘶。掘地深丈餘，得一穴，有玉馬高三寸，長五寸，嘶則若壯馬聲。前有金槽，中碎碌砂如菽豆而金色也。羽書如電入青瑣，漢書：赤墀青瑣。孟康曰：以青畫戶邊鏤中，天子制也。師古曰：刻爲連鎖文而以青塗之也。雪腕如槌催畫鞞。嗣立案：禮記月令：仲夏，命樂師修鞀鞞鼓。○以上四句追敍亂離及徵發諸路刺史也。案：晉書：丁卯，加司徒王導大都督揚州刺史，徵徐州王邃、豫州祖約、兗州劉遐、臨淮蘇峻、廣陵陶瞻等還衞京師。白虹天子金鍠鉈，晉書天文志：董養曰：「白者金色，國之行也。」甘泉賦：駟蒼螭兮六素虬。高臨帝座回龍章。漢書天文志：中端門，左右掖門，掖門內六星諸侯，其內五星五帝座。又：紫微宮北極五星，其第二星謂之帝座。徐注：郊特牲：旗十有二旒，龍章而設日月，以象天也。吳波不動楚山晚，花壓闌干春晝長。嗣立案：江淹西州曲：闌干十二曲，垂手明如玉。○以上四句謂敦滅還宮，重慶升平也。司馬光資治通鑑：王敦使王含、錢鳳、鄧岳、周撫等帥衆向京師，帝乃帥諸軍出屯南皇堂，夜募壯士，遣將軍段秀等帥千人渡水，明旦戰於越城，大破之。秀，匹磾弟也。敦聞含敗，尋卒。敦黨悉平。○敦本鎭武昌，及謀篡位，諷朝廷徵已移鎭姑孰，故結語云然。

蔣侯神歌

嗣立案：蔣子文傳：蔣子文者，廣陵人也。嗜酒好色，佻達無度，常自謂青骨，死當爲神。漢末爲秣陵尉，逐賊至鍾山下，賊擊傷額，因解綬縛之，有頃遂死。金陵志：子文爲秣陵尉，逐盜至鍾山，死而靈異。吳大帝立廟孫陵岡，封爲中都侯，改鍾山曰蔣山。晉加相國，重爲立廟。南宋初廢，後修復，封蔣王。齊進號蔣帝。

楚神鐵馬金鳴珂，夜動蛟潭生素波。商風刮水報西帝，廟前古樹蟠白蛇。嗣立案：南史：臨汝侯蕭猷與楚王廟神交，飲至一斛。每酹祀，盡歡極醉，神影亦有酒色，所禱必從。後爲益州刺史，時江陽人齊苟兒反，衆十萬攻州城，猷兵糧俱盡，人有異心，乃遙禱請救。是日有田老逢一騎絡鐵從東方來，問去城幾里，曰：「百四十。」時日已晡，騎舉矟曰：「後人來可令之疾馬，欲及日破賊。」俄有數百騎如風。一騎過，請飲，田老問爲誰，曰：「吳興楚王來救臨汝侯。」當此時，廟中請祈無驗。十餘日，乃見侍衛土偶皆泥溼如汗者。南史曹景宗傳：梁旱甚，詔祈蔣帝神求雨。十旬不降，武帝怒，命載荻欲焚廟并神影。爾日開朗，欲起火，當神上忽有雲如繖，倏忽驟雨如瀉，臺中宮殿皆自振動。帝懼，馳詔追停，少時還靜。自此帝畏信遂深。自踐祚以來，未嘗躬自到廟，於是備法駕，將朝臣修謁。是時魏軍攻鍾離，蔣帝神報敕必圍，許扶助，既而無雨水長，遂挫敵人，亦神之力焉。凱旋之後，廟中人馬脚盡有泥溼，當時并目覩焉。杜甫詩：鐵馬汗常趨。金陵志：鍾山北一峰最高，其顛有泉，泉西爲黑龍潭，相傳嘗有龍見。劉歆遂初賦：遭陽侯之豐沛兮，乘素波以聊戾。梁元帝纂要：秋風曰商風。補：史記：嫗曰：「吾子白帝子也，化爲蛇當道。」

吳王赤斧砍雲陣，畫堂列壁叢一作戟排。霜刃。巫娥傳意託悲絲，鐸語琅琅理雙鬟。

嗣立案：干寶搜神記：吳先主之初，其故吏見文於道，乘白馬，執白扇，侍從如平生。見者驚走，文追之，謂曰：「我當爲此土地神，以福爾下民。爾可宣告百姓，爲我立祠。不爾，將有大咎。」是歲夏大疫，百姓輒相恐動，頗有竊祠之者矣。文又下巫祝：「吾將大啓祐孫氏，宜爲我立祠。不爾，將使蟲入人耳爲災。」俄而有小蟲如鹿蝱，入耳皆死，醫不能治。百姓愈恐。孫主未之信也。又下巫祝：「若不祀我，將又以大火爲災。」是歲火災大發，一日數十處，火及公宮。孫主患之，議者以爲鬼有所歸，乃不爲厲，宜有以撫之。於是使使者封子文爲中都侯，加印綬，爲廟堂，轉號鍾山爲蔣山。今建康東北蔣山是也。自是災厲止息，百姓遂大事之。徐陵關山月：雲陣上祁連。補：杜甫詩：古壁畫龍蛇。吳都賦：剛鏃潤，霜刃染。詳卷六。唐書樂志：鐸舞，漢曲也。

古今樂錄：鐸，舞者所持也。湘煙刷翠湘山斜，東方日出飛神鴉。青雲自有黑龍子，潘妃莫結丁香花。斸立案：劉敬叔異苑：青溪小姑廟，云是蔣侯第三妹廟，中有大穀扶疎，鳥常產育其上。晉太元中，陳郡謝慶執彈乘馬繳殺數頭，即覺體中栗然。至夜夢一女子，衣裳楚楚，怒云：「此鳥是我所養，何故見侵！」經日謝卒。慶名奐，靈運父也。建業志：宋元嘉中，蔣陵湖有黑龍見，改名玄武湖。南史東昏侯紀：潘貴妃偏信蔣侯神，迎來入宮，晝夜祈禱。左右朱光尚詐云見神，動輒啓，并云降福。始安之平，遂加位相國，末又號爲「靈帝」，車服羽儀，一依王者。補：本草：丁香出交、廣，木類桂，高丈餘，葉似櫟，凌冬不凋，花圓，細黃色，其子出枝蕊上，如丁子。中有粗大如山茱萸者，謂之女丁香。案：陳藏器云：丁香擊之則順理而解爲兩向。杜少陵詩：丁香體柔弱，亂結枝猶墊。李義山詩：本是丁香樹，春條結始生。蓋其合則爲結也。

漢皇迎春詞

斸立案：荀悅漢紀：成帝以宣帝時生，號曰「世嫡皇孫」。宣帝愛之，自名曰驁，字太孫。禮記月令：立春之日，天子親帥三公九卿諸侯大夫以迎春於東郊。

春草芊芊晴掃一作拂。烟，宋玉高唐賦：仰視山巔，肅何芊芊。宮城大錦紅殷於閑反。鮮。補：揚雄甘泉賦：曳紅采之流離兮，颺翠氣之宛延。左傳：左輪朱殷。杜甫詩：象牀玉手亂殷紅。孫愐廣韻：殷，赤黑色。海日如一作初。融照仙掌，西都賦：抗仙掌以承露。詳卷三。淮王小隊一作墜。纓鈴響。補：神仙傳：淮南王安好道，有八公詣門，須眉皓白。王以其老，難問之，八公皆變爲童子，角髻青絲，色如桃花。王跣而迎，登思仙之臺，執弟子禮，八童子乃復爲老人。西京雜記：淮南王好方士，方士皆以術見，遂有畫地成江河，撮土爲山巖，噓吸爲寒暑，噴嗽爲雨霧。
王卒與方士俱去。眞誥：老君佩神虎之符，帶流金之鈴。雲笈七籤：左佩玉璫，右腰金鈴。獵獵東風展𧆓一作䍐赤。
旗，畫神金甲葱龍網。嗣立案：荀悦漢紀：匡衡奏議：甘泉紫微殿有文章刻鏤、黼黻文繡之飾，又置女樂、石壇、仙人
祠、瘞鸞輅、騂駒、偶人、龍馬之屬。古詞烏夜啼：龍葱窗不閉，烏夜啼，夜夜望郎來。鉅公步輦迎句芒，嗣立案：封
禪書：見一父老牽狗，言欲見巨公，已忽不見。禮記月令：孟春之月，其神句芒。複道掃一作拂。塵鸞一作燕。彗長。
秦本紀：殿屋複道，周閣相屬。補：蔡邕獨斷：天子出，前驅有鸞旗車，編羽毛列繫幢傍，俗名雞翹車。豹尾竿前趙飛
燕，補：揚雄傳：是時趙昭儀方大幸，每上甘泉，常法從在屬車間豹尾中。服虔曰：大駕八十一乘，最後一乘懸豹尾。漢
書外戚傳：趙后屬陽阿主家，學歌舞，號曰飛燕。師古曰：以其體輕也。柳風吹盡眉間黃。注見上。額上圖黃，漢宮
妝也。案：楊愼曰：溫飛卿詩：豹尾車前趙飛燕，柳風吹散蛾間黃。王荆公詩：漢宮嬌額半塗黃。其制已起於漢，但未知所
出耳。碧草含情杏花喜，上林鶯囀游絲起。補：衛宏漢舊儀：上林苑中廣長三百里，離宮七十所，中容千乘萬
騎。寶馬搖環萬騎歸，嗣立案：西京雜記：輿駕祠甘泉，備千乘萬騎，太僕執轡，大將軍陪乘，名爲大駕。甘泉賦：敦
萬騎於中營兮，方玉車之千乘。恩光暗入簾櫳裏。嗣立案：荀悦漢紀：趙后本長安宮人，後屬陽阿公主。上微行公
主家，見而悦之。及女弟俱爲倢伃，貴傾後宮。趙后既立，而弟絕幸，爲昭陽舍其中，庭彤朱而壁髹漆，切皆銅沓，黄金
塗，白玉階，金釭函，藍田璧，明珠翠羽飾之，自有宮室以來未之有也。
嗣立案：漢書郊祀志：成帝末年頗好鬼神，亦以無繼嗣故，多上書言祭祀方術者，皆得待詔，

祠祭上林苑中長安城旁，費用甚多。成帝紀：永始三年冬十月，詔有司復甘泉泰畤、汾陰后土、雍五畤、陳倉陳寶祠。四年春正月，行幸甘泉宮郊泰畤。揚雄甘泉賦序：上方郊祀甘泉泰畤、汾陰后土以求繼嗣。此篇細玩詩意，知漢皇爲成帝無疑也。原注誤爲漢高祖，則詩中「豹尾竿前趙飛燕」句將何所指邪？

溫飛卿詩集卷第二

蘭塘詞

維揚志略：蘭塘浦東接得勝湖，西接海陵溪，中植蓮藕菱芡，唐時爲勝遊處。

塘水汪汪鳧唼喋，上林賦：唼喋菁藻，咀嚼菱藕。通俗文：水鳥食謂之啑。啑與喋同。憶上江南木蘭檝。薛道衡詩：新船木蘭檝。詳卷四。繡領一作頸。金須蕩倒光，補：漢書：廣川王去姬爲去刺方領繡。晉灼曰：今之婦人直領也。繡爲方領，上刺作黼黻文。吳均雜句：繡領合歡斜。團團皺綠雞頭葉。稽含草木狀：雞頭一名雞壅，葉蹙衄如沸，有芒刺。補：方言：南楚謂之雞頭，北燕謂之䓈，青、徐、淮、泗之間謂之芡。露凝荷卷珠淨圓，紫菱刺短浮根纏。爾雅：菱一名薢茩。埤雅：菱，白花紫角，有刺。庾信詩：紫菱生軟角。小姑歸晚紅妝淺，隋煬帝詩：菱潭落日雙鳧舫，綠水紅妝兩搖漾。補：古樂府：小姑始扶牀。鏡裏芙蓉照水鮮。補：樂府青陽歌曲：青荷蓋綠水，芙蓉發紅鮮。東溝潏潏一作繘繘。勞回首，欲寄一杯瓊液酒。補：漢武內傳：上藥有風實雲子、玉液金漿。謝燮方諸曲：瓊醴和金液。知道無郎卻有情，晉樂府青溪小姑曲：小姑所居，獨處無郎。長教月照相思柳。梁簡文帝折楊柳詩：曲終無別意，并是爲相思。

晚歸曲

格格水禽飛帶波，孤光斜起夕陽多。沈約詠湖中雁：羣浮動輕浪，單泛逐孤光。湖西山淺似相笑，畫苑：春山澹冶而如笑。菱刺惹衣攢黛蛾。補：迷樓記：隋煬帝宮人畫長蛾，日給螺子黛五斛。王僧孺春閨怨：愁來不理鬢，春至更攢眉。青絲繫船才調集作舟。向江木，梁元帝詩：向解青絲纜，將移丹桂舟。蘭芽出土吳江曲。補：鮑照白紵歌：桃含紅萼蘭紫芽。水極晴搖泛灧紅，江淹休上人怨別：露彩方泛灧，月華始裴回。草平春染烟綿綠。玉鞭騎馬白玉才調集作楊叛。兒，杜甫詩：麒麟受玉鞭。補：唐書樂志：楊叛兒，齊隆昌時女巫之子，曰楊旻。少時隨母入宮，及長爲何后寵。童謠云：「楊婆兒，共戲來所歡。」語譌遂成楊叛兒。刻金作鳳光參差。陳後主楊叛兒曲：龍媒玉珂馬，鳳軫繡香車。丁丁暖漏滴花影，催入景陽人不知。見卷一。鸞隄弱柳遙相矚，張正見賦得垂柳映斜溪：千仞清溪險，三陽弱柳垂。雀扇圓一作團。圓掩香玉。見卷六。蓮塘艇子歸不歸？補：江淹西州曲：采蓮南塘秋，蓮花過人頭。古樂府莫愁樂：艇子打兩槳，催送莫愁來。柳暗桑穠聞布穀。廣雅：擊穀，布穀也。以布種時鳴。傅玄賦：聆布穀之晨鳴。

故城曲

漠漠沙隄烟，隄西雉子斑。樂府古題有雉子斑。雉聲何角角，音谷。麥秀桑陰閑。補：枚乘七發：麥秀漸兮雉朝飛。詩：桑者閑閑兮。游絲蕩平綠，沈約詩：游絲映空轉，高楊拂地垂。明滅時相續。白馬金絡頭，鮑照樂府：驄馬金絡頭。東風故城曲。故城殷貴嬪，嗣立案：南史：殷淑儀麗色巧笑，寵冠後宮。及薨，宋孝武帝常思見之，遂爲通替棺，欲見輒引替覩尸，如此積日，形色不異。追贈貴妃，謚曰宣。及葬，給轀輬車，羽葆鼓吹。上自於南掖門臨，過喪車，悲不自勝，左右莫不掩泣。曾占未來春。自從香骨化，飛作馬蹄塵。嗣立案：謝莊宋孝武宣貴妃誄：銷神躬於壤末，散靈魄於天涛。

昆明治一作池。水戰詞

嗣立案：漢書：武帝元狩三年，減隴西、北地、上郡戍卒半，發謫吏穿昆明池。臣瓚曰：西南夷傳有越嶲昆明國，有滇池方三百里。漢使求身毒國而爲昆明所閉，今欲伐之，故作昆明池象之，以習水戰。在長安西南。西京雜記：武帝作昆明池，欲伐昆吾夷，教習水戰，因而于上游戲養魚。魚給諸陵廟祭祀，餘付長安市賣之。池周回四十里。

汪汪積水光連空，李百藥遊昆明池詩：積水浮深智。重疊細紋交瀲一作晴漾。紅。赤帝龍孫鮮甲怒，補：漢高帝紀：有大蛇當道，高祖醉斬蛇，有一老嫗哭曰：「吾子白帝子也。化爲蛇，當道，今者赤帝子斬之。」杜甫哀王孫：高帝子孫盡隆準，龍種自與常人殊。臨流一眄一作時。生陰風。謝朓詩：切切陰風暮。鼉鼓三聲報天子，李斯諫逐客書：樹靈鼉之鼓。雕旗獸艦凌波起。嗣立案：西京雜記：昆明池中有戈船樓船各數百艘。樓船上建樓櫓，戈船上建戈矛，四角悉垂幡旄旍葆，麾蓋照灼涯涘。余少時猶憶見之。雷吼濤驚白若一作石。山，石鯨眼裂蟠蛟死。嗣立案：西京雜記：昆明池刻玉石爲鯨魚，每至雷雨，魚常鳴吼，鬐尾皆動。漢世祭之以祈雨，往往有驗。滇池海浦俱喧豗，補：華陽國志：澤下流淺狹，狀如倒池，故曰滇池。李白詩：飛湍瀑流爭喧豗。青翰畫鷁一作幟白旗。相次來。嗣立案：說苑：鄂君乘青翰之舟。子虛賦：浮文鷁。張揖曰：鷁，水鳥也。畫其象於船首也。箭羽槍纓三百萬，蹋翻西海生塵埃。王充論衡：漢得西王母石室，立西海郡，在阿瓦。列仙傳：方平笑曰：「聖人皆言海中行復揚塵也。」茂陵仙去菱花老，補：漢書：武帝葬茂陵。莊子：華封人謂堯曰：「千歲厭世，去而上仙。乘彼白雲，至於帝所。」任希古昆明池詩：萍葉疑江上，菱花似鏡前。唼唼游魚近烟島。嗣立案：潘岳關中記：漢武習水戰，作昆明池。人釣魚，綸絕而去，夢於帝求去其鉤。明日，帝戲於池，見魚銜索，帝取其鉤放之。間三日，復游，池濱得珠一雙，帝曰：「豈非昔魚之報也。」渺莽殘陽釣艇歸，庾信昆明池詩：密菱障浴島，高荷沒釣船。綠頭江鴨眠沙草。

謝公墅歌

補：謝安傳：安字安石，贈太傅，更封廬陵郡公。安於土山營墅，樓館林竹甚盛，每攜中外子姪往來遊集。

朱雀航南繞香陌，南畿志：朱雀航即朱雀橋，地名，在城南烏衣巷口。謝郎東墅連春碧。鳩眠高柳日方融，古樂府：北柳有鳴鳩。綺樹飄颻紫庭客。梁武帝遊女曲：戲金闕，遊紫庭。補：蔡邕琴操：周成王琴歌曰：「鳳皇翔兮紫庭，余何德兮感靈。」文楸方罫花參差，補：杜陽雜編：日本東三萬里有集眞島，產楸玉，狀如楸木，琢之爲棋局，光潔可鑑。嗣立案：桓譚新論：俗有圍棋，或言是兵法之類也。及爲之，上者張置疏遠，多得道而爲勝；中者務相絕遮要，以爭趨利；下者守邊，趨作野目，生於小地。猶薛公之言黥布反也：上計取吳楚，廣道者也；中計塞城絕遮要，爭利者也；下計據長沙以臨越，此守邊隅趨作野者也。更始帝將相不能防衞，而令野中死棋皆生。韋曜博弈論：所務不過方野之間。心陳未成星滿池。李洪謙觀棋詩：爭先各有心。四座無喧梧竹靜，金蟬玉柄俱持頤。董巴輿服志：侍中中常侍冠武弁大冠，加金璫附蟬爲文。晉書：王衍恆捉白玉柄麈尾。對局含嚬一作支。見千里，嗣立案：謝安傳：時苻堅強盛，疆埸多虞，安遣弟石及兄子玄等征討。堅百萬次於淮肥，京師震恐，加安征討大都督。玄入問計，安夷然曰：「已別有旨。」既而寂然。玄令張玄重請，安遂命駕出山墅，親朋畢集，方與玄圍棋賭別墅。安常棋劣於玄，是日玄懼，便爲敵手而又不勝。安謂其甥羊曇曰：「以墅乞汝。」玄等既破堅，捷書至，安方對客圍棋，看書竟，便攝放牀上，棋如故。客問之，徐曰：「小兒輩遂已破賊。」都城已得長蛇尾。嗣立案：謝朓八公山詩：長蛇固能翦。李善曰：長蛇，喻堅也。江南王氣繫疎襟，補：孫盛晉陽秋：秦時望氣者曰：「東南有天子氣，五百年有王者興。」至晉元帝適逢其時。未許苻堅過淮水。嗣立案：謝玄傳：苻堅兵次項城，詔以玄爲前鋒距之。堅列陳肥水，玄以精銳八千渡肥水，決戰肥水南。堅中流矢，衆奔潰，自相蹈籍投水死者不可勝計，肥水爲之不流。

罩魚歌

雜言。○案：爾雅：籗謂之罩，今捕魚籠也。

朝罩罩城東，一作南。詩：南有嘉魚，烝然罩罩。暮罩罩城西。兩槳鳴幽幽，蓮子相高低。嗣立案：江淹西州曲：兩槳橋頭渡。又：低頭弄蓮子，蓮子淸如水。持罩入深水，金鱗大如手。嗣立案：古樂府罩詞：

罩初何得，端來得鮒。小者如手，大者如履。魚尾迸圓波，千珠落湘藕。江淹蓮花賦：著縹菱兮出波，擎湘蓮兮映渚。風颸颸，雨離離。菱芰一作尖。刺，鸂鶒飛。水連網眼白如景，淅瀝篷聲寒點微。楚岸有花花蓋屋，金塘柳色前溪曲。補：劉楨公讌詩：菡萏溢金塘。寰宇記：前溪在烏程縣南，東入太湖，謂之風渚，夾溪悉生箭簳。晉車騎將軍沈玩家於此。樂府有前溪曲，玩所製。（校點者按：「沈玩」當作「沈充」。晉書樂志：「前溪歌者，車騎將軍沈充所製。」詳見王運熙先生六朝樂府與民歌前溪歌考）悠悠一作溶。杳若去無窮，五色澄潭鴨頭綠。嗣立案：唐書：高麗國有馬訾水，出靺鞨之白山，色若鴨頭，號鴨綠水。李白詩：遙看漢水鴨頭綠。

春洲曲

韶光染色如蛾翠，見卷一。綠溼紅鮮水容媚。補：李百藥詩：飛日落紅鮮。蘇小慵多蘭渚閒，蘇小注詳下。嗣立案：徐注：海錄碎事：山陰縣西南二十里有蘭渚。融融浦日鵁鶄寐。埤雅：鵁鶄，一名鳽，似鳧而脚高，有毛冠，長目以睛交，故云交睛。徐注：上林賦：交睛旋目。紫騮蹀躞金銜嘶，尸子：赤馬黑色曰騮。陳後主詩：蹀躞紫騮馬，照耀白銀鞍。岸上揚鞭烟草迷。補：江總紫騮馬：揚鞭向柳市，細蹀上金隄。范雲閨思：春草醉春烟。門外平橋連柳隄，歸來晚樹黃鶯啼。補：蕭子顯春別：黃鳥芳樹情相依。

臺城曉朝曲

建業宮闕志：臺城在應天府上元縣東北，本吳後苑城，即晉建業宮，在鍾山側。

司馬門前火一作柳。千炬，嗣立案：金陵志：建業宮有五門：正南曰大司馬門，左曰閶闔門，北曰昌平門，東西門曰東掖、西掖。大司馬門與都城宣陽門相對。漢書注：師古云：凡言司馬門者，宮垣之內，兵衛所在，四面皆有司馬主武事，故總謂宮之外門爲司馬門。李肇國史補：冬至元日，百官已集，宰相列燭多至數百炬，謂之火城，至則衆燭皆滅。闌干星一作北。斗天將曙。古樂府：月落參橫，北斗闌干。注：闌干，橫斜貌。朱網龕鬖丞相車，謝朓直中書省詩：深沈映朱網。曉隨疊鼓朝天去。補：衛公兵法：日出沒時撾鼓三百三十三槌，爲一通。鼓音止，角音動，吹十二聲爲一疊。三角三鼓，而昏明畢也。博山鏡樹香茸茸，褭褭浮航金畫龍。晉東宮舊事：皇太子服用則有銅博山香鑪。嗣立案：劉繪博山香鑪詩：蔽虧千種樹，出沒萬重山。又：下刻蟠龍勢，矯首半銜蓮。梁武帝雍臺詩：茸茸臨紫桂。大江斂勢避辰極，兩一作雙。闕深嚴烟翠濃。南史：宋孝武大明七年，於博望、梁山立雙闕。

走馬樓三更曲　西京記：大福殿重樓連閣緜亘，西殿有走馬樓，南北長百餘步，樓下卽九仙門，西入苑，拾翠樓，在大福殿東北。嗣立案：南部新書：驪山華淸宮毀廢已久，今所存唯繚垣耳。朝元閣在山嶺之上，山腹卽長生殿。殿東西盤石道，自山麓而上，道側有飲酒亭子。明皇吹笛樓、宮人走馬樓故基，猶存繚垣之內。杜佑通典：一夜分五更者，以五夜更易爲名也。顏之推曰：五夜謂以甲乙丙丁戊，記其次第也。點者，則以下漏滴水爲名，每一更又分爲五點也。西京賦：衛以虎威章溝，嚴更之署。

春姿暖氣昏神沼，李樹拳枝紫芽小。補：神仙傳：老子姓李名耳，字伯陽，楚國苦縣賴鄉人也。母到李樹下生。老子生而能言，指李樹曰：「以此爲我姓。」詳卷四。杜甫玄元皇帝廟詩：仙李蟠根大。淮南王招隱士：偃蹇連卷兮枝相繚。玉皇夜入未央宮，靈異經：玉皇居於雲房，有紅雲繞之。漢書：高祖至長安，蕭何作未央宮。長火千條照棲鳥。馬過平橋通畫堂，一統志：西渭橋在舊長安西，亦曰平橋，唐時名咸陽橋。補：漢成帝紀：元帝在太子宮生甲觀畫堂，爲世嫡皇孫。詳卷一。虎幡一作蟠。龍戟風悠一作飄。揚。嗣立案：文獻通考：幡有告止、傳教、信幡，皆絳帛。錯采爲字，上有朱絲小蓋，四角垂羅紋，佩繫龍頭竿上。錯采字下，告止爲雙鳳，傳教爲雙白虎，信幡爲雙龍。又：戟有枝，兵也。木爲刃，赤質，畫雲氣上垂交龍，掌五色帶。簾間一作前。清唱報寒點，唐制：率更掌漏刻，五五令相次爲二十五點。補：韓愈東方未明：雞三號，更五點。丙舍無人遺燼香。左傳：收合餘燼。補：後漢清河王慶傳：後慶以長別居丙舍。

嗣立案：唐書：玄宗第十八子瑁，封壽王。后妃傳：貴妃楊氏始爲壽王妃。開元二十四年，武惠妃薨，後宮無當帝意者。或言妃姿質天挺，宜充掖庭，遂召內禁中，匄籍女冠，號太眞。天寶四年，立爲貴妃，更爲壽王聘韋昭訓女。末二句卽義山詩「夜半宴歸宮漏永，薛王沈醉壽王醒」意也。

達摩樂府詩集作磨。支曲雜言。○嗣立案：樂府詩集近代曲辭有達磨支。唐會典：天寶十三載改達磨支爲泛蘭叢。樂苑：泛蘭叢，羽調曲，又有急泛蘭叢。樂府雜錄：達磨支，健舞曲也。

擣麝成塵香不滅，嵇康論：麝食柏而香。詳卷一。拗蓮作寸絲難絕。江淹思北歸賦：藕生蓮兮吐絲。嗣立案：徐注：樂府折楊柳歌：「上馬不捉鞭，反拗楊柳枝。下馬吹長笛，愁殺行客兒。」拗字本此。紅淚文姬洛水春，范曄後漢書：陳留蔡邕女名琰，字文姬。博學有才辨，適河東衛仲道，夫亡無子。興平中，喪亂，爲胡騎所獲，沒入南匈奴左賢王十二年，生二子。曹公素與伯喈善，遣使及金璧贖之，嫁與董祀。白頭蘇武天山雪。蘇武傳：單于幽武置大窖中，絕不飲食。天雨雪，武臥齧雪與旃毛并咽之，數日不死，匈奴以爲神。詳卷四。補：西河舊事：白山之中有好木，匈奴謂之天山。廣志：西域有白山，通歲有雪，亦名雪山。漢書注：祁連山即天山也。匈奴呼天爲祁連。詳卷三。君不見無愁高緯花漫漫，補：北齊紀：後主高緯頗學綴文，置文林館，引諸文士焉。盛爲無愁之曲，自彈胡琵琶而唱之，侍和之者以百數人，人間謂之「無愁天子」。宮掖婢皆封郡君，宮女寶衣玉食者五百餘人。其嬪嬙諸院中起鏡殿、寶殿、瑇瑁殿，丹青雕刻，妙極當時。周師漸逼，將遜於陳，爲周所獲。送長安，封溫國公。至建德七年，誣以謀反，賜死。漳浦宴餘清露寒。水經：漳水出上黨長子縣發鳩山，東過鄴縣西，又東北過阜城縣，與河會。一旦臣僚共囚虜，徐注：吳書：秦旦與黃彊等議，孰與偷生苟活，長爲囚虜。欲吹羌笛先汍瀾。歐陽建詩：揮筆涕汍瀾。舊臣頭鬢霜雪早，才調集作華。補：子夜四時歌：感時爲歡歎，霜鬢不可視。可惜雄心醉中老。萬古春歸夢不歸，鄴城風雨連天草。補：唐書：相州鄴郡屬河北道，乾元二年改爲鄴城、

陽春曲

嗣立案：古今樂錄：梁天監十一年，武帝改西曲製江南上雲樂十四曲、江南弄七曲。又沈約作四曲，三日陽春曲，亦謂之江南弄云。樂府解題：陽春，傷也。一云傷時也。

雲母空窗曉烟薄，補：王褒詩：高箱照雲母。香昏龍氣凝暉閣。嗣立案：徐注：梁四公記：西海出龍腦香。詳卷一。宋王應麟玉海：唐凝暉閣在太極宮。霏霏霧雨杏花天，簾外春威一作寒。著羅幕。徐注：王昌齡春宮曲：簾外春寒賜錦袍。鮑照行路難：文窗繡戶垂羅幕。曲闌伏檻金麒麟，補：宋玉招魂：坐堂伏檻，臨曲池些。沙苑芳郊連翠茵，補：元和郡國志：沙苑在同州馮翊縣南十二里，東西八十里，南北三十里，其處宜六畜，置沙苑監。唐六典：沙苑監掌牧隴右諸牧牛馬。謝萬春遊賦：草靡靡以成茵。廄馬何能齧芳草，嗣立案：杜甫沙苑行：苑中騋牝三千匹，豐草青青寒不死。又留花門：沙苑臨清渭，泉香草豐潔。路人不敢隨流塵。

湘東宴曲

補：水經注：臨承縣即故酃縣也。縣即湘東郡治，郡舊治在湘水東，故以名郡。

湘東夜宴金貂人，梁元帝詩：金貂總上流。楚女含情嬌翠嚬。玉管將吹插鈿帶，錦囊斜拂雙麒麟。漢武內傳：帝見西王母巾笈中有一卷書，盛以紫錦之囊。嗣立案：徐注：杜甫詩：瑞錦刺麒麟。重城漏斷孤帆去，唯恐瓊籤報天曙。南史：陳文帝每雞人伺漏傳籤於殿中者，令投籤於階石上，鎗然有聲，云：「吾雖得眠，亦令驚覺。」萬戶沈沈碧樹圓，雲飛雨散知何處。欲上香車俱脈脈，魏武帝與楊彪書：今贈足下畫輪四望通幰七香車二乘。樂府：靑牛白馬七香車。清歌響斷銀屏隔。補：世說：桓子野每聞清歌，輒喚奈何。梁簡文帝美女篇：朱顔半已醉，微笑隱香屏。隄外紅塵蠟一作蜜。炬歸，樓前澹月連江白。

東郊行

鬬雞臺下東西道，補：郭緣生述征記：廣陽門北有鬬雞臺。大業拾遺記：煬帝遊雞臺，恍惚與陳後主遇，帝叱之，遂不見。詳見下。曹植名都篇：鬬雞東郊道。柳覆斑騅蝶縈草。說文：騅，馬蒼黑雜色。陳樂府門下童曲：陳孔驕赭白，陸郎乘斑騅。案：陳、孔謂陳瑄、孔範，陸謂陸瑜，皆後主狎客。陳後主長相思：蝶縈草，樹繞絲。坱靄韶容鎖澹愁，淮南王招隱士：坱兮軋。注：霧氣昧也。靑筐葉盡蠶應一作春蠶。老。禮疏：蠶三俯三起，二十七日而老，謂之紅蠶。王筠陌上桑：秋胡始倚馬，羅敷未滿筐。春蠶朝已老，安得久彷徨。綠渚幽香注一作生。白蘋，注見下。差差小浪吹魚鱗。補：淮南子：水雲魚鱗。王孫騎馬有歸意，一作思。注見下。林彩空中一作著空。如細塵。安得一生一作人生，樂府詩集作人主。各相守，燒船破棧休馳一作狂。走。史記：皆沈船破釜甑。漢高帝紀：漢王燒絕棧道。世上方一作多。應無別離，路傍更長千枝柳。補：三輔黃圖：漢人送客至霸橋，折柳贈別，名曰銷魂橋。

水仙謠

嗣立案：侯鯖錄：清泠傳：馮夷，華陰潼鄉隄首人也，服八石得水仙，是爲河伯。莊子注云：以八月庚子浴於南河溺死。杜甫詩「飄泊南庭老，祇應學水仙」是也。又案：通鑑：孫恩海死，其黨從死者以百數，謂之水仙。

水客夜騎紅鯉魚，列仙傳：琴高，趙人也。行涓、彭之術，浮游冀州涿郡間二百餘年。後入涿水中取龍子，與諸弟子期曰：「明日皆潔齋候於水傍。」果乘赤鯉來，留月餘，復入水云。赤鸞雙鶴蓬瀛書。補：山海經：女牀之上有鳥焉，其狀如翟，五彩文，名曰鸞鳥。錦帶：仙家以鶴傳書，白雲傳信。褚載詩：惟教鶴探丹丘信，不遣人窺太乙爐。十洲記：漢武帝八節常朝拜靈書，以求度脫。輕塵不起雨新霽，萬里孤光含碧虛。玄眞子：碧虛之帝生於空。露魄一作冕。冠輕見雲髮，補：溫嶠等傳論：奕世登台，露冕爲飾。王融詩：搔首見雲髮。寒絲七柱一作炷。香泉咽。夜深天碧亂山姿，光碎玉一作平。波滿船月。嗣立案：琴操水仙操：伯牙學鼓琴於成連先生，三年而成；至於精神寂莫，情志專一，尚未能也。成連曰：「吾師子春在海中，能移人情。」乃與伯牙延望，無人，至蓬萊山，留伯牙曰：「吾將迎吾師。」刺船而去。旬時不返，但聞海水汩汲湍澌之聲，山林窅冥，羣鳥悲號，愴然歎曰：「先生將移我情。」乃援琴而歌之。曲終，成連刺船而還。

東峯歌

錦礫潺湲玉溪水，說文：礫，小石也。曉來微雨蕉一作藤。花紫。冉冉山雞紅尾長，一聲樵斧驚飛起。松刺梳一作流。空石差齒，烟香風軟人參蕊。案：廣雅：人葠，地精。參、葠同。本草：似人形者有神。補：梁書：阮孝緒母疾，須人葠。陳藎曰：頗有蕪菁，唐突人參也。陽厓一夢伴雲根，補：張協雜詩：雲根臨八極。注：雲根，石也。雲觸石而生，故曰雲根。仙菌靈芝夢魂裏。案：南華經注：司馬彪曰：朝菌，大芝也。葛稚川云：芝有百種，有肉芝菌芝。

會昌丙寅豐歲歌 雜言。○案：舊唐書：武宗即位，改元會昌，在位六年。

丙寅歲，休牛馬。爾雅：太歲在丙曰柔兆，在寅曰攝提格。尙書：歸馬于華山之陽，放牛于桃林之野。風如吹烟，日如渥赭。詩：顏如渥赭。九重天子調天下，宋玉九辨：君之門兮九重。春綠將年到西野。西野翁，生兒童。門前好樹青莘茸。莘茸單衣麥田路，甯戚歌：短布單衣適至骭。村南娶婦桃花紅。補：陳周弘正詠新婚詩：壻顏如美玉，婦色勝桃花。新姑車右一作石。及門柱，蔡邕協和昏賦：旣臻門屏，結軌下車。粉項一作頸。韓憑雙扇中。補：搜神記：宋康王舍人韓憑妻何氏，美，王奪之。憑怨，自殺。何氏乃陰腐其衣，從王登臺，遂投臺下，左右攬其衣不得而死。遺書於帶曰：「願得與憑合葬。」王弗聽，使里人埋之，冢相望也。宿昔之間，有梓生於二冢，旬日盈抱，屈體相就，根交於下，枝錯於上。又有鴛鴦雌雄各一，恆棲樹上，交頸悲鳴。補：世說：溫嶠娶姑女，旣昏交禮，女以手披紗扇，撫掌大笑。庾信爲梁上黃侯世子與婦書：分杯帳裏，卻扇牀前。喜氣自能成歲豐，杜甫詩：門闌多喜氣，女壻近乘龍。農祥爾物一作勿。來爭功。梁簡文帝詩：天馬照耀動農祥。補：國語：號文公曰：「太史順時覛土，農祥晨正，土乃脈發。」韋昭曰：農祥，房星也。晨正，謂立春之日，晨中於午也。

碌碌古詞

補：老子：碌碌如玉，落落如石。或作陸陸，一作錄錄。王劭曰：陸、錄幷借字。

左亦不碌碌，右亦不碌碌。補：晉樂府聖郎曲：左亦不佯佯，右亦不翼翼。野草白一作著，又一作自。根肥，羸牛生健犢。世說：顏延之常乘羸牛敝車。詳卷三。融蠟作杏蔕，男兒不戀家。春風破紅意，女頰如桃花。補：古詩：何處蹀觴來，兩頰色如火。自有桃花容，莫言人勸我。嗣立案：虞世南史略：北史：盧士深妻，崔林義之女，有才學，春日以桃花靧兒面，咒曰：「取紅花，取白雪，與兒洗面作光悅。」忠言未一作不。見信，巧語翻咨嗟。一鞘無一作沒。兩刃，才調集作刀。張協雜詩：長鋏鳴鞘中。徒勞油壁車。補：蘇小小歌：妾乘油壁車，郎騎青驄馬。何處結同心？西陵松柏下。

春野行　雜言。

草淺淺，春如翦。嗣立案：徐注：典論：時歲暮春，和風扇物。弓燥手柔，草淺獸肥。花壓李娘愁，飢蠶欲成繭。補：吳筠陌上桑：蠶飢妾復思，拭淚且提筐。太玄經：紅蠶以繭自衣，亦謂之室。東城少年氣堂堂，補：何遜詩：城東美少年。金丸驚起雙鴛鴦。補：西京雜記：韓嫣好彈，常以金爲丸，所失者日有十餘。長安爲之語曰：「苦飢寒，逐金丸。」京師兒童每聞嫣出彈，輒隨之，望丸之所落，輒拾焉。古絕句：南山一樹桂，上有雙鴛鴦。含羞更問衞公子，月到枕前一作邊。春夢長？李白白頭吟：且留琥珀枕，還有夢來時。

此擬蕩子蕩婦之詞，篇中李娘、衛公子及三洲詞李娘必有所指，今不可考，無容強解。

醉歌

檣柳初黃燕初才調集作新。乳，曉碧萋緜過微雨。樹色深含臺榭情，鶯聲巧作烟花主。錦袍公子陳杯觴，補：李白傳：崔宗之謫官金陵，與白詩酒倡和，常月夜乘舟，自采石達金陵。白衣宮錦袍，於舟中顧瞻笑傲，旁若無人。撥醅百甕春酒香。李白詩：恰似葡萄初撥醅。詩：爲此春酒。入門下馬問誰在，李賀詩：入門下馬氣如虹。降階握手登華堂。陸雲詩：王在華堂，式宴嘉會。臨邛美人連山眉，西京雜記：文君眉色姣好，如望遠山，臉際常若芙蓉。低抱琵琶含怨思。樂府雜錄：琵琶，烏孫公主造，推手前曰琵，引手却曰琶。朔風繞指我先笑，明月入懷君自知。嗣立案：王融詠琵琶：抱月如可明，懷風殊復清。吳筠詩：洛陽名工見咨嗟，一剸一刻作琵琶。白璧規心學明月，珊瑚映面作風花。勸君莫惜金一作芳。尊酒，補：曹植樂府詩：金尊玉杯，不能使薄酒更厚。謝靈運詩：清醑滿金尊。年少須臾如覆手。辛勤到老慕簞瓢，於我悠悠竟何有！洛陽盧仝一作生。稱文房，妻子脚禿春黃糧。嗣立案：韓愈寄盧仝詩：玉川先生洛城裏，破屋數間而已矣。一奴長須不裹頭，一婢赤脚老無齒。注：仝居洛陽，自號玉川子。徐注：張說姚文貞公碑銘：武庫則矛戟森然，文房則禮樂盡在。宋玉招魂：稻粢穱麥，挐黃粱些。嗣立案：吳江吳兆宜云：後漢書：桓帝時童謠：「河間姹女能數錢，以錢爲室金爲堂。

右上膴膴春黃糧。黃糧之下有縣鼓，我欲擊之丞相怒。」阿耋光顏不識字，耋應作跌。嗣立案：舊唐書：李光顏本河曲部落稽阿跌之族。光顏，光進弟也。南史：沈慶之手不知書，每將署事，輒恨眼不識字。指揮豪儁如驅羊。漢書：辟如豺狼驅羣羊也。補：淮南子：兵略者，避實就虛，若驅羣羊。天犀壓斷朱䶂一作鼷。鼠，廣雅：犀，徼外獸，一角在鼻，一角在額，有粟文通兩頭，名通天犀。嗣立案：爾雅郭璞注：江東呼䶂鼠者，似鼠大而食鳥，在樹木上也。魏文帝與王朗書：蚤蝨雖細，困於安寢；鼷鼠雖微，猶毀郊牛。瑞錦驚飛金鳳皇。補：陸翽鄴中記：錦署有鳳皇錦。舊唐書外戚傳：榮國夫人卒，則天出內大瑞錦，造佛像追福。其餘豈足霑牙齒，補：宋書：謝朓好獎人才。會稽孔闓粗有才筆，孔時嘗令草讓表，朓嗟吟良久，謂時曰：「此子聲名未立，應共獎成，無惜齒牙餘論。」欲用何能報天子。騖馬垂頭搶冥塵，驊騮一日行千里。見卷一。但有沈冥醉客家，補：莊子：蜀莊沈冥。支頤瞪目持流霞。補：莊子：左手據膝，右手支頤。抱朴子：項曼卿修道山中，自言至天上遊紫府，遇仙人與流霞一杯，飲之輒不飢渴。唯恐南園風雨作，一作落。碧蕪狠藉棠梨花。

江南曲

五言。○嗣立案：樂府古題要解：江南曲古詞云：「江南可采蓮，蓮葉何田田。」又云：「魚戲蓮葉間，魚戲蓮葉東，魚戲蓮葉西，魚戲蓮葉南，魚戲蓮葉北。」蓋美其芳晨麗景，嬉游得時也。郭茂倩樂府詩集：梁武帝作江南弄以代西曲，曲有采蓮、采菱，蓋出於此。

妾家白蘋浦，羅願爾雅翼：萍其大者蘋，五月有花，白色，謂之白蘋。屈原九歌：登白蘋兮騁望。白居易記：湖州城東南二百步抵霅溪，溪連汀洲，洲一名白蘋。梁吳興太守柳惲於此賦詩云：汀洲采白蘋，因以名洲也。日上芙蓉檝。梁簡文帝詩：玉軸芙蓉舟。軋軋搖槳聲，移舟入茭葉。溪長茭葉深，作底難相尋。避郎郎不見，鸂鶒自浮沈。拾萍萍無根，補：懽聞歌：遙遙天無柱，流漂萍無根。采蓮蓮有子。補：子夜歌：乘月采芙蓉，夜夜得蓮子。不作浮萍生，寧爲藕花死。岸傍騎馬郎，李白詩：岸上誰家游冶郎。補：梁末童謠：可憐巴馬子，一日行千里。不見馬上郎，但見黃塵起。黃塵汙人衣，皁莢作料理。烏帽紫游韁。晉輿服志：漢成帝制，二宮直官著烏紗帽。補：晉中興書：太和中，鄴下童謠曰：「青青御路楊，白馬紫游韁。汝非皇太子，那得甘露漿。」含愁復含笑，回首問橫塘。補：金陵覽古：吳自江口沿淮築隄，謂之橫塘。吳都賦：橫塘查下。吳筠古意：妾家橫塘北。妾住金陵步，一作浦。補：吳錄：張紘言於孫權曰：「秣陵，楚武王所置，名爲金陵。秦始皇時，望氣者云金陵有王者氣，故斷連岡，改名秣陵也。」門前朱雀航。流蘇持作帳，補：梁簡文帝有女篇：流蘇時下帳。詳卷三。芙蓉持作梁。出入金犢幰，蒼頡篇：帛張車上曰幰。補：揚雄籍田賦：微風生於輕幰。善曰：幰，車幰也。兄弟侍中郎。古樂府陌上桑：三十侍中郎。前年學歌舞，定得郎相許。連娟眉繞山，屈原九歌：眉連蜷兮既留。詳見上。依約腰如杵。嗣立案：搜神記：阿文暮入北堂，梁上有一人，高冠朱幘，呼曰：「細腰。」細腰應諾。文因呼細腰，問：「向衣冠是誰？」答曰：「金也。在西壁下。」問：「君是誰？」答曰：「我杵也。今在竈下。」文掘金燒杵，由是大富。鳳管悲若咽，補：庾信楊柳歌：鳳皇新管蕭史吹。鸞弦嬌欲語。補：十洲記：鳳麟洲在西海中央，洲上專多鳳麟，數百合羣，亦多仙家，煮鳳喙及麟角，合煎作膠，名爲集弦膠。扇薄露紅鉛，江洪詠歌姬詩：輕紅澹鉛臉。羅輕壓金縷。見卷一。明月西南樓，補：鮑照玩月詩：始見西南樓，纖纖如玉鉤。珠簾玳瑁鉤。見卷六。橫波巧能一作相。笑，補：傅毅舞賦：目流睇而橫波。鸞娥不識愁。李賀詩：長眉對月鬭彎環。花開子留樹，草長根依土。早一作上。聞金溝遠，南史：羊戎曰：「金溝清泚，銅池搖颺。」底事歸郎許？不學楊白花，一作楊花白，又一作閨中婦。朝朝淚如雨。嗣立案：梁書：楊華名白花，武都仇池人。少有勇力，容貌修偉，魏胡太后逼通之。華懼及禍，乃率其部曲降梁。太后追思不已，爲作楊白花歌，使宮人連臂蹋足歌之，聲甚悽惋。楊白花歌：含情出戶脚無力，拾得楊花淚霑臆。

錢唐樂府詩集作堂堂。曲

錢唐岸上春如織，補：吳郡緣海四縣記：錢唐西南五十里有定山，去富春又七十里，橫出江中，波濤迅邁，以避山難，辰發錢塘，巳達富春。淼淼寒潮帶晴色。淮南游客馬連一作嘶。嘶，碧草迷人歸不得。淮南王招隱士：王孫遊兮不歸，春草生兮萋萋。風飄客意一作思。如吹烟，纖指殷勤傷雁弦。一曲堂堂紅燭筵，金一作長。鯨瀉酒如飛泉。杜甫飲中八仙歌：飲如長鯨吸百川。又：百壺那送酒如泉。

惜春詞

百舌問花花不語，月令注：反舌，百舌也。春始鳴，至五月能變其舌，反學其聲，爲百鳥之鳴。補：邢劭春歌：

花塢蝶雙飛，柳堤鳥百舌。低回似恨橫塘雨。蠭爭粉蕊蝶分香，崔豹古今注：蠭蜓頴如鋒，曰蠭蝶，以須鬣。不似垂楊惜金縷。願君一作言。留得長妖韶，莫逐東風還蕩搖。秦女含嚬向烟月，補：梁簡文帝詩：倡樓秦女乍相值。案：樂府詩集唐李白樂府有秦女卷衣。愁紅帶露空迢迢。一作寥寥。

春愁曲

紅絲穿露珠簾冷，補：西京雜記：昭陽殿織珠爲簾，風至則鳴，如珩佩之聲。鮑照詩：珠簾無隔露，羅幌不勝風。百尺啞啞下纖綆。補：費昶行路難：唯聞啞啞城上烏，玉闌金井牽轆轤。說文：綆，汲井索也。莊子：綆短者不可以汲深。遠翠愁山入臥屏，兩重雲母空烘影。西京雜記：趙飛燕爲皇后，女弟昭儀遺雲母屏風，琉璃屏風。李賀詩：琉璃疊扇烘。涼簪墜髮春眠重，玉兔熅香才調集作氤氳。柳如夢。李白詩：玉兔擣藥春復秋。錦疊空牀委墜紅，古詩：蕩子行不歸，空牀難獨守。颸颸掃尾雙金鳳。補：古樂府：秋風肅肅晨風颸。吳都賦：翼颸風之颸颸。嗣立案：徐注：黃庭經：古者盟以玄雲之錦九十尺，金簡鳳文羅四十尺。蠭喧蝶駐俱一作戲。悠揚，柳拂赤闌纖草長。覺後梨花委平綠，春風和雨吹池塘。徐注：謝靈運詩：池塘生春草。

蘇小小歌

補：樂府廣題：蘇小小，錢唐名倡也。蓋南齊時人。吳地記：嘉興縣前有晉伎蘇小小墓。

買蓮莫破券，嗣立案：北齊武成後謠：千金買果園，中有芙蓉樹。破券不分明，蓮子隨他去。買酒莫解金。嗣立案：梁簡文帝詩：當壚設夜酒，宿客解金鞍。迎來挾琴易，送別唱歌難。酒裏春容抱離恨，嗣立案：子夜歌：郎懷幽閨性，儂亦恃春容。水中蓮子懷芳心。吳宮女兒腰似束，補：趙曄吳越春秋：闔閭城西斫石山上有館娃宮。登徒子好色賦：腰如束素。家在一作住。錢唐小江曲。一自檀郎逐便風，李賀詩：檀郎謝女眠何處？或曰：檀奴，潘安仁小字，後人因號爲檀郎。門前春水年年綠。江淹別賦：春草碧色，春水綠波。

春江花月夜詞

補：隋煬帝作春江花月夜曲云：暮江平不動，春花滿正開。流波將月去，潮水帶星來。

玉樹歌闌海雲黑，嗣立案：晉書樂志：春江花月夜、玉樹後庭花，并陳後主所作。後主常與宮中女學士及朝臣相和爲詩，太常令何胥又善於文詠，采其尤豔麗者以爲此曲。花庭忽作青蕪國。補：李端詩：青蕪赤燒生。秦淮有水水無情，建康錄：始皇鑿鍾阜爲瀆，令水貫其中，以洩王氣，呼秦淮。還向金陵漾春色。注見上。楊家二世安九重，補：隋書：煬皇帝諱廣，一名英，小字阿麽，高祖第二子也。不御華芝嫌六龍，嗣立案：隋書：大業元年八月壬寅，上御龍舟幸江都，以左武衛大將軍李景爲後軍，文武官五品已上給樓船，九品已上給黃篾，舳艫相接二百餘里。俞瑒云：甘泉賦：登鳳皇而翳華芝。注：華芝，蓋也。瑒：時乘六龍以御天。百幅錦帆風力滿，嗣立案：開河記：煬帝御龍舟幸江都，舳艫相繼，自大堤至淮口，聯綿不絕，錦帆過處，香聞十里。連天展盡金芙蓉。樂府子夜歌：玉藕金芙蓉。珠翠丁星復明滅，嗣立案：隋遺錄：帝御龍舟，蕭妃乘鳳舸，每舟擇妙麗女子千人，執雕版鏤金檝，號爲殿脚女。徐注：宋玉招魂：翡翠珠被，爛齊光些。龍頭劈浪哀笳發。嗣立案：隋書樂志：煬帝大製豔篇，辭極淫綺，令樂正白明達造新聲，創泛龍舟等曲，掩抑摧藏，哀音斷絕。煬帝泛龍舟曲：舳艫千里泛歸舟，言旋舊鎭下揚州。借問揚州在何處？淮南江北海西頭。千里涵空照才調集作澄。水魂，萬枝破鼻團一作飄。香雪。嗣立案：徐注：隋書：煬帝自版渚引河，作街道，植以楊柳，名曰隋隄，一千三百里。又案：揚州后土廟有花一枝，潔白可愛，樹大而花繁，俗謂之瓊花。天下獨一枝，歐陽永叔爲揚州，作無雙亭以賞之。漏轉霞高滄海西，玻璃枕上聞天雞。補：韻會：玻璃，寶玉名。本草作頗黎，云西國寶。或云是水玉，千歲冰爲之。唐高宗紀：支汗郡王獻碧玻璃。淮南子：桃都山有天雞，日出即鳴。詳卷一。鸞弦代雁一作寫。曲如語，嗣立案：大業拾遺記：帝自達廣陵，沈湎失度，每睡，歌吹齊發，方就一夢。一醉昏昏天下迷。嗣立案：迷樓記：煬帝建迷樓，選後宮女數千以居其中。大業拾遺記：帝於文選樓張四帳，二名醉忘歸，三名夜酣香。四方傾疑作澒。動烟一作風。塵起，補：杜甫詩：風塵澒動昏王室。淮南子：未有天地之時，鴻濛澒動，莫知其門。猶在濃香一作團。夢魂裏。嗣立案：呂東萊隋書：大業十三年五月甲子，唐公起義師於太原。十一月丙辰，唐公入京師。辛酉，遙尊帝爲太上皇帝，代王侑爲帝，改元義寧。二年三月，右屯衞將軍宇文化及以驍果作亂，入犯宮闈，上崩於溫室，時年五十。後主荒宮有曉鶯，飛來只隔西江水。嗣立案：隋遺錄：煬帝在江都，昏湎滋深，嘗遊吳公宅雞臺，恍惚與陳後主相遇，尙喚帝爲殿下。後主舞女數十，中一人迥美，帝屢目之，後主云：「即麗華也。」乃以海蠡酌紅粱新醞勸帝，帝飲之甚歡。因請麗華舞玉樹後庭花，麗華徐起，終一曲。後主問帝：「蕭妃何如此人？」帝曰：「春蘭秋菊，各一時之秀也。」後主問帝：「龍舟之遊樂乎？始謂殿下致治在堯、舜之上，今日復此逸遊，大抵人生只圖快樂，曩時何見罪之深耶？」帝忽悟，叱之，怳然不見。

懊惱曲

嗣立案：古今樂錄：懊儂歌者，晉石崇爲綠珠所作，唯「絲布澀難縫」一曲而已，後皆隆安初民間訛謠之曲。宋書五行志：晉安帝隆安中，民忽作懊惱歌。又案：樂錄：華山畿者，宋少帝時懊惱一曲，亦變曲也。

藕絲作線難勝鍼，嗣立案：俞瑒云：朱超采蓮曲：摘除蓮上葉，拖出藕中絲。說苑：縷因鍼而入。蕊粉染黃那得深。白玉才調集作玉白。蘭芳不相顧，陸機短歌行：蘭以秋芳。青一作倡，又一作紅。樓一笑輕千金。嗣立案：劉石齡云：晉書魏游歌：南開朱門，北望青樓。李白白紵詞：美人一笑千黃金。莫言自古皆如此，健劍刜鐘鉛繞指。補：說苑：西閭過曰：「干將、莫邪，拂鐘不錚，試物不知。」劉琨詩：何意百鍊鋼，化爲繞指柔。三秋庭綠盡迎霜，王融詩：秋風下庭綠。唯有荷花守紅死。補：讀曲歌：荷燥芙蓉萎，蓮汝藕欲死。李賀詩：秋白鮮紅死。廬一作西。江小吏朱斑輪，補：古詩爲焦仲卿妻作序：漢末建安中，廬江府小吏焦仲卿妻劉氏爲仲卿母所遣，自誓不嫁，其家逼之，乃投水而死。仲卿聞之，亦自縊於庭樹。時人傷之，爲詩云爾。又詩云：金車玉作輪。柳縷吐牙香玉春。一作新。兩股金釵已相許，嗣立案：徐注：白居易長恨歌：釵留一股合一扇，釵擘黃金合分鈿。不令獨作空城才調集作成。塵。悠悠楚水流如馬，李賀詩：黃塵清水三山下，更變千年如走馬。恨紫愁紅滿平野。野土千年怨不平，至今燒作鴛鴦瓦。晉書：鄴都銅雀臺皆鴛鴦瓦。梁昭明太子詩：日麗鴛鴦瓦。

三洲詞

補：唐書樂志：三洲，商人歌也。古今樂錄：三洲歌者，商客帆數遊巴陵三江口，往還因共作此歌。

團圓一作圞。莫作波中月，潔白莫一作無。爲枝上雪。月隨波動碎潾潾，雪似梅花不堪折。李娘十六青絲髮，畫帶雙花爲君結。梁武帝詩：繡帶合歡結。門前有路輕一作生。別離，樂府詩集作離別。惟一作只。恐歸來舊香滅。

溫飛卿詩集卷第三

春曉曲

嗣立案：才調集此詩及邊笳曲、俠客行、春日、詠顰、太子西池共七首，皆齊、梁體。

家臨長信往來道，三輔黃圖：漢洛門至闇廟門，有長信宫在其中。乳燕雙雙拂一作掠。烟草。油壁車輕金犢肥，油壁車注見卷二。嗣立案：朝野僉載：龐帝師養一牸牛、一赤犢子，前後生五犢，得絹一百匹。及翻轉至萬匹，時號金犢子。懊儂歌：黃牛細犢車，游戲出孟津。流蘇帳曉春雞早。補：晉摯虞決疑要注：天子帳流蘇爲飾。海錄碎事：流蘇帳，盤繪繡之毬，五色錯爲之，同心而下垂者也。梁江總詩：新人羽帳挂流蘇。籠中嬌鳥暖猶睡，補：左思詠史詩：習習籠中鳥，舉翮觸四隅。盧照鄰長安古意：一羣嬌鳥共啼花。簾外落花閒不掃。衰桃一樹近前池，張正見有衰桃賦。似惜紅顏鏡中老。

獵騎

樂府詩集有詞字。

早辭平㞧殿，禮記：天子負㞧南向而立。夕奉湘南宴。漢書：湘南縣屬長沙國。禹貢：衡山在東，南荆州山。香兔抱微烟，嗣立案：謝莊月賦：引玄兔於帝臺。注：張衡靈憲：月者陰精之宗，積成爲獸，象兔形。重鱗疊輕扇。曹植扇賦：效龍蛇之蜿蜒。補：謝脁詩：輕扇動涼颸。蠶飢使君馬，古樂府日出東南隅行：羅敷善采桑，采桑城南隅。又：使君從南來，五馬立踟躕。補：梁武帝子夜四時歌：君住馬已疲，妾去蠶已飢。雁避將軍箭。隋書：史萬歲從梁士彥軍次馮翊，見羣雁飛來，萬歲謂士彥曰：「請射行中第三者。」既射之，應弦而落。寶柱惜離弦，柳惲詩：秋風吹玉柱。流黃悲赤縣。流黃注見下。理釵低舞鬢，換袖回歌面。晚柳未如絲，補：枚乘柳賦：吁嗟弱柳，流亂輕絲。春花已如霰。補：柳惲詩：春花落如霰。所嗟故里曲，不及青樓宴。

西州樂府詩集作洲。曲　吳聲。○曲一作詞。

悠悠復悠悠，昨日下西州。西州風色好，遙見武昌樓。武昌樓注詳下。武昌何鬱鬱，古詩：洛中何鬱鬱。儂家定無匹。小婦被流黃，登樓撫瑤瑟。嗣立案：古樂府相逢狹路間：大婦織羅綺，中婦織流黃。小婦無所作，挾瑟上高堂。陸機詩：佳人理瑤瑟。朱弦繁復輕，嗣立案：徐注：蔡邕琴賦：繁弦既和。素手直淒清。古詩：娥娥紅粉妝，纖纖出素手。一彈三四解，掩抑似含情。古詩：一彈再三歎，慷慨有餘哀。嗣立案：冊府元龜：李延年因胡曲更造新聲二十八解。南樓登且望，西江廣復平。艇子搖兩槳，催過石頭城。嗣立案：古樂府莫愁樂：莫愁在何處？莫愁石城西。艇子打兩槳，催送莫愁來。門前烏臼樹，慘澹天將曙。鸂鶒飛復還，郎隨早帆去。嗣立案：江淹西州曲：西州在何處？兩槳橋頭渡。日暮伯勞飛，風吹烏臼樹。樹下卽門前，門中露翠鈿。開門郎不至，出門采紅蓮。回頭語同伴，定復負情儂。去帆不安幅，作抵使西風。他日相尋索，莫作西州客。西州人不歸，春草年年碧。

燒歌 說文：野火曰燒。燒去聲。

起來望南山，山火燒山田。微紅夕一作久。如滅，短焰復相連。差差向巖石，冉冉凌青壁。低隨回風盡，遠照檐茅一作茅檐。赤。鄰翁能楚言，倚鍤欲潸然。補：史記：歌曰：鄭國在前，白渠起後。舉鍤爲雲，決渠爲雨。詳卷六。自言楚越俗，燒畬作早一作旱。田。嗣立案：農書：荆、楚多畬田，先縱火熂爐，候經雨下種，歷三歲土脈竭，復熂旁山。熂，燹火燎草；爐，火燒山界也。杜田曰：楚俗燒榛種田，曰畬。先以刀芟治林木，曰斫畬。其刀以木爲柄，刃向曲，謂之畬刀。豆苗蟲促促，陶潛詩：草盛豆苗稀。籬上花當屋。杜甫詩：疎籬帶晚花。廢棧豕歸闌，莊子：編之以阜棧。注：編木作棧以禦溼。廣場雞啄粟。新年春雨晴，處處賽神聲。漢郊祀志：冬賽禱祠。師古曰：賽謂報其所祈也。持錢就人卜，敲瓦隔林鳴。元稹詩：病賽烏稱鬼，巫占瓦代龜。注：巫俗擊瓦，觀其文理分析定吉凶，曰瓦卜。卜得山上一作上山。卦，歸來桑棗下。吹火向白茅，一作葦。腰鐮映頳蔗。列子：擁鐮帶索。說文：鐮，鍥也。補：鮑照東武吟：腰鐮刈葵藿。風驅槲葉烟，槲樹連平山。補：北史：李元忠作壘以自保，坐於大槲樹下。迸星拂霞外，飛燼落階前。仰面呻一作呼。復嚏，學記：今之教者，呻其佔畢。詩：願言則嚏。字林：嚏，鼻塞而噴。一云咳嗽聲。鴉孃咒豐歲。誰知蒼翠容，盡作官家稅。漢蓋寬饒傳：三王官天下，五帝家天下。王建田家行：麥收上場絹在軸，的知輸得官家足。

長安寺

仁祠寫露宮，長安佳氣濃。烟樹含葱蒨，江淹詩：丹巘被葱蒨。金刹映芊茸。補：西京雜記：以黄金爲刹。法華經：長表金刹。詳卷二。繡戸香焚象，補：杜甫玄元皇帝廟詩：山河扶繡戸。珠網玉盤龍。謝朓詩：深沈映朱網。補：沈約詩：網軒映珠綴。鮑照詩：桂柱玉盤龍。寶題斜一作新。翡翠，補：甘泉賦：珍題玉英。應劭曰：題，頭也。榱椽之頭皆以玉飾也。天井倒芙蓉。補：王延壽魯靈光殿賦：圓淵方井，反植芙蕖。風俗通：今殿作天井，井者，東井之像也。菱荷水中之物，皆所以厭火也。幡長回遠吹，補：釋氏要典：沙門得一法者便當建幡告四遠。維摩經：勝幡建道場。蒯立案：指月錄：慧能大師至廣州法性寺，值印宗法師講涅槃經。寓止廊廡間，暮夜風颺刹幡，聞二僧對論，一曰「幡動」，一曰「風動」，往復不已。祖曰：「不是風動，不是幡動，仁者心動。」一衆竦然。窗虚含曉風。遊騎迷青瑣，補：何晏景福殿賦：青瑣銀鋪。詳見卷一。歸鳥思華鐘。西都賦：鏗華鐘。善曰：鐘有篆刻之文，故曰華也。雲拱承跗邐，杜甫詩：朱拱浮雲細細輕。羽葆背花重。見卷一。所嗟蓮社客，見卷七。輕蕩不相從。

和沈參軍招友生觀芙蓉池

桂棟坐清曉，屈原九歌：桂棟兮蘭橑。瑤琴雙一作商。鳳絲。司馬相如琴歌：鳳兮鳳兮歸故鄉，遨遊四海求其皇。嗣立案：西京雜記：成帝侍郎善鼓琴，能爲雙鳳之曲。況聞楚澤香，補：子虛賦：臣聞楚有七澤，嘗見其一，名曰雲夢。適與秋風期。漢武帝秋風辭：秋風起兮白雲飛。遂使一作從。權萍客，靜嘯烟草湄。古詩：涉江采芙蓉，蘭澤多芳草。倒影回澹蕩，愁紅媚漣漪。詩：河水清且漣漪。湘莖久蘇一作鮮。澀，宿雨增離披。補：宋玉九辨：白露既下降百草兮，奄離披此桐楸。而我江海客，杜甫詩：張公一生江海客。楚游動一作勤。夢思。補：杜甫詠懷古跡：雲雨荒臺豈夢思。北渚水雲蔓，一作葉。補：屈原九歌：帝子降兮北渚。南塘烟露枝。江淹西州曲：采蓮南塘秋。豈亡一作無。臺榭芳，獨與鷗鳥知。補：列子：海上人好鷗鳥，每旦至海上從鷗鳥游。其父曰：「吾聞鷗鳥皆從子游，汝取來吾玩之。」明日之海上，鷗鳥翔舞而不下。珠墜魚迸淺，補：鮑照芙蓉賦：葉折水而爲珠。謝朓詩：魚戲新荷動。影多鳧泛遲。屈原卜居：將泛泛若水中之鳧乎？補：唐太宗采芙蓉詩：游鶯無定曲，驚鳧有亂行。落英不可攀，離騷：朝飲木蘭之墜露兮，夕餐秋菊之落英。返照昏澄陂。

寓懷

誠足不顧一作願。得，妄矜徒有言。語斯諒未盡，隱顯何一作可。悠然。洵彼都邑盛，劉熙釋名：國城曰都，四井爲邑。眷唯車馬喧。陶潛雜詩：結廬在人境，而無車馬喧。自期尊客卿，戰國策：蔡澤西入秦，秦昭王召見，與語，大悅之，拜爲客卿。非意干王孫。補：漢韓信傳：漂母怒曰：「吾哀王孫而進食，豈望報乎！」

銜知有貞爵，處實非厚顏。越絕書：名過實者滅，聖人不使名過實。詩：顏之厚矣。苟無海岱一作岳。氣，補：魏志：許汜曰：「陳元龍湖海之士，豪氣不除。」奚取壺漿恩？補：戰國策：中山君曰：「吾以一杯羊羹亡國，以一壺餐得士二人。」唯絲一作師。南山楊，補：漢書：楊惲字子幼，華陰人。楊惲報孫會宗書：其詩曰：「田彼南山，蕪穢不治。種一頃豆，落而爲萁。人生行樂耳，須富貴何時？」嗣立案：李賀浩歌：買絲繡作平原君，有酒唯澆趙州土。適我松菊香。補：陶潛歸去來辭：三徑就荒，松菊猶存。鵬鯤誠來一作未。憶，補：莊子：北溟有魚，其名爲鯤，化而爲鳥，其名爲鵬，怒而飛，其翼若垂天之雲。鵬之徙於南溟也，水擊三千里，摶扶搖而上者九萬里。誰謂凌風翔？莊子：鵲巢於高榆之顛，巢折凌風而起。

觀蘭作 并序（校點者按：「觀蘭作并序」五字據汲古閣本金荃集校補）

余昔自西濱得蘭數本，移藝於庭，亦既逾歲，而芃然蕃殖。自余遊者，未始以芳草爲遇矣。因悲夫物有厭常，而反不若混然者有之焉。遂寄情於此。

寓賞本殊致，意幽非我情。吾常有流一作疏。淺，外物無重輕。嵇康養生論：外物以累心不存。各言藝幽深，彼美香素莖。屈原九歌：綠葉兮素枝，芳菲菲兮襲予。豈爲賞者設，自保孤根生。補：家語：芝蘭生於深谷，不以無人而不芳。易地無赤株，草木疏：蘭爲王者香草，其莖葉皆似澤蘭，廣而長節，節中赤，高四五尺。麗土亦同榮。易：百穀草木麗乎土。賞際林壑近，泛餘烟露清。余懷既鬱陶，尚書：鬱陶乎予心，顔厚有忸怩。爾類徒縱横。補：揚雄解嘲：一縱一横，論者莫當。姸蚩苟不信，張正見白頭吟：語默姸媸際，浮沈毁譽中。寵辱何爲驚？老子：寵辱若驚。眞隱諒無迹，激時猶揀名。幽叢靄綠畹，補：文子：叢蘭欲發，秋風敗之。離騷：余既滋蘭之九畹兮，又樹蕙之百畝。王逸注：十二畝爲畹。豈必懷歸耕。漢夏侯勝傳：學經不明，不如歸耕。

秋日

爽氣變昏旦，世說：王子猷以手版拄頰云：「西山朝來，致有爽氣。」補：謝靈運詩：昏旦變氣候，山水含清暉。神皋偏原隰。西京賦：實維地之奥區神皋。詩：于彼原隰。釋名：廣平曰原，下溼曰隰。補：西都賦：原隰龍鱗。烟華久蕩摇，石澗仍清急。柳闇山犬吠，蒲流水禽立。菊花明欲迷，棗葉光如溼。天籟思林嶺，莊子：敢問天籟，子綦曰：「夫吹萬不同，而使其自已也。」車塵倦都邑。譸張夙所違，尚書：民無或須譸張爲幻。補：世說：王僧彌謂謝車騎曰：「君何敢譸張！」悔吝何由入。繫辭：吉凶悔吝者，生乎動者也。補：庾信詩：陽窮乃悔吝。芳草秋可藉，補：孫綽天台賦：藉萋萋之纖草。幽泉曉堪汲。牧羊燒外鳴，林果雨中拾。王維詩：雨中山果落。復此遂閑曠，補：莊子：就藪澤處閒曠，此江海之士、避世之人也。閒曠者之所好也。翛然脱羈縶。補：江偉答軍司馬詩：羈縶繫世網，進退維準繩。田收鳥雀喧，氣肅龍蛇蟄。易：龍蛇之蟄。佳節足豐穰，良朋阻遊集。沈機日寂寥，宋玉九辨：寂寥兮收潦而水淸。葆素常呼吸。補：莊子：吹噓呼吸，吐故納新，此導引之士、養形之人也。投迹倦攸往，易：利有攸往。放懷志所執。見卷四。良時有東菑，爾雅：田一歲曰菑。吾將事蓑笠。詩：何蓑何笠。

七夕歌

鳴機札札停金梭，補：古詩：纖纖擢素手，札札弄機杼。嗣立案：祕閣閑話：蔡州蔡氏七夕禱以酒果，忽流星墜筵中，明日瓜上得金梭，由是巧思益進。梁簡文帝七夕詩：天梭織來久，方逢今夜停。芙蓉澹蕩秋水一作生池。波。夜一作神。軒紅粉陳香羅，補：周處風土記：七月七日，其夜灑掃於庭，露施几筵，設酒脯時果，散香粉於河鼓織女。鳳低蟬薄愁雙蛾。微光奕奕凌曙一作天。河，四民月令：七夕，見天漢中有奕奕正白氣。補：王鑒七夕詩：隱隱驅千乘，闐闐越星河。鸞咽鶴唳飄颻歌。補：湯惠休楚明妃曲：驂駕鸞鶴，往來仙靈。禽經：鶴以潔唳。鸞橋銷盡奈愁一作愁奈。何，淮南子：烏鵲塡河成橋而渡織女。天氣駘蕩雲陂陀。補：莊子：惠施之林，駘蕩而不得，逐物不及。司馬彪曰：駘蕩，猶施散也。謝朓詩：春物方駘蕩。宋玉招魂：文異豹飾，侍陂陀些。平明花木有愁意，一作思。露溼綵盤蛛網多。補：荆楚歲時記：七夕，婦人結綵縷穿七孔鍼。或以金銀鍮石爲鍼，陳瓜果於庭中以乞巧，有喜子網於瓜上，則以爲得。宋孝武帝七夕詩：迎風披綵縷，向月貫玄鍼。

酬友人

辭榮亦素尙，補：孔欣猛虎行：飢不食邪蒿萊，倦不息無終里。邪蒿乖素尙，無終爽若始。倦遊非夙心。補：司馬相如傳：長卿故倦遊。郭璞曰：厭游宦也。寧復思金籍，嗣立案：謝朓始出尙書省詩：既通金閨籍，復酌瓊筵醴。注：金閨，金馬門也。籍者爲二尺竹牒，記其年紀名字物色懸之宫門。案：省相應乃得入也。獨此臥烟林。閒雲無定貌，佳樹有餘陰。補：左傳：韓宣子來聘，宴於季氏，有嘉樹焉，宣子譽之。坐久芰荷發，釣闌一作餘。茭葦深。游魚自搖漾，一作蕩。陶潛詩：臨水媿游魚。浴鳥故浮沈。補：杜甫詩：一雙鸂鶒對沈浮。唯君清露夕，補：西京賦：承雲表之清露。一爲灑煩襟。

觀舞伎

朔音悲嘒管，詩：嘒嘒管聲。瑤踴動芳塵。補：王子年拾遺記：石虎太極殿樓高四十丈，舂雜寶異香爲屑，使數百人於樓上吹散之，名曰芳塵臺。總袖時增怨，一作態。韓非子：長袖善舞。聽破復含嚬。嗣立案：太平廣記引傳載錄：天寶中，樂章多以邊地爲名，若涼州、甘州、伊州之類是焉。其曲徧繁聲名入破，後其地盡爲西番所沒，破乃其兆矣。凝腰倚風軟，補：梁王訓詠舞詩：傾腰逐韻管，斂色聽張弦。袖輕風易入，釵重步難前。花題照錦春。嗣立案：杜甫詩：胡舞白題斜。注：題者，額也。朱弦固凄緊，補：傅毅舞賦：弛緊急之弦張兮，慢末事之骫曲。殷仲文詩：風物自淒緊。瓊樹亦迷人。駉立案：崔豹古今注：魏文帝宮人絕所愛者有莫瓊樹、薛夜來、陳尙衣、陳巧笑，皆日夜在側。江總詩：後宮知有莫瓊樹。

邊笳曲

樂部：笳，胡人卷蘆葉爲之，置部前曰頭管。

朔管迎秋動，補：李陵答蘇武書：涼秋九月，塞外草衰。又：胡笳互動，牧馬悲鳴。雕陰一作音非。雁來早。駉立案：舊唐書：隋雕陰郡，武德三年於延州豐林縣置綏州總管府。上郡隱黃雲，駉立案：唐書地理志：貞觀二年罷都督府，移州治上縣。天寶元年改爲上郡，乾元元年復爲綏州。江淹詩：黃雲蔽千里。天山吹白草。駉立案：史記索隱：祁連山一名天山，亦曰白山，在張掖、酒泉二郡界。唐書：西州交河郡有天山。開元二年置天山軍，隸河西道。案劉石齡云：杜詩注引歸州圖經：胡地多白草，昭君冢獨青。嘶馬渡一作悲。寒磧，說文：沙漠曰磧。朝陽照霜堡。廣韻：堡障，小城也。江南戍客心，一作情。門外芙蓉老。古樂府江南詞：江南可采蓮，蓮葉何田田。李賀詩：鯉魚風起芙蓉老。

經西塢偶題

搖搖弱柳黃鸝一作鶯。啼，世說：戴顒春日攜雙柑斗酒，人問何之，曰：「往聽黃鸝聲。」芳草無情人自迷。日影明滅金色鯉，補：神農書：鯉爲魚王，無大小脊傍鱗皆三十有六，鱗上有小黑點，文有赤白黃三種。杏花唼喋青頭雞。補：沈懷遠長鳴雞贊：翠冠繽茸，碧距麗陳。微紅柰蔕惹蠭粉，晉起居注：嘉柰一蔕十五實，或七實，生於酒泉。補：褚澐詠柰詩：映日照新芳，叢林抽晚蔕。潔白芹牙入一作穿。燕泥。薛道衡昔昔鹽：空梁落燕泥。補：杜甫詩：芹泥隨燕觜。借問含嚬向何事？昔年曾到武陵溪。見卷五。

金虎臺

嗣立案：鄴都故事：漢獻帝建安五年，曹操破袁紹於鄴。十五年築銅雀臺，十八年作金虎臺，十九年造冰井臺，所謂鄴中三臺也。

碧草連金虎，青苔蔽石麟。補：西京雜記：五柞宮西有青梧觀，觀前有三梧桐樹，樹下有石麒麟二枚，刊其脅爲文字，是秦始皇酈山墓上物也。詳見下。皓齒芳塵起，補：傅毅舞賦：吐哇聲則發皓齒。詳見下。纖腰玉樹春。補：張衡舞賦：搦纖腰以互折。詳見卷一。倚瑟紅鉛溼，補：漢書：文帝使愼夫人鼓瑟，帝自倚瑟而歌。師古曰：倚瑟，卽今之以歌合曲也。梁元帝詠歌詩：汗輕紅粉溼。分香翠黛嚬。補：陸機弔魏武帝文：餘香可分與諸夫人，諸舍中無所爲，學作履綦賣也。梁元帝賦：愁容翠眉斂。誰言奉陵寢，相顧復霑巾？補：張衡四愁：側身西望涙霑巾。

俠客行

補：郭茂倩樂府詩集：戰國公子，皆藉王公之勢，競爲游俠，以取重諸侯，顯名天下，後世遂有游俠曲。魏陳琳、晉張華又有博陵王宮俠曲。

欲出鴻都門，地理志：鴻都門在洛陽。陰雲蔽城闕。寶劍黯如水，嗣立案：趙曄吳越春秋：越王允常聘歐冶子作名劍五枚，一曰純鉤。秦客薛燭善相劍，越王取示之。燭曰：「光乎如屈陽之華，沈沈如芙蓉始生于湖，觀其文如列星之行，觀其光如水溢於塘，此純鉤也。」微紅溼餘血。白馬夜頻嘶，才調集作驚。古樂府：白馬金羈俠少年。三更霸陵雪。關中記：霸陵爲漢文帝陵，在雍州城東南四十里白鹿原上，鳳皇嘴下。

詠曉

蟲歇紗窗靜，補：庾信蕩子賦：紗窗獨掩，羅帳長垂。鵶散碧梧寒。稍驚朝佩動，猶傳清漏殘。亂珠凝燭淚，補：梁簡文帝對燭賦：漸覺流珠走，熟視絳花多。詳卷一。微紅上露盤。三輔故事：武帝於建章宮立銅柱，高二十丈，上有仙人掌承露盤。褰衣復理鬟，餘潤拂芝蘭。

芙蓉

刺莖澹蕩綠，一作碧。李賀詩：綠刺罥銀泥。花片參差紅。孫楚蓮華賦：紅花電發，暉光煒煒。吳歌秋水冷，嗣立案：晉書樂志：吳歌雜曲，幷出江南，東晉已來，稍有增廣。其始皆徒歌，既而被之管弦。蓋自永嘉渡江之後，下及梁、陳，咸都建業，吳聲歌曲起於此也。湘廟夜雲空。補：酈道元水經注太湖水西流徑二妃廟南，世謂之黃陵廟。大舜之陟方也，二妃從征，溺於湘江，民爲立祠於水側焉。方輿勝覽：在潭州湘陰北九十里。濃豔香露裏，柳宗元詠芙蓉詩：薄彩寒露裏。美人淸一作靑。鏡中。李白詩：荷花鏡裏香。南樓未歸客，注詳下。一夕練塘東。
圖經：華亭有三泖一谷，泖自澱湖入練塘。

敕勒歌塞北 樂府廣題：北齊神武攻周玉壁，士卒死者十四五，神武恚憤疾發。周王下令曰：「高歡鼠子，親犯玉壁，劍弩一發，元凶自斃。」神武聞之，勉坐以安士衆，悉引諸貴，使斛律金唱敕勒，神武自和之。

敕勒金憒一作幘。壁，一作碧。陰山無歲華。秦本紀：西北斥逐匈奴，自楡中并河以東，屬之陰山。徐廣曰：陰山在五原北。通典：陰山，唐爲安北都護府。帳外風飄雪，嗣立案：唐書：吐蕃贊普聯毳帳以居，號大拂廬；容數百人號小拂廬。鮑照詩：胡風吹朔雪。營前月照沙。嗣立案：陸機論：孫權聞曹公來，築營於濡須塢以拒之，狀如偃月，號偃月營。范雲擬古：寒沙四面平。羌兒吹玉管，補：風俗通：笛元羌出，又有羌笛。然羌笛與笛二器不同。長於古笛，有三孔，大小異，故謂之雙笛。杜甫秦州雜詩：東征健兒盡，羌笛暮吹哀。胡姬踏錦花。嗣立案：樂府雜錄：胡旋舞，居一小圓毬子上舞，縱橫騰擲，兩足終不離毬上，其妙如此。白居易樂府：胡旋女，莫空舞。卻笑江南客，梅落不歸家。補：鮑照、吳均樂府皆有梅花落。程大昌演繁露：笛亦有落梅、折柳二曲，今其曲亡，不可考矣。

邯鄲郭公詞 本集作祠，誤。嗣立案：北齊樂府邯鄲郭公歌：邯鄲郭公九十九，技兩漸進入膝口。大兒緣高岡，雉子東南走。不信吾言時，當看歲在酉。樂府廣題：北齊後主高緯雅好傀儡，謂之郭公，時人戲爲郭公歌。及將敗，果營邯鄲。高、郭聲相近，九十九末數也。滕口，鄧林也。大兒謂周帝，太祖子也。高岡，後主姓也。雉，雞頭，武成小字也。後敗於鄧林，盡如歌言，蓋語妖也。案：此詩別見郭茂倩樂府詩集中，題作邯鄲郭公詞，明高啓集樂府中亦有邯鄲郭公歌一首。本集誤詞爲祠，原注漫引郭子儀圍鄴城以保東京，嗣後建祠祀之，荒唐已甚，今亟爲改正。○案：陳後山詩話：楊大年傀儡詩云：「鮑老當筵笑郭郎，笑他舞袖太郎當。若教鮑老當筵舞，轉更郎當舞袖長。」郭郎卽郭公也。

金笳悲故曲，樂部：笳似觱栗，無竅，以銅爲之。琴集：大胡笳十八拍、小胡笳十九拍，并蔡琰作。玉座積深塵。補：謝脁銅雀臺詩：玉座猶寂莫，況乃妾身輕。言念樂府詩集作是。邯鄲伎，不見樂府詩集作易。鄴城人。青苔竟埋骨，補：杜甫詩：古人白骨生青苔。紅粉自傷神。補：白居易燕子樓詩：見說白楊堪作柱，爭教紅粉不成灰！唯有漳一作滓。河柳，還向舊營春。

古意

莫莫復莫莫，詩：莫莫葛藟。絲蘿緣磵壑。廣雅：兔絲蔓連草上。女蘿自下蔓松上生枝，一名松蘿。散木無斧斤，莊子：此散木也。不夭斧斤，物無害者。纖莖得依一作所。託。枝低浴鳥欹，根靜懸泉落。列子：懸流三十丈。不慮見春遲，空傷致身錯。

齊宮

白馬雜金飾，補：曹植白馬篇：白馬飾金羈。言從雕輦回。見卷六。粉香隨笑度，鬢態伴愁來。遠水斜如翦，補：杜甫戲題畫山水圖歌：焉得并州快翦刀，翦取吳松半江水。青莎綠似裁。本草：青莎，一名水香稜，一名雀頭香。上林賦注：徐廣云：莀莎可染紫。所恨章華日，冉冉下層臺。補：左傳：楚子成章華之臺。

春日

柳岸杏一作暗百。花稀，梅梁乳燕飛。金陵志：謝安造新宮，適有梅木浮至石頭城下，取爲梁，畫梅花於上以表瑞。陰鏗詩：梁花畫早梅。美人鸞鏡笑，見卷四。嘶馬雁門歸。山海經：雁門，雁出其間，在高柳西。補：漢地理志：雁門郡注：秦置，屬并州。楚宮雲影薄，見卷六。臺城心賞違。臺城見卷一。鮑照白頭吟：心賞猶難恃，貌恭豈易憑。從來千里恨，邊色滿戎一作戍。衣。

詠春幡

嗣立案：後漢志：立春之日，夜漏未盡五刻，京都百官皆衣青衣，立青旛，施土牛耕人於門外。又：立春青旛。今世翦綵錯緝爲旛勝，雖朝廷亦縷金銀繒綃爲之，戴於首，士庶俱翦綵爲小旛，散於首飾花枝，皆曰春旛。或翦爲春蝶、春錢、春勝、花鳥人物之巧以相遺。

閒庭見早梅，花影爲誰裁？碧烟隨刃落，蟬鬢覺春來。補：宋之問詩：今年春色早，應爲翦刀催。古今注：莫瓊樹始製爲蟬鬢，挈之縹緲如蟬翼，故號曰蟬鬢。代一作戍。郡斲金勒，說文：勒，馬頭絡銜也。有銜曰勒，無銜曰羈。何遜輕薄篇：白馬黄金勒。梵聲一作河陽。悲鏡臺。梁武帝詩：周流揚梵聲。詳卷八。壇經：身是菩提樹，心如明鏡臺。世說：溫嶠姑囑嶠覓婚，嶠密有自婚意。少日嶠報姑云：「已覓得婚處，壻身名宦盡不減嶠。」因下玉鏡臺一枚。玉鏡臺是嶠爲劉越石長史北征劉聰所得。玉釵風不定，香步獨徘回。

陳宮詞

雞鳴人草草，詩：勞人草草。香輦出宮花。伎語細腰轉，補：後漢馬廖傳：楚王好細腰，宮中多餓死。馬嘶金面斜。見卷一。早鶯隨綵仗，驚雉避凝一作鳴。笳。淅瀝湘風外，嗣立案：酈道元水經注引山海經云：洞庭之山，帝之二女居焉。沅、澧之風，交湘之浦，出入多飄風暴雨。湖中有君山，湘君之所游處。昔秦始皇遭風於此，問其故，博士曰：「湘君出入則多風。」秦皇乃赭其山。紅輪映曙霞。沈約詩：紅輪映早寒。嗣立案：李商隱詩「紅輪結綺寮」，朱鶴齡注云紅輪不知是何物，楊用修云想是婦女所執如暖扇之類。又唐太宗白日半西山詩云：「紅輪不暫駐。」此則謂紅日也。

春日野行

騎馬蹋烟莎，青春奈怨何。蝶翎朝一作胡。粉盡，梁簡文帝詩：花留蛺蝶粉。補：博物志：燒鉛成胡粉。鴉背夕陽多。柳豔欺芳帶，李賀詩：官街柳帶不堪結。山愁縈翠蛾。見卷二。別情無處說，方寸是星河。補：列子：方寸之地虛矣。

詠嚬

毛羽一作羽薄。斂愁翠，古今注：梁冀改驚翠眉爲愁眉。補：登徒子好色賦：眉如翠羽。陸機豔歌行：蛾眉象翠翰。黛嬌攢豔春。恨容偏落淚，補：世說：吳道助兄弟遭母艱，號踊哀絶，路人爲之落淚。低態定思人。枕上夢隨月，扇邊歌繞塵。劉向別錄：有人歌賦楚、漢興以來善雅歌者，魯人虞公發聲清哀，遠動梁塵。補：劉孝綽和詠歌人偏得日照詩：屢將歌罷扇，回拂影中塵。玉鉤鸞不住，波淺石磷磷。一作白粼粼。

中書令裴公輓歌詞二首

補：舊唐書：裴度字中立，河中聞喜人。貞元五年進士擢第，累官門下侍郎，同中書門下平章事。出爲蔡州刺史，充彰義軍節度使。吳元濟平，賜勳上柱國，封晉國公，食邑三千戶，進位中書令。薨時年七十五。

王儉風華首，南史：王儉字仲寶，官僕射。嘗謂人曰：「江南風流宰相，唯有謝安。」蓋自況也。蕭何社稷臣。補：班固漢書贊：蕭何、曹參，位冠羣后，聲施後世，爲一代之宗臣。陸機漢高祖功臣頌序：右三十一人，與定天下安社稷者也。丹陽布衣客，姓譜：陶弘景爲丹陽派，常自稱丹陽布衣。蓮渚白頭人。世說：王儉高自標位，時人呼儉府爲入芙蓉池。詳卷四。古樂府：安得同心人，白頭不相離。銘勒燕山暮，後漢書：竇憲破匈奴，登燕然山刻石紀功，令班固作銘。碑沈漢水春。補：晉書：杜預好爲後世名，刻石爲二碑，紀其勳績，一沈萬山之下，一立峴山之上，曰：「焉知此後不爲陵谷乎！」從今虛醉飽，詩：既醉以酒，既飽以德。無復汚車茵。漢書：丙吉馭吏嗜酒，醉嘔丞相車上。西曹吏欲斥之，吉曰：「以醉飽之失去士，使此人將何所容？不過汚丞相車茵耳。」

箭下妖星落，風前殺氣回。嗣立案：本傳：度二十七日至郾城，巡撫諸軍，宣達上旨，士皆賈勇，出戰皆捷。十月十一日，唐鄧節度使李愬襲破懸瓠城，擒吳元濟。國香荀令去，世說：荀令君至人家，坐處嘗三日香。樓月庾公來。補：庾亮傳：亮在武昌，諸佐吏殷浩等乘秋夜共登南樓，俄而亮至，諸人將起避。亮曰：「諸君少住，老子於此處興復不淺。」玉璽終無慮，蔡邕獨斷：皇帝六璽，皆以玉螭虎紐。嗣立案：通鑑：度復知政事，左右忽白失中書印，度飲酒自如，頃復白已得之。人問其故，曰：「急之則投諸水火，緩之則復還故處。」人服其識量。金縢竟不開。嗣立案：尚書疏：武王有疾，周公作策書告神，請代武王死，事畢，納書於金縢之匱，遂作金縢。及爲流言所謗，成王悟而開之。本傳：

開成二年，復以本官節度河東，度固辭老疾，帝遣吏部郎中盧弘宣旨曰：「爲朕臥鎮北門可也。」度不獲已之任。三年，病甚，乞還東都，詔許還京，拜中書令。上巳曲江賜宴，羣臣賦詩，度不能赴。文宗遣中使賜御札并詩曰：「注令待元老，識君恨不早。我家柱石衰，憂來學丘禱。」御札及門，而度已薨。空嗟薦賢路，芳草滿燕臺。補：寰宇記：燕昭王金臺在易州易縣東南三十里。

莊恪太子輓歌詞二首

舊唐書：莊恪太子永，文宗長子也，母曰王德妃。太和四年封魯王。六年詔册爲皇太子。開成三年，上以太子宴遊敗度，將議廢黜，御史中丞狄兼謩雪涕以諫，上意稍解。十月，皇太子薨於少陽院，謚曰莊恪。十二月葬於驪山之北原。

疊鼓辭宮殿，謝朓詩：疊鼓送華輈。李善云：小擊鼓謂之疊。詳卷二。補：漢書：孝成帝，元帝太子也。初居桂宮。漢武故事：武帝生猗蘭殿，七歲立爲皇太子。悲笳降杳冥。嗣立案：舊唐書本傳：敕兵部尚書王起撰哀册文曰：玉琯歲窮，金壺漏盡。祖奠告徹，哀笳將引。影離雲外日，溫子昇皇太子赦詔：彩雲映日，神光照殿。光滅火前星。劉孝威和太子詩：前星涵瑞彩。荆州星占：少微星，一名處士星，儲君副主之宮。鄴客瞻秦苑，嗣立案：謝靈運有擬魏太子鄴中集詩。典略：徐幹、劉楨、應瑒、阮瑀、陳琳、王粲、吳質并見友於太子。吳質在元城與魏太子牋：張敞在外，自謂無奇。陳咸憤積，思入京城。商公下漢庭。史記留侯傳：上欲易太子，及燕置酒，太子侍，四人從太子，須眉皓白，衣冠甚偉。上怪之，四人各言姓名曰：東園公、甪里先生、綺里季、夏黄公。上乃大驚，竟不易太子。依依陵樹色，注見上。空繞古一作九。原青。

東府虛容衞，東府見卷七。隋煬帝詩：朱庭容衞肅。西園寄夢思。補：魏文帝芙蓉池作：逍遙步西園。鳳縣吹曲夜，列仙傳：王子晉者，周靈王太子，好吹笙作鳳鳴。詳卷一。雞斷問安時。禮記：文王之爲世子，朝於王季，日三。雞初鳴而至於寢門外，問内豎之御者曰：「今日安否何如？」内豎曰安，文王乃喜。及日中又至，亦如之。及暮又至，亦如之。塵陌都人恨，詩：彼都人士。霜郊賵馬悲。陶潛輓詩：嚴霜九月中，送我至遠郊。穀梁傳：歸死曰賵，歸生曰賻。或曰車馬曰賵，貨財曰賻。白虎通：賻，助也。賵，赴也。所以助生送死也。唯餘埋璧地，補：左傳：楚恭王無冢適，有寵子五人，無適立焉。乃大有事於羣望而祈曰：「請神擇五人，主社稷。」乃徧以璧見於羣望曰：「當璧而拜者，神所立也。」與巴姬密埋璧於太室之庭，使五人拜，康王跨之，靈王肘加焉，子干、子皙皆遠之，平王弱，抱而入，再拜皆壓紐。烟草近丹一作前。墀。

祕書劉尙書輓歌詞二首

王筆活鸞鳳，未詳。嗣立案：張懷瓘書錄：許圉師見太宗書，曰：「鳳翥鸞回，實古今書聖。」杜甫贈汝陽王詩：筆飛鸞聳立，章罷鳳騫騰。又唐太宗王羲之傳贊：烟霏露結，狀若斷而還連；鳳翥龍蟠，勢如斜而反正。今之活鸞鳳，或假借以狀其筆勢耳。謝詩生芙蓉。補：世說：顏延之嘗問鮑明遠己詩與謝康樂優劣，鮑曰：「謝五言如初發芙蓉，自然可愛；君詩若鋪錦列繡，亦雕繢滿眼。」學筵開絳帳，後漢書：馬融坐高堂，施絳紗帳，前授生徒，後列女樂。譚柄發洪鐘。譚柄見卷六。世説：龐士元謂司馬德操曰：「若不扣洪鐘，不知其音響也。」粉署見飛鵩，粉署見卷六。與物志：有鳥小如雞，體有文色，土俗因形名之曰鵩，不能遠飛，行不出域。賈誼鵩鳥賦序：誼爲長沙王傅，有鵩鳥飛入誼舍，止於坐隅。鵩似鴞，不祥鳥也。誼自傷悼，以爲壽不得長，乃爲賦以自廣。玉山猜臥龍。補：世説：山公曰：「嵇叔夜之爲人也，巖巖若孤松之獨立；其醉也，俄如玉山之將崩。」嗣立案：晉嵇康傳：鍾會言於文帝曰：「嵇康，臥龍也，不可起。公無憂天下，顧以康爲慮耳。」遺風灑清韻，蕭散九原松。檀弓：趙文子曰：「是全要領以從先大夫於九京也。」鄭玄曰：晉卿大夫之墓地在九原。

麈尾近良玉，世説：王夷甫容貌整麗，妙於談玄，恆捉白玉柄麈尾，與手都無分別。詳卷八。鶴裘吹素絲。晉書：王恭美姿儀，嘗披鶴氅裘涉雪而行，孟昶見之，歎曰：「此神仙中人也。」壞陵殷浩謫，晉書：殷浩字深源，陳郡長平人。有盛名，朝野推服。與桓溫頗相疑貳。浩受命北征，請進屯洛陽，修復園陵。進軍次山桑，而士卒多亡叛。溫上疏罪浩，竟坐廢爲庶人。春墅謝安棋。見卷一。京口貴公子，襄陽諸女兒。補：古今樂錄：襄陽樂者，宋隨王誕之所作也。誕爲襄陽郡，夜聞諸女歌謠，因而作之。其曲云：朝發襄陽城，暮至大隄宿。大隄諸女兒，花豔驚郎目。折花兼蹋月，多唱柳郎詞。嗣立案：南史：柳惲字文暢，少有志行，好學善尺牘。與陳郡謝瀹鄰居，深見友愛。瀹曰：「宅南柳郎，可爲表儀。」案：惲江南曲云：春花復將晚。又起夜來云：月影入蘭室。

太子西一無西字。池二首

嗣立案：世説：明帝欲起池臺，元帝不許。帝時爲太子，好養武士，一夕中作池，比曉已成，今太子西池是也。山謙之丹陽記：西池，孫登所創，吳史所稱西苑也。晉明帝修復之耳。

梨花雪壓枝，補：李白紫宮樂詩：梨花白雪香。鶯囀柳如絲。嬾逐妝成曉，春融夢覺遲。鬢輕全作影，見卷六。嚬淺未成眉。補：徐陵與李那書：嚬眉難巧，學步非工。莫信張公子，補：漢書序傳：富平侯張放始愛幸，成帝出爲微行，與同輦執轡；入内禁中，設飲燕之會，引滿舉白，談笑大噱。詳卷一。窗間斷暗期。

花紅蘭紫莖，屈原九歌：秋蘭兮青青，綠葉兮紫莖。愁草雨新晴。柳占三春色，鶯偷百鳥聲。補：韋應物聽鶯曲：流音變作百鳥喧。日長嫌輦重，風暖覺衣輕。薄暮香塵起，長楊落照明。長楊宮注見卷五。

西陵道士茶歌

乳竇濺濺通石脈，補：鮑照過銅山詩：乳竇夜涓滴。屈原九歌：石瀨兮淺淺。淺、濺同。綠塵愁草春江色。澗花入井水味香，山月當人松影直。仙翁白扇霜鳥翎，補：陸機羽扇賦：委曲體以受制，奏雙翅而爲扇。拂壇夜讀一作誦。黃庭經。集仙傳：謝自然日誦黃庭經十徧。誦時有童子侍立，每十徧即將向上界去。黃庭經：脾神常在字魂庭。注：脾中央即黃庭之宮，曰常在。又：黃庭者，頭中明堂洞房丹田也。疎香皓齒有餘味，更覺鶴心通杳冥。補：春秋繁露：鶴知夜半。

過西堡塞北

淺草乾河闊，叢棘廢城高。白馬犀匕一作紋犀。首，補：戰國策：得徐夫人匕首。黑裘金佩刀。戰國策：李兌送蘇子黑貂之裘。漢書：單于朝天子於甘泉宮，賜以佩刀。霜清徹兔目，埤雅：兔目不瞬。補：羅願爾雅翼：兔視月而有子。其目尤瞭，故牲號謂之明視。風急吹雕毛。補：淮南子：雕，其毛能食諸鳥羽，如聚錯草中，有雕毛，必衆毛自落。一經何用厄，補：漢書韋賢傳：長安語曰：「遺子黄金滿籯，不如一經。」巳一作曰。暮涕霑袍。補：公羊傳：西狩獲麟，孔子反袂拭面，涕泣霑袍。

温飛卿詩集卷第四

送李億一作憶。東歸　六言。

黃山遠隔秦樹，嗣立案：西京賦：繞黃山而款牛首。注：漢書：右扶風槐里縣有黃山宮。杜甫詩：兩行秦樹直。紫禁斜通渭城。嗣立案：謝莊宣貴妃誄：收華紫禁。善曰：王者之宮以象紫微，故謂宮中爲紫禁。王維渭城曲：渭城朝雨浥輕塵。詳見下。別路青青柳弱，補：張正見詩：別路已驚秋。前溪漠漠苔生。前溪曲：幽思出門倚，逢郎前溪度。和風澹蕩歸客，落月殷勤早鶯。霸上金尊未飲，漢書注：應劭曰：霸上在長安東三十里，古曰滋水，秦繆公更名霸水。讌歌已有餘聲。

開聖寺

路分溪石夾烟叢，十里蕭蕭古樹風。出寺馬嘶秋色裏，向陵鴉亂夕陽中。竹間泉落山廚靜，塔下僧歸影殿空。猶有南朝舊碑在，敢一作恥。將興廢問漁翁。一作休公。

贈蜀將 原注：蠻入成都，頻著功勞。

十年分散劍關秋，水經注：劍州劍門縣，諸葛武侯相蜀，於此立劍門；以大劍山至此有隘束之路，故曰劍門。萬事皆從一作隨。錦水流。華陽國志：錦江，織錦濯其中則鮮明，他江則不好。志一作心。氣已曾明漢節，漢書：蘇武使匈奴，持漢節十九歲，節旄盡脫。功名猶尚帶一作自滯。吳鉤。吳越春秋：吳王闔閭令國中作金鉤，令曰能為善鉤者賞之百金。有人殺其二子，以血釁金，遂成二鉤，獻於闔閭。補：吳都賦：吳鉤越棘。雕邊認箭寒雲重，王維詩：回看射雕處，千里暮雲平。馬上聽笳塞草愁。見卷三。今日逢君倍惆悵，灌嬰韓信盡封侯。史記：灌嬰，睢陽人，封潁陰侯。又：韓信，淮陰人，封淮陰侯。

西江貽釣叟騫生

碧天一作晴江。如鏡月如鉤，補：公孫乘月賦：隱圓巖而似鉤，蔽脩堞而分鏡。梁簡文帝烏棲曲：浮雲似障月如鉤。泛灩蒼茫送客愁。一作遊。夜淚潛生竹枝曲，補：錢謙益杜詩注：竹枝本出於巴、渝。唐貞元中，劉禹錫在沅、湘，以俚歌鄙陋，乃依騷人九歌作竹枝新歌。禹錫曰：「竹枝，巴歈也。巴兒聯歌，吹短笛，擊鼓以赴節。」春潮一作灘。遙聽一作上。木蘭舟。任昉述異記：木蘭川在潯陽江中，多木蘭。吳王闔閭植此構宮殿。又七里洲中，魯般刻木蘭為舟，至今存。事隨雲去身一作心。難到，夢逐烟銷水自流。昨日歡娛竟何事？一作有。一枝梅謝楚江頭。補：盛弘之荊州記：陸凱與范曄相善，自江南寄梅一枝詣長安與曄，并詩曰：「折梅逢驛使，寄與隴頭人。江南無別信，聊贈一枝春。」

寄清涼一作源。寺僧

石路無塵竹徑開，昔年曾伴戴顒來。南史：戴顒字仲若，譙郡人。父逵兄勃，并隱遯有高風。父善琴書，顒并傳之。窗間半偈聞鐘後，補：涅槃經：佛言我念過去作婆羅門，在雪山中修菩薩行。時天帝釋卽下試之，自變其身作羅刹像，住菩薩前，口說半偈云：「諸行無常，是生滅法。」菩薩卽語羅刹，但能具足說是偈竟，我當以身奉施供養。松下殘棋送客回。檐一作簷。向玉峯籠一作藏。夜雪，砌因流一作藍。水長秋苔。太平寰宇記：藍田山在縣西三十里，一名玉山。三秦記：有川方三十里，其水北流出玉。白蓮會一作社。裏如相問，說與一作爲說，說又一作道。遊人是姓雷。劉程之蓮社文：慧遠師命正信之士雷次宗等百十二人集於廬山之般若臺，修淨土之學。詳卷七。

重遊東一作圭。峯宗密禪師精廬

一作哭盧處士。傳燈錄：圭峯禪師名宗密，初從道圓授圓覺，了義未終，感悟，後教大行，住終南山草堂寺。補：世說：何子季與周彥倫同時，二人精信佛法。子季別立精廬，都無妻妾。

百尺青厓三尺墳，玄一作微。言已絕杳難聞。漢藝文志：仲尼歿而微言絕。裴休圓覺疏略序：圭峯禪師受南宗密印，所著有圓覺大疏略、大鈔、小鈔、道場修證儀等作行世。戴顒今日稱居士，補：南史戴顒傳：自漢世始有佛像，形制未工，逵特善其事，顒亦參焉。宋世子鑄丈六銅像於瓦官寺，既成，面恨瘦，工人不能改。乃迎顒看之。顒曰：「非面瘦，乃臂胛肥耳。」乃減臂胛，瘦患遂除。禮玉藻：居士錦帶。法華科注：以道自居曰居士。支遁他年識領軍。高逸高僧傳：支遁字道林，河內林慮人。風期高亮，年二十五始釋形入道。王洽字敬和，官領軍，與支遁爲方外交。暫對山一作杉。松一作松杉。如結社，高僧傳：遠公結香火社。偶因一作同。麋鹿自成羣。劉峻廣絕交論：獨立高山之頂，歡與麋鹿同羣。故山弟子空回首，葱嶺還一作唯。應見宋雲。西河舊事：葱嶺在敦煌西八千里，其山高大，上生葱，故曰葱嶺。嗣立案：傳燈錄：達磨葬熊耳山，起塔定林寺。其年魏使宋雲葱嶺回，見祖手攜隻履，翩翩而逝。雲問師何往，祖曰：「西天去。」雲歸具說其事，及門人啓壙，棺空，惟隻履存焉。詔取遺履少林寺供養。

題李處士幽居

水玉簪頭戴一作白。角巾，司馬相如賦：水玉磊砢。杜甫詩：頻抽白玉簪。補：世說：郭林宗嘗行陳、梁閒，遇雨，巾一角霑折。二國學士著巾，莫不折其一角，云作林宗巾。瑤琴寂歷拂輕塵。補：蕭子顯春別：江東大道日華春，垂楊挂柳拂輕塵。濃陰似帳紅薇晚，李賀詩：薇帳逗烟生綠塵。細雨如烟一作珠。碧草新。一作春。隔竹見籠疑有鶴，卷簾看畫更一作靜。無人。南窗一作山。自有一作是。忘機一作年。友，補：陶潛歸去來辭：倚南窗以寄傲。莊子：漢陰丈人曰：「有機械者必有機事，有機事者必有機心，機心藏於胸中則純白不備，純白不備則神意不定，神意不定者，道之所不載也。」谷口空一作徒。稱鄭子眞。逸士傳：鄭朴字子眞，褒中人。隱於谷口。

利州南渡　補：唐地理志：利州，隋義城郡，武德八年改爲利州。

澹然空水帶一作對。斜暉，曲島蒼茫接翠微。補：爾雅：山未及上曰翠微。疏：謂未及頂上，在旁陂陀之處，名翠微。波上馬嘶看櫂去，柳邊人歇待船歸。數叢沙草羣鷗散，補：南越志：江鷗一名海鷗，在漲海中隨潮上下，常以三月風至乃還洲渚。頗知風雲，若羣飛至岸必風，渡海者以此爲候。萬頃江田一鷺飛。詩：鷺于飛。誰解乘舟尋范蠡，五湖烟水獨忘機？吳越春秋：范蠡字少伯，乃楚宛三戶人也。史記：范蠡事越王句踐，滅吳，乃裝其輕寶珠玉，自與其私徒屬乘舟浮海以行，終不反。五湖詳見卷五。

贈李將軍

誰言荀羨愛功勳，年少登壇衆所聞。晉書：荀羨字令則，年十五尚公主，拜駙馬都尉。穆帝時除北中郎將、徐州刺史，監徐兗諸州軍事，時年二十八。中興方伯，未有如羨之少者。曾以能書稱內史，見卷六。又因明易號將軍。漢書：劉歆謂揚雄曰：「空自苦。今學者有祿利，然尚不能明易，又如玄何？」世說：劉眞長與殷深源談，劉理如小屈，曰：「惡卿不欲作將，善雲梯仰攻。」金溝故事春常在，晉書：王濟買地爲馬埒，編錢滿之，時人謂爲「金溝」。玉軸遺圖一作文。火半焚。補：庾信賦：玉軸揚灰。不學龍驤畫山水，一作色。畫苑：顧愷之善畫山水，仕至龍驤將軍，每大醉始命筆，人稱奇絶。醉鄉無迹似閒雲。

寒食日作

補：徐堅初學記：荆楚歲時記：去冬節一百五日，卽有疾風甚雨，謂之寒食。據歷合在清明前二日，亦有去冬至一百六日。

紅深綠暗徑相交，抱暖含芳一作春。被紫袍。唐長孫無忌議：袍下加襴緋紫綠，視其品。綵索平時牆婉娩，古今藝術圖：北方山戎寒食用秋千爲戲，以習輕蹻者。內則：婉娩聽從。輕毬落處晚一作花。寥梢。補：武平一詩：令節重遨遊，分鑣戲綵毬。按：朱鶴齡李義山集注：打毬卽蹴鞠，本寒食事。窗中草色妒雞卵，補：初學記引玉燭寶典：此節城市尤多鬬雞卵之戲。左傳有季郈鬬雞，其來遠矣。古之豪家，食稱畫卵，今代猶染藍茜雜色，仍加雕鏤，遞相餉遺，或置盤俎。管子曰：雕卵熟，斲之，所以發積藏，散萬物。張衡南都賦：春卵夏筍，秋韭冬菁。盤上芹泥憎燕巢。自有玉樓芳一作春。意在，不能騎馬度烟郊。

李羽處士寄新醞，走筆戲酬

高談有伴還成藪，李白春夜宴桃李園序：高談轉清。補：世說：晉裴頠善談論，時謂言談之林藪。沈醉無期即是鄉。韓詩外傳：飲者齊顏色均衆寡謂之沈。顏延之五君詠：沈醉似埋照。嗣立案：新唐書王績傳：績作醉鄉記以次劉伶酒德頌。舊唐書：績字無功，隋大業中授六合縣丞。棄官還鄉，嘗躬耕於東皋，號東皋子。或經過酒肆，動輒經日，往往題壁作詩，多爲好事者諷詠。已恨流鶯期一作欺。謝客，補：謝靈運詩：園柳變鳴禽。李善曰：鳴禽，鶯也。鍾嶸詩品：初錢塘杜明師夜夢東南有人來入其館，是夕即靈運生於會稽。旬日而謝玄亡，其家以子孫難得，送靈運於杜治養之，十五方還都，故名客兒。更將浮蟻與劉郎。補：劉熙釋名：酒有泛齊浮蟻在上。泛，泛然也。庾信詩：浮蟻對春開。嗣立案：世說：王戎弱冠詣阮籍，時劉公榮在座。阮謂王曰：「偶有二斗美酒，當與君共飲，彼公榮者無預焉。」二人交觴酬酢，公榮遂不得一杯。而言語談戲，三人無異。或問之，阮答曰：「勝公榮者不得不與飲酒，不如公榮者不可不與飲酒，唯公榮可不與飲酒。」檐前柳色分張綠，窗外花枝借助香。所恨玳筵紅燭夜，見卷六。草玄寥落近回塘。揚雄傳：時雄方草太玄，有以自守，泊如也。

郊居秋日有懷一二知己

稻田鳬雁滿晴沙，杜甫詩：鵁鶄鸂鶒滿晴沙。釣渚歸來一徑斜。補：庾信賦：方塘水白，釣渚池圓。門帶果林招邑吏，井分蔬圃屬鄰家。皋原寂歷垂禾穗，桑竹參差映豆花。顏延之詩：歸來藝桑竹。補：五侯鯖：八月豆花雨。自笑漫懷經濟策，不將心事許烟霞。

偶題林亭 一作題友人池亭。

月榭風亭繞曲池，宋玉招魂：坐堂伏檻，臨曲池些。補：沈約郊居賦：風臺累翼，月榭重栭。粉一作棘。垣回㸦瓦參差。㸦，古互字，與牙同。補：顏延之序：延帷接枑。銑曰：延帷謂列帷使相接而回枒也。枑，五臣本作枒字，晉㸦。侵簾片白一作白片。搖翻影，落鏡愁紅一作紅愁。寫倒枝。鸂鶒刷毛花蕩漾，見卷六。鷺鷥拳足雪離披。李白詩：白鷺拳一足。山翁醉後如相憶，補：晉書：山簡字季倫，鎮襄陽時，天下分崩，簡優游卒歲，惟酒是耽。習氏有佳園池，簡每之池上，置酒輒醉，名之曰高陽池。兒童歌曰：「山公出何許？往至高陽池。日夕倒載歸，酩酊無所知。時時能騎馬，倒著白接䍦。舉鞭向葛彊，何如并州兒？」羽扇清尊我自知。

南湖 地理志：南湖，一名鑑湖，在會稽。漢太守馬臻開鑿。

湖上微風入檻涼，翻翻菱荇一作荷芰。滿回塘。野船著岸偎春草，水鳥帶波飛夕陽。蘆葉有聲疑霧雨，浪花無際似瀟湘。何遜詩：風逆浪花生瀟湘。詳卷五。飄然蓬頂一作篷艇。東歸一作游。客，盡日相看憶楚鄉。

贈袁司錄 原注：即丞相淮陽公之猶子，與庭筠有舊也。

一朝辭滿有心期，謝靈運詩：辭滿豈常秩。花發楊園雪覆一作壓。枝。王僧達詩：楊園流好音。劉尹故人諳往事，世說：劉惔字眞長，沛國相人也。歷丹陽尹。及卒，故人孫綽爲之誄曰：「知眞長者無若我，彼往居官，而無官官之事；處事，而無事事之心。」謝郎諸弟得新知。補：謝靈運酬從弟惠連詩：末路値令弟，開顏披心胸。金釵醉就胡姬畫，一作盡。古樂府：頭上金爵釵。辛延年詩：胡姬年十五，春日獨當壚。玉管閑留洛客吹。庾信賦：玉管初調。列仙傳：王子晉善吹笙，伊、洛間有道士浮丘伯，攜之上嵩山。記得襄陽耆舊語，杜甫詩：襄陽耆舊間。不堪風景一作雨。峴山碑。補：晉書：羊祜樂山水，每風景，必造峴山，置酒言詠。嘗慨然流涕，顧謂從事中郎鄒湛等曰：「有宇宙便有此山。由來賢達勝士，登此望遠，如我與卿者多矣！皆湮滅無聞，使人悲傷。」祜卒，襄陽百姓於峴山祜生平游憩之所建碑立廟，望其碑者莫不流涕。

題西明寺僧院

曾識匡山遠法師，匡山見卷五。補：高僧傳：慧遠本姓賈氏，雁門樓煩人。因秦亂來遊於晉，居廬阜三十餘年，化兼道俗。低松片石對前墀。爲尋名畫來過寺，一作院。因訪閑人得看棋。列仙傳：王質入山看仙人對棋，局竟，斧柯已爛。新雁參差雲碧處，寒鴉遼亂一作繞。葉紅時。自知終有張華識，晉書：張華字茂先，范陽人。累遷司空。性好人物，誘進不倦，至於窮賤候門之士有一介之善者，便咨嗟稱詠，爲之延譽。不向滄洲理釣絲。補：杜甫詩：滿壁畫滄洲。

偶題

微風和暖日鮮明，草色迷人向渭城。漢書注：渭城故咸陽，高帝元年更名新城，武帝元鼎三年更名渭城。括地志：渭城在雍州東五十里。吳客卷簾閒不語，楚娥攀樹獨含情。紅垂果蔕櫻桃重，漢書：叔孫通曰：「禮，春有嘗果，方今櫻桃熟，可獻宗廟。」黃染花叢蝶粉輕。梁元帝詩：戲蝶時飄粉。自恨青樓無近信，不將心事許卿卿。世說：王安豐婦常卿安豐。安豐曰：「婦人卿壻，於禮不敬。」婦曰：「憐卿愛卿，所以卿卿。我不卿卿，誰當卿卿？」

寄湘陰閻少府乞釣輪子

補：舊唐書：湘陰縣，漢羅縣，屬長沙國。縣界汨水，注入湘江、昌江。

釣輪形與月輪同，薛道衡詩：復屬月輪圓。獨繭和烟影似空。列子：詹何以獨繭爲綸。若向三湘逢雁信，補：寰宇記：湘潭、湘鄉、湘源，是爲三湘。古今詩話：北方白雁，秋深乃來，來則霜降，謂之霜信。莫辭千里寄漁翁。篷聲夜滴松江雨，一作漏。吳郡志：松江在郡南四十五里，禹貢三江之一。菱葉秋傳鏡水風。詳卷七。終日垂鉤還有意，補：尚書中候：王至磻溪之水，呂望釣於厓，王下拜，尚答曰：「得玉璜，刻曰：姬受命，呂佐檢，德來昌來，提撰爾雒，鈐報在齊。」及佐周克殷，封於齊。尺書多在錦鱗中。古詩：呼兒烹鯉魚，中有尺素書。

哭王元裕

聞說蕭郎逐逝川，補：白居易詩：殷勤萬里意，并寫贈蕭郎。注詳下。伯牙因一作自。此絕清弦。韓詩外傳：伯牙鼓琴，志在泰山，子期曰：「巍巍乎若泰山。」志在流水，子期曰：「洋洋乎若流水。」子期死，伯牙絕弦，終身不復鼓琴。柳邊猶憶紅一作青。驄影，墳上俄生碧草烟。篋裏詩書疑謝後，新序：孫叔敖曰：「筐篋之藏簡書。」補：世說：會稽太守孟顗事佛精懇，謝嘗語曰：「得道應須慧業文人，卿生天當在靈運前，成佛當在靈運後。」夢中風貌似潘前。補：南史：宋孝武帝選侍中，兼以風貌。晉書夏侯湛傳：湛與潘岳友善，每行同輿接茵，京都謂之連璧。他時若到相尋處，碧樹紅樓自宛然。補：江淹雜詩：碧樹先秋落。江總詩：紅樓千愁色。

晉朝柏樹

一作法雲雙檜。維揚志：謝安鎮廣陵，於宅中手植雙檜，至唐改爲法雲寺，其樹猶存，在大東門外。

晉朝名輩此離羣，檀弓：吾離羣而索居，亦已久矣。想對穠陰去住分。題處倘尋王內史，見卷六。畫時應是顧將軍。注詳上。長廊夜靜聲疑雨，張衡賦：長廊廣座。古殿秋深影勝雲。一下南臺到人世，曉泉清籟更難聞。

送陳嘏之侯官兼簡李常侍 唐書：臨海郡有侯官縣，武德六年置。

縱得步兵無綠蟻，阮籍傳：籍聞步兵廚營人善醸，有貯酒三百斛，乃求爲步兵校尉。補：謝朓詩：綠蟻方獨持。不緣句漏有丹砂。補：晉書：葛洪以年老，欲煉丹以祈遐壽，聞交阯出丹，求爲句漏令。帝以洪資高，不許。洪曰：「非欲爲榮，以有丹耳。」帝從之。交阯國志：句漏，山名，在南交阯。殷勤爲報一作問。同袍友，詩：與子同袍。我亦無心似海查。補：王子年拾遺記：堯登位三十年，有巨查浮於西海。查上有光，夜明晝滅，乍大乍小，若星月。常浮繞四海，十二年一周天，名曰貫月查，又名挂星查。羽人棲息其上。春服照塵連一作迷。草色，補：古詩：青袍似春草，長條隨風舒。夜船聞雨滴蘆花。山梅一作梅仙。自是青雲客，史記：非附青雲之士，惡能施於後世哉！莫羨相如卻到家。補：司馬相如傳：相如馳傳至蜀，太守以下郊迎，縣令負弩矢先驅，蜀人以爲寵。

春日野行 才調集作步。

日西塘水一作雨漲西塘。金隄斜，司馬相如賦：嬰姍勃窣而上乎金隄。師古云：言隄塘堅固如金也。碧鼓吹作百。草萋萋暗才調集作晴，鼓吹作青。吐芽。野岸明媚一作減。山芍藥，埤雅：韓詩曰：芍藥，離草也。草木狀：一名山芍藥。水田叫噪官蝦蟇。補：晉書：惠帝在華林園聞蝦蟇鳴，問曰：「爲官乎？爲私乎？」或對曰：「在官地爲官，在私地爲私。」晉中州記：令曰：若官蝦蟇可給廩。鏡一作湖。中有浪動菱蔓，一作茭。武陵記：兩角曰菱，三角四角曰芰。陌上無風飄柳花。李白詩：風吹柳花滿店香。何事輕橈一作扁舟。向才調集作句。溪客，綠萍方一作雖。好不歸家？

溪上行

綠塘漾漾烟濛濛，張翰此來情不窮。補：張翰傳：翰字季鷹，辟齊王東曹掾。在洛見秋風起，因思吳中菰菜羹、鱸魚膾，曰：「人生貴得適意耳，安能羈宦數千里以要名爵。」遂命駕便歸。俄而齊王敗，時人皆謂爲見幾。雪羽襹褷立倒影，劉禹錫詠鷺詩：毛衣新成雪不敵。補：木華海賦：鳧雛襹褷。注：襹褷，毛羽始生之貌。孫綽遊天台山賦：或倒景於重溟。金鱗撥一作拔。刺跳晴空。補：謝靈運賦：魚水深而拔刺。韻會：魚跳撥刺。撥，北末切。刺，郎達切。風翻荷葉一向白，雨濕蓼花千穗紅。爾雅翼：蓼有紫赤青等種，最大者名蘢，有花。白居易詩：水蓼冷花紅簇簇。心羨夕陽波上客，片時歸夢一作去。釣船中。

投一作上。翰林蕭舍人

補：舊唐書：蕭遘，蘭陵人。咸通五年登進士第。乾符初，召充翰林學士，正拜中書舍人。

人間鴛鷺杳難從，獨一作猶。恨金扉直幾一作九。重。李白詩：引領望金扉。萬象曉一作晚。歸仁壽鏡，陸機與弟雲書：仁壽殿前有大方銅鏡，高五尺餘，廣三尺二寸，立著庭中向之，便寫人形體了了，亦怪也。梁簡文帝詩：仁壽含萬類。百花春隔景陽鐘。見卷一。紫微芒動詞初出，補：三秦記：未央宮一名紫微宮，然未央爲總稱，紫宮其中別名。會要：唐開元初改中書令爲紫微令，中書舍人爲紫微舍人。白居易詩：紫微花對紫微翁。紅燭香殘誥未封。補：翰林志：故事，中書舍人專掌詔誥。每過朱門愛庭樹，一枝何日許相容？李義府詠烏詩：上林多少樹，不借一枝棲？

春日偶作

西園一曲豔陽歌，補：繁欽與魏文帝牋：都尉薛方車子年始十四，能囀喉引聲，與笳同音。又：胡欲傲其所不知，尚之以一曲，巧竭意匱，既已不能。神農本草：春夏爲陽。嗣立案：徐注：鮑照詩：當避豔陽年。擾擾車塵負薜蘿。嗣立案：郝天挺注：謝靈運詩：想見山阿人，薜蘿若在眼。自欲放懷猶未得，王羲之序：放懷天地之間。案：郝天挺注：杜甫詩：放懷殊不愜，良覿渺無因。不知經世竟如何。李康運命論：言足以經世，而不見信於時。夜聞猛雨判花盡，補：杜甫詩：縱飲久判人共棄。注：判，普官切。方言：楚人凡揮棄物，謂之拌。俗作拚。寒戀重衾一作衾。覺夢多。釣渚別來應更好，春風還爲起微波。

春暮宴罷寄宋壽先輩

補：程大昌演繁露：唐世呼舉人已第者爲先輩。

斜掩朱門花外鐘，曉鶯時節好相逢。窗間桃蕊一作蕚。宿妝在，雨後牡丹春睡濃。蘇小風姿迷下蔡，登徒子賦：惑陽城，迷下蔡。注：陽城、下蔡二縣名，楚之貴介公子所封。馬卿才調一作詞賦。似臨邛。司馬相如傳：相如之臨邛買一酒舍酤酒，令文君當壚，身自滌器於市中。徐注：下蔡之迷，何關蘇小？臨邛之客，卽是馬卿。想叉手韻成，不無少疏脫耶！駉立案：蘇小句本阮籍詠懷詩「傾城迷下蔡」來。誰憐芳草連才調集作生。三徑，高士傳：蔣詡所居三徑，皆生蓬蒿。詳見下。參佐橋西陸士龍？世說：蔡司徒在洛，見陸機兄弟住參佐廨中，三間瓦屋，士龍住東頭，士衡住西頭。

馬嵬驛

補：鄭樵通志：馬嵬坡在西安府興平縣西二十五里。舊唐書：貴妃從幸至馬嵬，大將陳玄禮密啓誅國忠父子，既而四軍不散，玄宗不獲已，與妃詔縊死於佛堂，瘞於驛西道側。

穆滿曾爲物外游，補：王融三月三日曲水詩序：穆滿八駿，如舞瑤池之陰。六龍經此暫淹留。見卷二。返魂無驗青烟滅，十洲記：聚窟洲有大樹，與楓木相似，花發香聞數百里，名返魂樹。死者在地，聞香卽活。埋血空成一作生。碧草愁。莊子：萇弘死，藏其血，三年化爲碧。香輦卻歸長樂殿，補：漢武故事：建章、長樂宮皆輦道相屬，縣棟飛閣，不由徑路。曉鐘還下景陽樓。見卷一。甘泉不得一作復。重相見，補：漢外戚傳：李夫人少而早卒，帝憐閔焉，圖畫其形於甘泉宮。又：夫人卒，上思念不已。方士齊人少翁言能致其神，乃夜張燈燭，設帷帳，而令上居他帳，遙望見好女如李夫人之貌。誰道文成是故侯？史記：元狩四年，齊人少翁以鬼神方見上，拜文成將軍。歲餘，其方益衰，神不至，於是誅文成將軍，隱之。

和友人溪居 鼓吹作道溪君。別業

積潤初銷碧草新，鳳陽晴日帶雕輪。詩：鳳皇鳴矣，于彼朝陽。補：楞嚴經：明還日輪，暗還黑月。絲一作風。飄弱柳平橋晚，江淹詩：橋平疑水落。雪點寒梅小院春。屏上樓臺陳後主，嗣立案：郝天挺注：陳書：後主陳姓字叔寶，至德二載於光照殿起臨春、結綺、望仙三閣，檻闌以沈香爲之，飾以金玉，每微風起，香聞數里之外。鏡中金翠李夫人。漢書：孝武李夫人本以倡進，妙麗善舞，由是得幸。曹植洛神賦：戴金翠之首飾。花房露透一作透露。紅珠落，蛺蝶雙雙一作飛。護粉塵。

奉天西佛寺 唐書：京兆府有奉天縣，屬關內道。文明元年以管乾陵，分醴泉置。天授二年隸稷州。大足元年還雍州。

憶昔狂童犯順年，玉虬閑暇出甘泉。楚辭：駟玉虬以乘鷖兮。補：關輔記：甘泉宮在今池陽縣西甘泉山。宗臣欲舞千金一作鈞。劍，漢書：蕭何、曹參爲一代之宗臣。呂覽：伍員解其劍以予丈人，曰：「此千金之劍也。」追騎猶觀七寶鞭。補：晉書：明帝見逆旅嫗，以七寶鞭與之，曰：「後騎來，可以此示也。」詳卷一。星背紫垣終掃地，晉陸雲詩：在晉奸臣，稱亂紫微。宋張鏡觀象賦：覩紫宮之環周。日歸黃道卻當天。漢天文志：日有中道，月有九行。中道者黃道，一曰光道。至今南頓諸耆舊，後漢書：光武生於南頓。地理志：南頓，古頓子國，在汝南。應劭曰：頓迫於陳，其後南徙，故名。猶指榛蕪作弄田。漢書：昭帝耕於鉤盾弄田。應劭曰：鉤盾，宦者近署，故往試耕爲戲弄也。臣瓚曰：西京故事：弄田在未央宫中。師古曰：弄田謂燕游之田，天子所戲弄耳。

題望苑驛

原注：東有馬嵬驛，西有端正樹。○關中記：望苑驛即博望苑，舊址在西安，漢武帝戾太子築通靈臺即此。

弱柳千條杳一枝，半含春雨半垂一作含。絲。景陽寒井人難到，建業志：景陽井在吳城，即辱井。長樂晨鐘曉一作鳥。自知。漢高帝紀：長樂宫成，諸侯羣臣稱賀。補：三輔黄圖：鐘室在長樂中。花影幾年一作至今。通博望，漢書：戾太子既冠就宫，爲立博望苑，使通賓客。樹名何世一作從此。號相思？歡聞變歌：南有相思木，合影復同心。補：干寶搜神記：韓憑妻冢上梓號相思樹。詳卷二。至今一作分明。十二樓前月，不向西陵照戚疑作盛。姬。（校點者按：汲古閣本金荃集正作「盛姬」）補：穆天子傳：天子遊於河濟，盛君獻女。王爲盛姬築臺，砌之以玉。天子西征至玄池之上，乃奏樂，三日終，是日樂池盛姬亡。天子殯姬於穀丘之廟，葬於樂池之南。白居易李夫人詩：君不見穆王三日哭，重璧臺前傷盛姬。西陵未詳。

寄分司元庶子兼呈元處士

閉門高卧莫長嗟，後漢書：袁安値大雪，閉門高卧。水木凝暉屬謝家。謝靈運詩：山水含清暉。緱嶺參差殘曉雪，列仙傳：王子喬好吹笙，遊伊、洛間，隨浮丘公上嵩山。後見桓良曰：「告我家，七月七日待我緱氏山頭。」至時果乘白鶴，舉手謝時人而去。洛波清淺露晴沙。劉公春盡蕪菁色，胡沖吳歷：蜀先主劉備在許下閉門種蕪菁，因謂張飛、關羽曰：「吾豈種菜者乎！」補：呂覽：菜之美者，具區之菁。華廄愁深苜蓿花。（校點者按：「華廄」，疑當作「華廙」，以同上句「劉公」對偶。華廙，字長駿，華歆孫。晉武帝時除名削爵。後武帝「登陵雲臺，望見廙苜蓿園，阡陌甚整，依然感舊」。晉書有傳）顏延之賦：文騶列於華廄。漢書：大宛馬嗜苜蓿，上遣使者持千金請宛馬，采苜蓿歸，種之離宮。西京雜記：樂遊苑自生玫瑰樹，下多苜蓿。苜蓿一名懷風，時人或謂之光風。風在其間常蕭蕭然，日照其花有光彩，故名苜蓿為懷風。茂陵人謂之連枝草。庾信賦：人戴蒲萄，馬銜苜蓿。月榭知君還悵望，碧霄烟闊雁行斜。

題鼓吹作楊。柳

楊柳千條拂面絲，南史：劉悛之獻蜀柳數株，枝條甚長，狀如絲縷。綠烟金穗不勝吹。香隨靜婉歌塵起，南史：張靜婉善歌舞。詳卷一。影伴嬌饒一作嬈。舞袖垂。嗣立案：郝天挺注：宋子侯有董嬌嬈詩。杜甫詩：佳人屢出董嬌嬈。羌管一作笛。一聲何處曲？鼓吹作笛。王僧虔技錄：折楊柳，古曲名。流鶯百囀最高枝。案：郝注：賈至詩：千條弱柳垂青瑣，百囀流鶯滿建章。千門九陌一作曲。花如雪，補：曹植詩：東西經七陌，南北越九阡。飛過宮牆兩自鼓吹作不。知。

和友人悼亡 一作喪歌姬。

玉貌潘郎淚滿衣，嗣立案：徐注：王樞詩：玉貌映朝霞。晉潘岳有悼亡詩。畫羅輕鬢雨霏微。見卷六。紅蘭委露愁難盡，江淹別賦：見紅蘭之受露。白馬朝天望不歸。天寶遺事：虢國不施紅粉，自衒美豔，嘗素面朝天。寶鏡塵昏鸞影在，范泰鸞鳥詩序：昔罽賓王結罝峻卯之山，獲一鸞鳥，王甚愛之。三年不鳴，其夫人曰：「嘗聞鳥見其類而後鳴，何不懸鏡以映之？」王從其言。鸞覩影，悲鳴沖霄，一奮而絕。鈿箏弦斷雁行稀。本集贈彈箏人詩：鈿蟬金雁皆零落。春風幾許才調集作來多少。傷情才調集作心。事，碧草侵階粉蝶飛。

李羽處士故里 一本上有宿杜城亡友五字，里一作墅。鼓吹作傷李羽士。

柳不成絲草帶烟，海槎東去鶴歸天。注見上。愁腸斷處春何限，病眼開時月正圓。花若有情還鼓吹作應。悵望，水應無事莫潺湲。屈原九歌：觀流水兮潺湲。終知此恨銷難盡，才調集、鼓吹并作得，一本作難消遣。辜負南華第一鼓吹作二。篇。嗣立案：郝天挺注：莊子號南華眞人，第二篇即齊物論。

郤經 一作歸。商山寄昔同行友人 商山注見卷五。

曾讀逍遙第一篇，嗣立案：徐注：莊子逍遙遊第一。爾來無處一作何事。不恬然。便同南郭能忘象，莊子：南郭子綦隱几而坐，仰天而噓，嗒焉似喪其偶。兼笑東林學坐禪。高僧傳：晉沙門惠永居在西林，與慧遠同門遊好，遂邀同止。刺史桓伊以學徒日衆，更爲遠建東林寺。人事轉新花爛熳，司馬相如上林賦：麗靡爛熳於前。庾信詩：殘花爛熳舒。客一作驛。程依舊水潺湲。注見上。若教猶作當時意，應有垂絲在鬢邊。

池塘七夕 鼓吹作初秋。

月出西南露氣秋，見卷二。綺寮河漢在鍼鼓吹作斜。樓。嗣立案：郝天挺注：魏都賦：皎日籠光於綺寮。注：寮，窗也。唐七夕，宮中以錦綵結作高樓，可容數十人，陳瓜果酒炙以祀牛女二星，嬪妃穿鍼乞巧，動清商之樂，宴樂達旦，時人皆效之。楊家繡作鴛鴦幔，嗣立案：徐注：隋書蘇威傳：威見宮中以銀爲幔鉤。陳後主烏棲曲：牀中被織兩鴛鴦。張氏金爲翡翠鉤。案：徐注：搜神記：京兆有張氏，獨處一室，有鳩自外入止於牀。張氏祝曰：「鳩爲禍也，飛上承塵；爲福也，即入我懷。」以手探之，得一金鉤，自後子孫漸盛，貲財萬倍。梁簡文帝詩：珠繩翡翠帷。香才調集作銀。燭有光妨宿燕，畫鼓吹作曉。屏無睡待牽牛。梁簡文帝詩：宵牀悲畫屏。牽牛注詳見下。萬家碪杵三篙水，韋應物詩：數家碪杵秋山下。一夕橫塘似才調集作是。舊游。見卷二。

偶遊

曲巷斜臨一水間，古詩：盈盈一水間。小門終日不開關。紅珠斗帳櫻桃熟，補：劉熙釋名：小帳曰斗帳，以形如覆斗。古樂府：紅羅複斗帳，四角垂珠璫。埤雅：櫻桃顆小者如珠，南人呼爲櫻珠。金尾屏風孔雀閒。補：海南志：孔雀尾作金色，五年而後成，長六七尺，展開如屏。雲髻幾迷芳草蝶，司馬相如賦：雲髻峨峨。額黃無限夕陽山。見卷一。與君便是鴛鴦侶，禽經：雄曰鴛，雌曰鴦。古今注：匹鳥也。休一作不。向人間覓往還。

寄河南一作北。杜少府　一作尹。唐書：河南府河南郡本洛州，開元元年爲府。

十載歸來鬢未凋，玳簪珠履見常僚。補：史記：趙使欲夸楚，爲瑇瑁簪，刀劍室以珠玉飾之，請命春申君客。春申君客三千餘人，其上客皆躡珠履，以見趙使，趙使大慚。豈關名利分榮路，補：元稹詩：榮路昔同趨。自有才華作慶霄。補：謝瞻張子房詩：慶霄薄汾陽。善曰：慶霄，即慶雲也。鳥影不飛一作參差。經上苑，上林苑見卷一。騎聲相一作斷。續過中一作平。橋。中渭橋見卷五。夕陽亭下一作畔。山如畫，補：晉賈充傳：任愷請充鎮關中，充既出外，自以爲失職，將之鎮，百僚餞於夕陽亭。應念田歌正寂寥。

贈知音　一作曉別。

翠羽花冠碧樹雞，本集：碧樹一聲天下曉。未明先向一作上。短牆啼。窗間一作前。謝女青蛾斂，世說：謝道蘊，王凝之妻，幼聰敏。補：李賀詩：亶郎謝女眠何處？門外蕭郎白馬嘶。補：梁武帝紀：初爲衛軍王儉東閣祭酒，儉謂廬江何憲曰：「此蕭郎三十內當作侍中，出此則貴不可言。」舊唐書蕭瑀傳：高祖每臨軒聽政，必賜升御榻，瑀既獨孤氏之壻，與語呼之爲蕭郎。殘曙微星當戶沒，才調集作星漢漸回庭竹影。回又作移。澹烟斜月照樓低。才調集作露珠猶綴野花迷。上才調集作景。陽宮裏鐘初動，不語垂鞭過一作上。柳隄。杜甫詩：垂鞭信馬蹄。

過陳琳墓

文章志：陳琳字孔璋，廣陵人。避亂冀州，袁紹辟之使典密事。紹死，魏太祖辟爲軍謀祭酒，典記室。病卒。南畿志：墓在淮安邳州。

曾於青史見遺文，江淹書：并圖青史。嗣立案：郝天挺注：三國志有陳琳傳。今日飄蓬鼓吹作零。過此墳。詞客有靈應識我，霸才無主始憐君。案：郝注：三國志：陳琳避難冀州，袁紹以琳典文章，令作檄以告劉備，言曹公失德。後紹敗，琳歸曹公，公曰：「卿爲紹作書，但可罪孤而已，何乃上及祖父耶！」琳謝罪曰：「矢在弦上，不得不發。」曹公愛其才，不責。石麟埋沒藏春鼓吹作秋。草，詳卷三。銅雀荒涼對暮雲。鄴中記：曹操築臺高二丈五尺，置銅雀於樓顛，名銅雀臺。魏志：建安十五年冬作銅雀臺。魏武遺令曰：「吾伎人皆著銅雀臺，於臺上施六尺牀，繐帳，朝餔上脯糒之屬。月朝十五日，輒向帳作伎。汝等時時登銅雀臺望吾西陵墓田。」莫怪臨風倍惆悵，欲將書劍學從軍。補：謝靈運擬鄴中詠云：陳琳，袁本初書記之士。案：郝注：王粲從軍詩：從軍有苦樂，但問所從誰。

題懷貞一作崔公池。亭舊遊

皎鏡方一作芳。塘菡萏秋，沈約詩：皎鏡無冬春。補：劉楨詩：方塘含清源。此來重見采蓮舟。補：吳筠采蓮詩：錦帶雜花鈿，羅衣垂緑川。問子今何去？出采江南蓮。陳後主三婦豔：中婦蕩蓮舟。誰能不遂一作逐。當年樂？還恐添爲一作成。異日愁。紅豔花一作影。多風嫋嫋，補：屈原九歌：嫋嫋兮秋風。碧空雲斷水悠悠。檐前依舊青山色，盡日無人獨上樓。

回中作 括地志：回中在雍州西四十里，漢武帝元封間因至雍通回中。

蒼莽寒空遠色愁，嗚嗚戍角上高樓。楊惲報孫會宗書：仰天拊缶，而呼烏烏。吳姬怨思吹雙管，注見上。燕客悲歌動一作上，又一作別。五侯。補：荀悅漢紀：河平二年六月，封舅禁爲平陽侯，莽爲成都侯，立爲紅陽侯，根爲曲陽侯，逢時爲高平侯，同日受封，故世稱「五侯氏」。千里關山邊草暮，一星烽火朔雲秋。說文：烽，候表也。邊有警則舉火。夜來霜重西風起，隴水無聲噎一作凍。不流。杜佑通典：天水郡有大阪，名曰隴坻，亦曰隴山，即漢隴關也。三秦記：其地九回，上者七日乃越。上有清水，四注下，所謂隴頭水也。

西江上送漁父

郤逐嚴光向若邪，嚴光注見下。越志：若邪溪在會稽。釣輪菱一作茭。櫂寄年華。三秋梅雨愁楓葉，嗣立案：荆楚歲時記：江南梅熟時有細雨，謂之梅雨。一夜篷舟宿葦花。注見下。不見水雲應有夢，偶隨烟一作鷗。鳥便成家。白蘋風起樓船暮，補：宋玉賦：夫風起於青蘋之末。柳惲詩：汀洲采白蘋。江淹詩：東風轉綠蘋。杜甫詩：青蛾皓齒在樓船。江燕雙雙正雨一作五兩。斜。補：杜甫詩：細雨魚兒出，微風燕子斜。

經故祕書崔監揚州南塘舊居

唐書：廣陵郡，本江都郡，武德九年更置揚州。

昔年曾識謝宣城，一作范安成。補：李白集有秋登宣城謝朓北樓詩。齊賢曰：謝朓字玄暉。案：南史本傳未嘗守宣城，而文選載朓郡內高齋閑坐答呂法曹、夏在郡臥病呈沈尚書、之宣城出新林浦向板橋與敬亭山，皆宣城之作。齊梁相繼，昭明必無差誤，古文史傳固有闕文也。況至唐猶有謝朓樓，則朓守宣城無可疑者。松竹風姿鶴性情。唯向舊山留月色，一作西掖曙河橫漏響。偶逢秋澗似琴聲。一作北山秋月照江聲。乘舟覓吏經輿縣，地理志：輿縣，屬臨海郡。爲酒求官得步兵。注見上。玉柄寂寥談客散，一作千頃水流通故墅。卻尋池閣淚縱橫。一作至今留得謝公名。

七夕

鵲歸燕去兩悠悠，庾肩吾詩：倩語雕陵鵲，塡河未可飛。禽經：燕以秋分去。謝朓七夕賦：升夜月之悠悠。青瑣西南月似鉤。天上歲時星又疑作右。轉，隋煬帝觀星詩：更移斗柄轉。詳卷一。人間離別一作恨。水東流。金風入樹千門夜，銀漢橫空萬象秋。蘇小回一作橫。塘通桂檝，李賀七夕詩：錢唐蘇小小，更值一年秋。未應清淺隔牽牛。古詩：河漢清且淺。吳均續齊諧記：桂陽城武丁有仙道，謂其弟曰：「七月七日，織女當渡河，暫詣牽牛。」爾雅：河鼓謂之牽牛。

題韋籌博士草堂 鼓吹作薛逢詩，題作韋壽博書齋。

玄晏先生已白頭，皇甫謐傳：謐字士安，自號玄晏先生。耽玩典籍，忘寢與食，時人謂之書淫。不隨鴛鷺狎羣鷗。江淹雜體詩：物我俱忘懷，可以狎鷗鳥。詳卷三。元卿謝免開三徑，三輔決錄：蔣詡字元卿，隱於杜陵，舍中三徑，惟羊仲、求仲從之游。平仲朝歸臥一裘。檀弓：晏子一狐裘三十年。醉後獨知殷甲子，禮疏：紂以甲子日死。病來猶作晉春秋。補：晉書習鑿齒傳：桓溫覬覦非望，鑿齒著漢晉春秋以裁正之。始於漢光武，終於晉愍帝。於三國時，蜀以宗室爲正，魏雖受漢禪晉，猶爲篡逆，至文帝平蜀，乃爲漢亡，而晉始興焉。凡五十四卷。後有脚疾，廢於里巷。滄浪一作塵纓。未濯塵纓在，一作今如此。屈原漁父：歌曰：「滄浪之水清兮，可以濯我纓。」野水無情處處流。

和友人題壁

沖尙猶來出範圍，易：範圍天地之化而不過。肯將經濟一作輕世，又一作經世。作風徽。三台位缺嚴陵臥，補：晉天文志：斗魁下六星，兩兩而居，起文昌列抵太微。西近文昌二星曰上台，次二星曰中台，東二星曰下台。後漢書：嚴光與光武同游學，及卽位，三聘乃至。因共偃臥，光以足加帝腹上。明日，太史奏客星犯御坐甚急，帝笑曰：「朕故人嚴子陵共臥耳。」百戰功高范蠡歸。孫武子：百戰百勝。范蠡注見上。臏一作自。欲一名添疑作鳴驚。鶴寢，史記：齊威王曰：「不鳴則已，一鳴驚人。」補：埤雅：鶴之上相，隆鼻短口則少眠。不應孤憤學牛衣。補：漢書王章傳：章學長安，疾病，無被，臥牛衣中，與妻對泣。後爲京兆，上封事，妻曰：「人當知足，獨不念牛衣中涕泣時耶？」程大昌演繁露：王章臥牛衣中。注：龍具也。案：食貨志：董仲舒曰：「貧民當衣牛馬之衣而食犬彘之食。」然則牛衣者，編草使暖，以被牛體，蓑衣之類也。西州未有觀棋暇，詳卷五。磵戶何由得掩扉？見卷七。

春日將欲東歸，寄新及第苗紳先輩 一作下第寄司馬札。

幾年辛苦與君同，得喪悲歡盡是空。易：知得而不知喪。潘岳詩：悲歡從中起。猶喜故人先折桂，杜甫詩：折桂早年知。自憐羈客尙飄蓬。曹植詩：轉蓬離本根，飄颻隨長風。三春月照千山路，才調集作道。十日花開一夜風。補：唐武后詩：百花連夜發，莫待曉風吹。知有杏園無計入，補：秦中記：唐人舉進士，會杏園，謂之探花宴。馬前惆悵滿枝紅。

經李徵君故居 鼓吹作王建詩。

露濃烟重草萋萋，樹映闌干柳拂隄。一院落花無客醉，五更殘月有鶯啼。芳筵想像情難盡，故榭荒涼路已迷。風景宛然人自改，才調集作惆悵羸驂往來慣。說文：驂，三馬也。一云外騑曰驂。卻才調集作每。經門巷馬頻才調集作亦長。嘶。

送崔郎中赴幕

一別黔南一作巫。似斷弦，補：王僧孺詩：斷弦猶可續，心去最難留。故交東去更潸一作淒。然。心游目斷一作送。三千里，雨散雲飛一作收。二十年。發迹豈勞天上桂，晉書：郄詵對武帝曰：「臣舉賢良對策爲天下第一，猶桂林之一枝，昆山之片玉。」屬詞還得幕中蓮。補：南史：王儉用庾杲之爲衛將軍，蕭緬與儉書曰：「盛府元僚，實難其選。庾景行泛綠水，依芙蓉，何其麗也。」時以儉府爲蓮花池，故緬書美之。相思莫道一作休話。長安遠，補：晉書明帝紀：帝幼聰哲，爲元帝所寵異。年數歲，嘗坐置膝前，屬長安使來，因問帝曰：「汝謂日與長安孰遠？」對曰：「長安近。不聞人從日邊來，居然可知也。」元帝異之。明日，宴羣僚，又問之。對曰：「日近。」元帝失色，曰：「何乃異聞者之言乎？」對曰：「舉目則見日，不見長安。」由是益奇之。江月隨人處處圓。

懷眞珠亭　一作經舊游。

珠箔金才調集作銀。鉤對彩橋，補：三秦記：明光殿皆金玉珠璣爲簾箔，晝夜光明。李白詩：雙橋落彩虹，昔年於才調集作曾。此見嬌饒。香燈悵望飛瓊鬢，見卷一。涼月殷勤碧玉簫。補：古樂府：碧玉破瓜時。庾信詩：定知劉碧玉，偷嫁汝陽王。屏倚故窗山六扇，古詩：山屏六曲郎歸夜。舊唐書憲宗紀：御製前代君臣事迹十四篇，書於六扇屏風。柳垂寒砌露千條。壞牆經雨蒼苔徧，拾得當時舊翠翹。宋玉招魂：砥室翠翹，絓曲瓊些。注：翠，鳥名；翹，羽也。炙轂子：高髻名鳳髻，上有翡翠翹。

老君廟

補：封演聞見記：唐高祖武德三年，晉州人吉善行，於羊角山見白衣老父，呼謂曰：「爲吾語唐天子，吾是老君，卽汝祖也。」高祖卽遣使立廟。唐書：天寶元年，田同秀上言：「玄元皇帝降於丹鳳門，告錫靈符在尹喜故宅。」上遣使就函谷關尹喜臺西發得之，乃置廟於大寧坊。

紫氣氤氳捧半巖，補：關尹內傳：關令尹喜嘗登樓，望見東極有紫氣西邁，曰：「應有聖人經過京邑。」乃齋戒。其日，果見老君乘青牛車來過。蓮峯仙掌共巉巉。名山記：西岳華山，一名蓮華峯，有仙掌厓。廟前晚色一作古水。連寒水，天外斜陽帶遠帆。百二關山扶玉座，漢書：秦，形勝之國也。帶河阻山，縣隔千里，持戟百萬，秦得百二焉。五千文字閟瑤緘。史記：老子西遊至關，關令尹喜曰：「子將隱矣，強爲我著書。」老子乃著上下篇，言道德之意五千言而去。自憐金骨無人識，見卷一。知有飛龜在石函。拾遺記：老子居景雲之山，有浮觀國獻善書二人，寫以玉牒，貯以玉函。補：庾信銘：飛龜之散，遺疾無徵。神仙傳：華子斯，淮南人。師甪里先生，授山隱靈寶方：一曰伊洛飛龜秩，二曰白禹正機，三曰平衡案。合服之，日以還少，後得仙去。

經一作過。五丈原　補：蜀志：建興十二年春，諸葛亮悉大衆由斜谷出，據武功五丈原，與司馬宣王對於渭南。八月，亮卒於軍。三秦記：在郿縣南三十里。

鐵馬雲雕一作騅。共一作久。絕塵，莊子：超逸絕塵。柳陰高壓漢宮一作營。春。補：漢書：周亞夫軍細柳，文帝勞軍，至其營曰：「嗟乎，此眞將軍矣！」天淸一作晴。殺氣屯關右，地理志：雍州在函谷關西，一名關右。夜半妖星照渭濱。嗣立案：蜀志諸葛亮傳：亮據武功五丈原，患糧不繼，分兵屯田，爲久住之基。耕者雜於渭濱居民之間，而百姓安堵，軍無私焉。晉陽秋：有星赤而芒角，自東北西南流，投於亮營，三投再還，往大還小，俄而亮卒。下國臥龍空寤一作誤。主，補：蜀志：徐庶謂先主曰：「諸葛孔明，臥龍也。」中原得一作逐。鹿不由一作因。人。補：史記：蒯通曰：「秦失其鹿，天下共逐之，於是高材疾足者先得焉。」象牀寶一作錦。帳無言語，從此譙周是老一作舊。臣。蜀志：譙周字允南，巴西人。亮卒於敵庭，周在家聞問，卽便奔赴。後主立太子，以周爲僕，轉家令。時後主頗出遊觀，增廣聲樂。周上疏：「願省減樂官、後宮所增造，但奉修先帝所施，下爲子孫節儉之教。」徙爲中散大夫。後遷光祿大夫，位亞九列。周雖不與政事，以儒行見禮，時訪大議，輒據經以對，而後生好事者亦咨問所疑焉。

和王秀才才調集作友人。傷歌姬

月缺花殘莫愴然，花須終發月須才調集作終。圓。更能何事銷芳念？亦有穠華委逝川。

詩：何彼穠矣，華如桃李。一曲豔歌留宛轉，嗣立案：吳均續齊諧記：晉有王敬伯者，會稽餘姚人。少善鼓琴，年十八過吳，維舟中渚，登亭望月，悵然有懷，乃倚琴歌之。俄見一女子，雅有容色，謂敬伯曰：「女郎悅君之琴，願共撫之。」敬伯許焉。既而女郎至，姿質婉麗，綽有餘態，從以二少女。乃命大婢酌酒，少婢彈箜篌，作宛轉歌。女郎脫頭上金釵，扣琴弦而和之。意韻繁諧，歌凡八曲。臨去，留錦臥具、繡香囊，幷佩一雙，以遺敬伯；敬伯報以牙火籠、玉琴軫。敬伯船至虎牢戍，吳令劉惠明者有愛女早世，舟中亡臥具，於敬伯船獲焉。敬伯具以告，果於帳中得火籠、琴軫。女郎名妙容，字雅華，大婢名春條，小婢名桃枝，皆善彈箜篌及宛轉歌，相繼俱卒。九原春草妒才調集作葬。嬋娟。用魏武銅雀臺事，注見上。嗣立案：謝朓銅雀臺伎詩：芳襟染淚迹，嬋娟空復情。王孫莫學多情客，自古多情損少年。

山中與諸道友夜坐，聞邊防不寧，因示同志

龍沙鐵馬犯烟塵，九邊志：龍沙，焉耆龜茲地。班超傳：咫尺龍沙。迹近羣鷗意倍親。風卷蓬根屯戊己，補：漢元帝紀：發戊己校尉屯田吏士攻郅支單于。師古曰：戊己校尉者，鎮安西域，無常治處，亦猶甲乙等各有方位，而戊與己四季寄王，故以名官也。月移松影守庚申。玉函祕典：上尸彭琚，小名阿呵；中尸彭瓆，小名作子；下尸彭璚，小名季細。每庚申夜，伺人昏睡，陳其過惡於上帝，減人祿命。故道家遇是夕輒不睡，臥時左手撫心，呼三尸名，令不敢爲害。韜鈐豈足爲經濟，補：劉向列仙傳：呂尚釣於磻溪，三年不得魚，已而獲大鯉，得兵鈐於魚腹中。杜甫詩：韜鈐延子荊。巖壑何嘗是隱淪。心許故人知此意，吳世家：季札解其寶劍，繫徐君冢樹而去，曰：「始

吾心已許之，豈以死倍吾心哉！」古來知者竟誰一作何。人？

祕書省有賀監知章草題詩，筆力遒健，風尚高遠，拂塵尋玩，因此有一作有此。作 補：舊唐書：賀知章，會稽永興人。舉進士，累遷太子賓客、銀青光祿大夫兼正授祕書監。知章晚年尤加縱誕，無復規檢，自號四明狂客，又稱祕書外監，遨遊里巷。醉後屬詞，動成卷軸，文不加點，咸有可觀。又善草隸書，好事者供其牋翰，每紙不過數十字，共傳寶之。

越溪漁客賀知章，越志：若邪溪與鑑湖相通。任達憐才愛酒狂。補：賀知章傳：吳郡張旭與知章相善。旭善草書，而好酒，每醉後號呼狂走，索筆揮灑，變化無窮，若有神助，時人號爲張顛。鸂鶒葦花隨釣艇，蛤蜊菰葉夢橫塘。說文：菰一名蔣秋，實曰菰米。詳卷一。幾年涼月拘華省，補：舊唐書：開元十年，兵部尚書張說爲麗正殿修書使，奏請知章入書院，同撰六典及文纂等，累年，書竟不就。潘岳賦：獨展轉於華省。一宿秋風憶故鄉。補：舊唐書：天寶三載，知章因病恍惚，乃上疏請度爲道士，求還鄉里，仍舍本鄉宅爲觀。上許之。御制詩以贈行，皇太子以下咸就執別。榮路脫身終自得，補：唐玄宗送賀知章歸四明詩：遺榮期入道，臨老竟抽簪。福庭回首莫相忘。補：福地記：其山東接驪山、太華，西連太白，至於隴山，北去長安城八十里，南入楚塞，連屬東西諸山，周圍數百里，名曰福地。出羣一作籠。鸞鶴辭一作歸。遼海，落筆龍蛇滿壞牆。李白草書歌：時時只見龍蛇走。李白死來無醉客，舊唐書：李白字太白，山東人。少有逸才，志氣宏放，飄然有超世之心。賀知章賞之，曰：「此天上謫仙人也。」後竟以飲酒過度，醉死於宣城。本事詩：白自蜀至京師，舍於逆旅。賀知章聞其名，首訪之。請所爲文，白出蜀道難以示之。讀未竟，稱歎數四，號爲「謫仙」。解金貂換酒，與傾盡醉，期不間日。可憐神彩弔殘陽。

題裴晉公林亭

嗣立案：裴度本傳：中官用事，衣冠道喪，度以年及懸輿，不復以出處爲意。東都立第於集賢里，築山穿池，竹木叢翠，有風亭水榭，梯橋架閣，島嶼回環，極都城之勝。又於午橋創別墅，花木萬株，中起涼臺暑館，名曰綠野堂。引甘水貫其中，釃引脈分，映帶左右。度視事之隙，與詩人白居易、劉禹錫酣宴終日，高歌放言，以詩酒琴書自樂。當時名士，皆從之遊。

謝傅林亭暑氣微，陶潛詩：暑氣爲之無。山丘零落閟音徽。晉書：羊曇經西州門，以馬策扣扉，誦曹子建詩曰：生存華屋處，零落歸山丘。詳卷五。古詩：蒼蒼匿音徽。東山終爲蒼生起，謝安傳：安年已四十餘，桓溫請爲司馬。將發新亭，朝士咸送，中丞高崧戲之曰：「卿累違朝旨，高臥東山，諸人每言，安石不肯出，將如蒼生何！蒼生今亦將如卿何！」南浦虛言白首歸。補：江淹賦：送君南浦，傷如之何？潘岳金谷集作詩：投分寄石友，白首同所歸。池鳳已傳春水浴，鳳皇池詳卷八。渚禽猶帶夕陽飛。悠然到此忘情處，一日何妨有萬機。尚書：一日二日萬幾。漢書：丞相掌丞，助天子理萬機。

溫飛卿詩集卷第五

車駕西遊因而有作

宣曲長楊瑞氣凝，漢書注：宣曲宮在昆明池西。長楊宮在盩厔。上林狐兔待秋鷹。誰將詞賦陪雕輦？寂莫相如臥茂陵。漢書：司馬相如病免，家居茂陵。

傷溫德彝

補：舊唐書：興元軍亂，殺節度使李絳。文宗授節度使溫造手詔四通，神策行營將董重質、河中都將溫德彝、郃陽都將劉士和等，咸令稟造之命。

昔年戎虜犯榆關，見卷一。一敗龍城匹馬還。漢書注：應劭曰：匈奴單于祭天，大會諸國，名其處爲龍城。侯印不聞封李廣，李廣傳：廣與望氣王朔語曰：「諸部校尉已下，以軍功取侯者數十人，廣終無尺寸功以得封邑，豈吾相不當侯耶？」別一作他。人邱壠似天山。補：漢書：霍去病薨，發屬國玄甲，軍陳自長安至茂陵，爲冢象祁連山。師古曰：祁連山，即天山也。

贈少年

江海相逢客恨多，秋風葉下洞庭波。屈原辭：洞庭波兮木葉下。謝莊月賦：洞庭始波，木葉微脫。酒酣夜別淮陰市，韓信傳：淮陰少年侮信，信俛出胯下，一市皆笑。月照高樓一曲歌。

贈鄭徵君，家匡山，首春與丞相贊皇公遊止

廬山記：匡俗出於周威王時，生而神靈，隱淪潛景，廬於此山，故山取號焉。李德裕傳：德裕字文饒，趙州人。以本官平章事進封贊皇伯，食邑七百戶。

一拋蘭櫂逐燕一作征。鴻，曾向江湖識謝公。李白詩：寂莫謝公宅。士贇曰：謝公宅在城東青山。每到朱門還悵望，世說：竺法深在梁簡文帝座，劉尹曰：「道人何以游朱門？」故山多在畫屏中。

夏中一作日。病痁作

甲乙經：痁，瘧疾也。左傳：齊侯疥遂痁。

山鬼揚威正氣愁，補：後漢禮儀志注：顓頊氏有三子，生而亡去，爲疫鬼，一居江水爲瘧鬼。便辭珍簟襲狐裘。子夜夏歌：珍簟鏤玉牀。詩：狐裘蒙茸。西窗一夕悲人事，團一作圓。扇無情不待秋。用班婕妤詩。詳卷一。

題友人居

盡日松堂看畫圖，綺疏岑寂一作寂寞。似清都。補：孫綽天台賦：曒日炯晃於綺疏。列子：清都紫微，鈞天廣樂，帝之所居。若敎烟水無鷗鳥，張翰何由到五湖！補：史記索隱：五湖者，郭璞江賦云：具區，洮滆，彭蠡，青草，洞庭。又云：太湖周五百里，故曰五湖也。張勃吳錄：五湖者，太湖之別名也。

題李相公敕賜一本有錦字。屏風

補：舊唐書李德裕傳：宣宗卽位，罷相出爲東都留守。大中元年，再貶潮州司馬。明年，又貶潮州司戶，又貶崖州司戶。至三年十二月，卒。

豐沛曾爲社稷臣，漢書：高祖起豐、沛，衆立爲沛公。蕭、曹等爲收沛子弟，得三千人。賜書名畫墨猶新。漢書：班彪幼與從兄嗣共遊學，家有賜書。幾人同保山河誓，漢書：封爵之誓曰：使長河如帶，泰山如礪。獨一作猶。自栖栖九陌塵。

蔡中郎墳

范曄後漢書：蔡邕字伯喈，陳留人。仕至左中郎將。王允收付廷尉，死獄中。吳地志：墳在毘陵尙宜鄉互村。

古墳零落野花春，聞說中郎有後身。補：商芸小說：張衡死日，蔡邕母始懷孕，二人才貌甚相類，人云豈是張衡後身。今日愛才非昔日，莫拋心力作詞人。

元處士池上

蓼穗菱一作蔆。叢思蟪蛄，毛氏云：三輔以南爲蜩，楚地謂之蟪蛄。詳卷六。水螢江鳥滿烟蒲。愁紅一片風前落，李賀詩：愁紅獨自垂。池上秋波似五湖。

華陰韋氏林亭 唐書：華陰縣屬華州，垂拱二年改爲仙掌縣，神龍元年復爲華陰。

自有林亭不得閒，陌塵宮樹是非間。嗣立案：吳兆宜云：荀子：是是非非之謂知，非是是非之謂愚。終南長一作祗。在茅檐外，潘岳關中記：終南一名中南，言在天之中，居都之南。福地記：終南東接太華，去長安城八十里。別向人間看華山。華山記：山頂有池，生千葉蓮華，服之羽化，因名。補：白虎通：西方太華用事，萬物生華，故曰華山。

寄裴生乞釣鉤

一隨菱櫂謁王侯，深媿移文負釣舟。補：孔稚圭北山移文：蕙帳空兮夜鶴怨，山人去兮曉猿驚。今日太湖風色好，越絕書：太湖，周三萬六千頃。吳錄：西首無錫，東蹈松江，南負烏程，北枕大吳，東南之水都也。卻將詩句乞魚鉤。

長安春晚二首

曲江春半日遲遲，補：司馬相如哀二世賦：臨曲江之隑洲。注：曲江，在杜陵西北五里。寰宇記：曲江池，漢武帝所造，名爲宜春苑，其水曲折有似廣陵之江，故名之。西京雜記：朱雀街東第五街，皇城之東第三街，昇道坊龍華尼寺南，有流水屈曲，謂之曲江。正是王孫悵望時。見卷二。杏花落盡不歸去，江上東風吹柳絲。

四方無事太平年，萬象鮮明禁火前。周禮：司烜氏以木鐸修火禁於國中。九重細雨惹春色，輕染龍池楊柳烟。嗣立案：長安志：龍池在南內南薰殿北，躍龍門南，本是平地，垂拱後，因雨水流潦成小池，後又引龍首支渠分溉之，日以滋廣。至神龍、景雲中，彌亘數頃，深至數丈，常有雲氣，或見黃龍出其中，謂之龍池。

三月十八日雪中作

芍藥薔薇語早梅，不知誰是豔陽才。補：鮑照詩：豔陽桃李節，皎潔不成妍。今朝領得東一作春。風意，不復饒君雪裏開。

咸陽值雨

補：唐書：京兆府有咸陽縣，武德元年置有便橋。

咸陽橋上雨如懸，一統志：西渭橋在舊長安西，唐時一名咸陽橋。萬點空濛隔釣船。絕似洞庭春水色，晚雲將入岳陽天。風土記：岳陽樓，城西門門樓也。下瞰洞庭，景物寬闊。

彈箏人 才調集上有贈字。

天寶年中一作間。事玉皇，唐玄宗紀：開元三十年改元天寶。曾將新曲敎寧王。案：宗室世系圖：睿宗六子，長憲，稱寧王房。憲初立爲皇太子，以楚王有定社稷功，讓位玄宗。薨，追册爲讓皇帝。諸王傳：涼州獻新曲，帝御便坐，召諸王觀之。憲曰：「曲雖佳，然宮離而不屬，商亂而暴，君卑逼下，臣僭犯上，臣恐一日有播遷之禍。」帝默然。及安、史亂，世思憲審音云。鈿蟬金鳳才調集作雁。皆一作今，又一作俱。零落，一曲伊州淚萬行。補：唐地理志：伊州伊吾郡本西伊州，貞觀六年更名。樂苑有伊州歌。伊州，商調曲，西涼節度蓋嘉運所進也。

瑤瑟怨

冰簟銀牀夢不成，碧天如水夜雲輕。雁聲還才調集作遠。過一作向。瀟湘去，一作浦。圖經：湘水自陽海發源，至零陵北而營水會之，二水合流，謂之瀟湘。瀟者，水清深之名也。十二樓中月自明。見卷一。

題端正樹 補：案：關中記：在博望苑西，爲唐明皇幸蜀所經處。太眞外傳：華清宮有端正樓，

卽貴妃梳洗之所。又：上發馬嵬，至扶風道。道旁有花，寺畔見石楠樹團圓，愛玩之，因呼爲端正樹，蓋有所思也。太平廣記引抒情詩：長安西端正樹，去馬嵬一舍之程，唐德宗幸奉天，覩其蔽芾，錫以美名。有文士題詩逆旅：「昔日偏霑雨露榮，德皇西幸賜嘉名。馬嵬此去無多地，合向楊妃冢上生。」二說未詳孰是。

路傍佳樹碧雲愁，曾侍金輿幸驛樓。江淹賦：喪金輿及玉乘。草木榮枯似人事，補：顏延之秋胡詩：僶俛見榮枯。綠陰寂莫漢陵秋。

渭上題三首

呂公榮達子陵歸，齊世家：太公望呂尚者，其先封於呂，姓姜氏。西伯出獵，遇太公於渭之陽，與語，大悅，載與俱歸，立爲師。後漢書：嚴光字子陵，與光武同遊學。及卽位，令以物色訪之。齊國上言：「有男子披羊裘，釣澤中。」帝三聘乃至，除諫議大夫，不屈。萬古烟波繞釣磯。張志和詞：樂在烟波釣是閒。橋上一通名利迹，史記索隱：今渭橋有三所：一在城西北咸陽路，曰西渭橋；一在東北高陵邑，曰東渭橋；其中渭橋在古城之北。漢書：武帝作便門橋。服虔曰：在長安西北茂陵東。師古曰：便門，長安城北面西頭門，卽平門也。古平、便同字。於此道作橋，跨渡渭水，以趨茂陵，卽今所謂便橋，是其處也。至今江鳥背人飛。

目極雲霄思浩然，風帆一片水連天。輕橈便是東歸路，一作客。不肯忘機作釣船。

烟水何曾息世機，暫時相向亦依依。所嗟白首磻溪叟，嗣立案：尚書大傳：文王至磻溪，見呂望拜之。補：酈道元水經注：磻溪中有泉，謂之玆泉。泉水潭積，自成淵渚，即呂氏春秋「太公釣玆泉」也。東南隅有石室，蓋太公所居也。水流次平石釣處，即太公垂釣之所也。其投竿跽餌兩膝遺跡猶存，是以有磻溪之稱也。一下漁舟更不歸。

經故翰林袁學士居

劍逐驚波玉委塵，張華傳：雷煥補豐城令，掘獄得雙劍，遣使送一劍與華，留一自佩。煥卒，子華爲州從事。持劍經延平津，劍忽躍出墮水。使人取之，見兩龍蟠縈，光彩照水，波浪驚沸，於是失劍。補：世說：庾亮卒，何充歎曰：「埋玉樹著土中，使人情何能已已。」謝安門下更何人？西州城外花千樹，盡是羊曇醉後春。晉書謝安傳：羊曇者，泰山人，爲安所愛重。安薨後，輟樂彌年，行不由西州路。嘗因石頭大醉，扶路唱樂，不覺至州門。左右白曰：「此西州門。」曇悲感不已，以馬策扣扉，誦曹植詩曰：「生存華屋處，零落歸山邱。」慟哭而去。

題城南杜邠公林亭

原注：時公鎮淮南，自西蜀移節。○嗣立案：舊唐書：杜悰以蔭選尚公主，會昌中拜中書侍郎、同中書門下平章事，出鎮西川，俄復入相，加太傅、邠國公。

卓氏壚前金線柳，見卷四。隋家隄畔錦帆風。見卷八。貪爲兩地分霖雨，尙書：若歲大旱，命汝作霖雨。不見池蓮照水紅。

夜看牡丹

高低深淺一闌紅，把火殷勤繞露叢。希逸近來成嬾病，文章錄：謝莊字希逸，陽夏人。七歲能文，有才藻。嗣立案：徐注：酉陽雜俎：謝康樂集中言竹間水際多牡丹，今引謝莊未詳。不能容易向春風。見卷九雪詩注。

宿城南亡友別墅

水流花落歎浮生，又伴游人宿杜城。補：三秦記：杜城一名下杜城，在雍州東南十五里。其城周三里，東有杜原城，在底下，故名下杜。還似昔年殘夢裏，透簾斜一作新。月獨聞鶯。

過分水嶺

補：通志：分水嶺在漢中府略陽縣東南八十里，嶺下水分東西流。

溪水無情似有情，入山三日得同行。嶺頭便是分頭處，惜別潺湲一夜聲。

鄠杜郊居

漢書：宣帝尤樂鄠、杜之間。注：杜屬京兆，鄠屬扶風。

槿籬芳援近樵家，爾雅：椵，木槿，一名日及。古樂府：結網槿籬邊。補：謝靈運集有田南樹園激流植援詩。注：援，衛也。隴麥青青一徑斜。寂莫游人寒食後，夜來風雨送梨花。

題河中紫極宮

唐書：河中，隋河東郡，乾元三年置河中府。又：天寶二年三月，改西京玄元廟爲太清宮，東京爲太微宮，天下諸郡爲紫極宮。

昔年曾伴玉眞遊，補：李白玉眞仙人詞：玉眞之仙人，時往太華峰。每到仙宮即是秋。曼倩不歸花落盡，漢書：東方朔字曼倩，平原厭次人。滿叢烟露月當樓。

四皓

三輔舊事：漢惠帝爲四皓立碑，一曰園公，二曰綺里季，三曰夏黃公，四曰甪里先生。陳留志：園公姓唐，字宣明。夏黃公姓崔，名廣，字少通。甪里先生姓周，名術，字元道。綺里季姓朱，名暉，字文季。

商於甪里一作六百。便成功，唐書：商州上洛郡屬關內道，即古商於地。史記：張儀說楚能閉關絕齊，請獻商於之地六百里。楚果絕齊求地，儀與六里。一寸沈機萬古同。說文：主發謂之機。但得戚姬甘定分，漢書外戚傳：漢王得定陶戚姬，愛幸，生趙王如意。戚姬常從上之關東，日夜啼泣，欲立其子，幾代太子者數。賴留侯之策，得無易。詳見卷三。不應眞有紫芝翁。古今樂錄：四皓隱居，高祖聘之不出，仰天歎而作歌曰：「煒煒紫芝，可以療飢。」

贈張鍊師

丹溪藥盡變金骨，見卷一。淸洛月寒吹玉笙。見卷四。他日隱居無訪處，碧桃花發水縱橫。陶潛桃源記：晉太元中，武陵人捕魚爲業。緣溪行，忘路之遠近。忽逢桃花林，夾岸數百步，中無雜木，芳草鮮美，落英繽紛。漁人異之，尋路，見黃髮垂髫，問之皆避秦人也。問今是何代，不知有漢，無論魏、晉。旣白太守，遣人隨往尋之，迷不復得路。

溫飛卿詩集卷第六

開成五年秋，以抱疾郊野，不得與鄉計偕至王府。將議遐適，隆冬自傷，因書懷奉寄殿院徐侍御，察院陳、李二侍御，回中蘇端公，鄠縣韋少府，兼呈袁郊、苗紳、李逸三友人一百韻 補：案：唐書：文宗立，改元開成，在位五年。漢書武帝紀：徵吏民有明當世之務、習先聖之術者，縣次續食，令與計偕。師古曰：計者，上計簿使也。郡國每歲遣詣京師上之。偕者，俱也。令所徵之人與上計者俱來，而縣次給之食。後世譌誤，因承此語，遂總謂上計爲計偕云。

逸足皆先路，蜀志：龐通曰：「陸子可謂駑馬有逸足之力。」屈原離騷：乘騏驥以馳騁兮，來吾導夫先路。窮郊獨向隅。韓詩外傳：衆或滿堂而飲酒，有人向隅悲泣，則一堂皆爲之不樂。頑童逃廣柳，補：漢書：季布，楚人。任俠有名。項籍使將兵，數窘漢王。項籍滅，高祖購求季布千金。布匿濮陽周氏，乃髡鉗布，置廣柳車中，與其家僮數十人之魯朱家所賣之。鄭氏曰：作大柳衣車，若周禮喪車也。晉灼曰：載以喪車，欲人不知也。○嗣立案：飛卿本名岐。吳興沈徽云：溫曾於江、淮爲親表檟楚，由是改名。頑童句似指此。羸馬臥平蕪。杜甫詩：懷古視平蕪。黃卷嗟誰問，補：舊唐書狄仁傑傳：兒童時，門人有被害者，縣吏就詰之，衆皆接對，仁傑堅坐讀書，曰：「黃卷之中，聖賢備在，猶不能接對，何暇偶俗吏，而見責耶？」朱弦偶自娛。補：樂記：清廟之瑟，朱弦而疏越。鹿鳴皆綴士，詩：呦呦鹿鳴。補：樂府雜錄：宴羣臣即奏鹿鳴三曲。詳見下。潘岳閒居賦：名綴下士。雌伏竟非夫。世說：趙溫居常歎曰：「大丈夫當雄飛，安能雌伏！」左傳：彘子曰：「聞敵強而退，非夫也。」采地荒遺野，刑法志：因官食地曰采地。尙書：旣乃遯于荒野。爰田失故都。原注：予先祖國朝公相，晉陽佐命，食采於并、汾也。○補：左傳：晉於是乎作爰田。離騷：又何懷乎故鄉？亡羊猶博簺，音塞。莊子：臧與穀二人相與牧羊，而俱亡其羊。問臧奚事，則挾策讀書。問穀奚事，則博簺以遊。二人者事業不同，其於亡羊均也。牧馬倦呼盧。補：晉書：慕容寶與韓黃、李根等樗蒱，誓之曰：「世云樗蒱有神，若富貴可期，頻得三盧。」於是三擲盡盧。寶拜而受賜。程大昌演繁露：凡投子者五皆現黑，則其名盧，在樗蒱爲最高之采。四黑一白，其采名雉，比盧降一等。自此而降，白黑相雜，每每不同。奕世參周祿，補：國語：祭公謀父曰：「奕世載德。」周祿見孟子。承家學魯儒。易：開國承家。莊子：以魯國而儒者一人耳。功庸留劍舄，周禮：民功曰庸。周遷輿服雜事：上公九命則劍履上殿，儲君禮均羣后，宜劍舄升殿。銘戒在盤盂。補：七略：盤盂書者，其傳言孔甲爲之。孔甲，黃帝之史也。書盤中爲誡法。經濟懷良畫，補：李興諸葛亮表閣文：孰若吾侯良籌妙畫。行藏識遠圖。補：左傳：榮成伯曰：「遠圖者，忠也。」謝靈運述祖德詩：遠圖因事止。未能鳴楚玉，國語：王孫圉聘於晉，定公饗之，趙簡子鳴玉以相。空欲握隋珠。補：淮南子：隋侯之珠。高誘注：隋侯見大蛇傷斷，以藥傅而塗之。後蛇於大江中銜珠以報之，因曰隋侯之珠。曹植與楊德祖書：人人自以爲握靈蛇之珠。定爲魚緣木，見孟子。曾因兔守株。韓非子：宋有耕者，兔走觸株折頸死，因釋耕守株，冀復得兔。五車堆縹帙，莊子：惠施多方，其書五車。補：徐陵玉臺新詠序：方當開茲縹帙。三徑闔緗樞。陶潛歸去來辭：三徑就荒。賈誼過秦論：陳涉甕牖繩樞之子。適與羣英集，文子：智過萬人謂之英。將期善價沽。見論語。葉龍圖夭矯，嗣立案：莊子：葉公好龍，室屋雕文盡以寫龍。於是天龍聞而下之，窺頭於牖，拖尾於堂。葉公見之，棄而退走，失其魂魄，五色無主。是葉公非好眞龍也，好夫似龍而非龍也。燕鼠笑胡盧。嗣立案：闞子：宋之愚人，得燕石於梧臺之側，藏之，以爲大寶。周客聞而觀焉，主人齋七日，端冕玄服以發寶，革匱十重，緹巾十襲。客見，俛而掩口，盧胡而笑曰：「此特燕石也。其與瓦甓不殊。」主人大怒曰：「商賈之言，醫匠之心。」藏之愈固，守之愈謹。戰國策：應侯曰：「鄭人謂玉之未理者爲璞，周人謂鼠之未腊者爲璞。周人懷璞過鄭，問賈者欲買璞乎，鄭賈曰：『欲之。』出其璞示之，乃鼠也。因謝而不取。」賦分知前定，補：歐陽建詩：窮達有定分。寒心畏厚誣。補：漢鄒陽傳：孝文皇帝據關入立，寒心銷志。左傳：鄭賈人曰：「吾小人，不可以厚誣君子。」躡塵追慶忌，補：吳越春秋：吳王曰：「慶忌筋骨果勁，走追奔獸，手接飛鳥，骨騰肉飛，拊膝數百里。吾嘗追之於江，駟馬馳不及。」吳都賦：捷若慶忌。注：慶忌，吳王僚之子也。操劍學班輸。補：淮南子：魯般，古之巧人。高誘注：公輸班也。王充論衡：魯般刻木爲鳶，飛三日不下。爲母作木車，木人爲御，機關一發，遂去不還。文囿陪多士，范蔚宗樂遊應詔詩：文囿降照臨。詩：濟濟多士。神州試大巫。神州注見下。陳琳答張紘書：足下與子布在彼，所謂小巫見大巫，神氣盡矣。對雖希鼓瑟，見論語。名亦濫吁一作吹。竽。原注：予去秋試京兆薦，名居其副。○韓非子：齊宣王好竽，吹竽者三百人，皆食祿。南郭先生不知竽，濫食祿於三百人中。宣王薨，後王立，曰：

「寡人好竽，欲一一吹之。」南郭乃遁。正使猜奔競，補：晉諸公贊：人人望名，求者奔競。何嘗計有無。莊子：太初有無，無有無名。鎦惔虛訪覓，鎦，古文劉，通。補：晉書：劉惔字眞長，沛國相人。雅善言理。簡文帝初作相，與王濛幷爲談客，俱蒙上賓禮。時孫盛作易象妙於見形論，帝使殷浩難之，不能屈。帝曰：「使眞長來，故應有以制之。」乃命迎惔。盛素敬服惔，及至，便與抗答，辭甚簡至，盛理遂屈。一座拊掌大笑，咸稱美之。王霸竟揶揄。後漢書：王霸字元伯，潁陽人。從光武在薊。王郎移檄購光武，霸至市中，募人以擊郎。市人大笑，舉手揶揄之，霸慚而還。注：揶揄，手相笑也。市義虛焚券，戰國策：馮煖爲孟嘗君客，收債之薛，燒其券，報曰：「竊以爲君市義。」關譏漫棄繻。漢書：終軍入關，關吏與軍繻，軍問：「以此何爲？」吏曰：「爲復傳還，當以合符。」軍曰：「大丈夫西遊，終不復傳還。」棄繻而去。至言今信矣，漢書：賈山言治亂之道，借秦爲喻，名曰至言。微尙亦悲夫。補：謝靈運詩：伊余秉微尙。白雪調歌響，宋玉對楚王問：客有歌於郢中者，其爲陽春白雪，國中屬而和者數十人。淸風樂舞雩。見論語。脅肩難黽俛，漢吳王濞傳：脅肩纍足。搔首易嗟吁。詩：搔首踟躕。角勝非能者，補：吳志韋曜傳：今當角力中原，以定強弱。推賢見射乎。見論語。兕觥增恐悚，詩：兕觥其觩。杯水失錙銖。莊子：置杯水於坳堂之上。說文：十絫爲銖，六銖爲錙。補：陸倕新刻漏銘：箭異錙銖。粉垛收丹采，補：唐六典：兵部員外郎掌貢舉，有二科：一曰平射，一曰武射。其試用有七，一曰射長垛。金鶻隱僕姑。補：李白詩：雙鶬幷落連飛鶻。注：鶻，呼交切，音虓。飛鶻，鳴鏑也。左傳：乘丘之役，公以金僕姑射南宮長萬。注：金僕姑，矢名。垂橐羞盡爵，左傳：伍舉知其有備也，請垂橐而入。禮記：君子之飲酒也，一爵而色灑如，二爵而言言，三爵而油油以退。補：吳志諸葛恪傳：張昭無辭，遂爲蠱餌。揚觶辱彎弧。禮記：知悼子卒，平公飲酒曰：「寡人亦有過焉，酌而飲寡人。」杜蕢洗而揚觶。補：班固幽通賦：管彎弧欲斃讎兮，讎作后而成已。虎拙休言畫，馬援戒子書：學杜季良不得，陷爲天下輕薄子，所謂畫虎不成反類狗也。龍希莫學屠。莊子：朱泙漫學屠龍於支離益。轉蓬隨款段，淮南子：見飛蓬轉而知爲車。馬援傳：乘下澤車，御款段馬，使鄉里稱善人，足矣。注：款段，言形段遲緩也。耘草闢墁莫千反。壚。受業鄉名鄭，嗣立案：後漢書：鄭玄字康成，北海高密人。遊學十餘年乃歸鄉里，學徒相隨數百千人。國相孔融深敬於玄，屣履造門，告高密縣爲玄特立一鄉，曰鄭公鄉。藏機谷號愚。寰宇記：愚公谷在臨淄縣西二十五里。嗣立案：說苑：齊桓公獵，逐鹿入山谷中，見父老，問：「此何谷？」曰：「愚公谷。畜牸牛子大，賣之買駒。少年曰：『牛不能生馬。』遂持駒去。旁人聞以爲愚，因以之名谷。」庾信賦：名爲野人之家，是謂愚公之谷。質文精等貫，琴筑韻相須。築室連中野，詩：築室百堵。易：葬之中野。誅茅接上腴。屈原卜居：寧誅鉏草茅以力耕乎？庾信賦：誅茅宋玉之宅。補：西都賦：華實之毛，則九州之上腴焉。葦花綸一作編。虎落，爾雅：葦醜芀。荆楚歲時記：正旦縣索葦。補：漢晁錯傳：爲中周虎落。鄭氏曰：若今時竹虎也。師古曰：以竹篾相連遮落之也。何遜詩：虎落夜方寢。松瘿鬬欒櫨。補：庾信枯樹賦：戴瘿藏瘤。廣雅：曲枅曰欒。說文：櫨，柱上枅也。靜語鶯相對，閑眠鶴浪俱。蕊多勞蝶翅，古今注：蛺蝶翅多粉，以芳時飛集花間。香酷墜蠭鬚。杜甫詩：花蕊上蠭鬚。芳草迷三島，三島卽海上三山。詳卷一。澂波似五湖。澂，古澄字。五湖詳卷五。躍魚翻藻荇，見卷八。愁鷺睡葭蘆。見卷四。溟渚藏鸂鶒，補：臨海異物志：鸂鶒，水鳥，毛有五采色，食短狐，其在溪中無毒氣。幽屏臥鷓鴣。異物志：鳥像雌雉，名鷓鴣，其志懷南，不思北徂。補：嶺表錄異：鷓鴣雖東西回翔，開翅之始必先南翥，其鳴自呼薄杜。苦辛隨藝一作蓺。殖，甘旨仰樵蘇。漢書：樵蘇後爨。注：砍木曰樵，藝草曰蘇。笑語空懷橘，吳志：績年六歲，見袁術。術出橘，績懷三枚，拜辭墮地，術曰：「陸郎作賓客而懷橘乎？」答曰：「欲以遺母。」窮愁亦據梧。莊子：據槁梧而瞑。尙能甘半菽，補：漢書：項羽曰：「歲饑人貧，卒食半菽。」劉峻廣絶交論：莫肯費其半菽。非敢薄生芻。後漢書：郭林宗母憂，徐穉子弔之，置生芻一束於廬前而去。林宗曰：「此必南州高士徐孺子也。詩不云乎：『生芻一束，其人如玉。』吾何德以堪之？」釣石封蒼蘚，補：古今注：室空無人行，則生苔蘚，或青或紫，一名綠錢。芳蹊豔絳跗。補：束晳補亡詩：白華絳趺，在陵之陬。鄭玄毛詩箋：跗，萼足也。跗與趺同。樹蘭畦繚繞，穿竹路縈紆。機杼非桑女，詩：女執懿筐，爰求柔桑。林園異木奴。盛弘之荊州記：李衡於龍陽洲種橘千株，臨死敕其子曰：「吾洲裹千頭木奴，歲可得絹千匹。」橫竿窺赤鯉，補：西都賦：投文竿，出比目。古今注：兗州人謂赤鯉爲赤驥，以其能飛越江湖故也。持翳望青鸕。潘岳射雉賦序：聊以講肄之餘暇，而習媒翳之事。善曰：翳者，所隱以射禽者也。補：埤雅：楊孚異物志云：鸕鷀能沒於深水，取魚而食之。泮水思芹味，詩：思樂泮水，薄采其芹。琅邪得稻租。嗣立案：世說：李百藥七歲時，有讀徐陵文者，云「刈琅邪之稻」，坐客并不識其事。百藥進曰：「傳稱鄅人藉稻，注云『鄅國在琅邪開陽縣』。」人皆服其機穎。杖輕藜擁腫，嗣立案：劉向別傳：向校書天祿閣，夜暗獨坐誦書，有老人黃衣，植青藜杖，叩閣而進。吹杖端煙燃，與向說開闢以前。向因受五行洪範之文。至曙而去，曰：「我太乙之精，天帝聞卯金之子有博學者，下而觀焉。」乃出竹牒天文地理之書，悉以授之。莊子：惠子曰：「吾有大樹，人謂之樗，其大本擁腫而不中繩墨。」衣破芰披敷。離騷：製芰荷以爲衣兮，集芙蓉以爲裳。芳意憂鶗鴂，見卷一。愁聲覺蟪蛄。補：莊子：蟪蛄不知春秋。淮南王招隱士：蟪蛄鳴兮啾啾。
短檐喧語燕，杜甫詩：嬌燕入檐回。高木墮飢鼯。一作鳥。埤雅：鼯鼠夷猶，狀如小狐，似蝙蝠肉翅，飛且乳，亦
謂之飛生，音如人呼。謝朓詩：飢鼯此夜啼。補：杜甫詩：飢鼯訴落藤。事迫離幽墅，貧牽犯畏途。莊子：夫畏
途者，十殺一人，則父子兄弟相戒也。愛憎防杜摯，案：魏志：文章敍錄：杜摯字德魯，署司徒軍謀吏，後舉孝廉，除郎
中，轉補校書，卒。事未詳。悲歎似楊朱。楊朱事見卷八。旅食常過衛，史記：孔子去衛過曹，去曹適宋，與弟
子習禮大樹下。羇游欲渡瀘。諸葛亮出師表：五月渡瀘。塞歌傷督護，嗣立案：宋孝武帝丁督護歌：督護初征
時，儂亦惡聞許。願作石尤風，四面斷行旅。邊角思單于。嗣立案：李益聽曉角詩：秋風吹入小單于。注：唐大角曲有
大單于、小單于。堡戍摽槍槊，補：韻會：剡木傷盜曰槍。通俗文：矛長丈八謂之槊。關河鏁舳艫。補：漢書：舳
艫千里。李斐曰：舳，船後持柁處也。艫，船前頭刺櫂處也。威容尊大樹，馮異傳：每所止舍，諸將並坐論功，異常屏
樹下，軍中號曰大樹將軍。刑法避秋荼。漢刑法志：法繁秋荼。遠目窮千里，補：宋玉招魂：目極千里兮傷春
心。歸心寄九衢。爾雅：四達謂之衢。寢甘誠繫滯，補：莊子：孫叔敖甘寢秉羽，而郢人投兵。韓愈詩：倒身甘
寢百疾愈。漿饋貴睢盱。莊子：列禦寇之齊，中道而反，曰：「吾驚焉。吾嘗食於十漿，而五漿先饋。」補：王延壽魯靈
光殿賦：洪荒樸略，厥狀睢盱。字林：睢，仰目也。盱，張目也。懷刺名先遠，補：禰衡傳：衡矯時慢物。建安初，來遊
許下，陰懷一刺，既而無所之適，至於刺字漫滅。干時道自孤。齒牙頻激發，見卷二。簦笈尚崎嶇。史記：
虞卿躡屩擔簦。後漢書：蘇章負笈尋師。蓮府侯門貴，見卷四。霜臺帝命俞。補：杜佑通典：御史爲風霜之任，

故曰霜臺。尚書：帝曰俞。驥蹄初躡景，補：穆天子傳：八駿之乘，一曰赤驥。曹植七啓：忽躡景而輕騖。鵬翅欲摶扶。注見下。寓直回驄馬，後漢書：桓典拜侍御史，常乘驄馬，京師畏憚，爲之語曰：「行行且止，避驄馬御史。」補：晉五行志：魏侍中應璩在直廬。陸機詩：夕息旋直廬。分曹對暝烏。漢書：朱博爲御史大夫，其府列柏樹常有野烏數千，晨去暮來，號曰朝夕烏。補：蜀志杜瓊傳：瓊曰：「古者名官職不言曹，始自漢；已來名官盡言曹，吏言屬曹，卒言侍曹。」百神歆髣髴，詩：懷柔百神。補：魯靈光殿賦：若鬼神之髣髴。孤竹韻含胡。周禮：孤竹之管。唐書：安祿山斷顏杲卿舌，含胡而絕。鳳闕分班立，漢書：建章宮東則鳳闕，高二十餘丈。鴛行竦劍趨。補：杜甫詩：爲報鴛行侶。觸邪承密勿，補：詩：密勿王事。持法奉訏謨。詩：訏謨定命。鳴玉鏘登降，禮記：登降有節。詳見上。衡牙響曳婁。禮記：凡帶必有佩玉，佩玉必有衡牙。詩：弗曳弗婁。祀親和氏璧，墨子：和氏之璧，諸侯之良寶也。香近博山鑪。詳卷八。瑞景森瓊樹，補：世說：王戎曰：「太尉神姿高徹，如瑤林瓊樹，自然是風塵外物。」輕冰瑩玉壺。補：鮑照白頭吟：清如玉壺冰。豸一作象。冠簪鐵柱，嗣立案：漢官儀：獬豸獸性觸不直，故執憲者以角形爲冠。輿服志：侍御史冠法冠，一曰柱後，以鐵爲柱，言其審固不撓，常淸峻也。螭首對金鋪。嗣立案：唐會要：左右史分立殿下，直第二螭首，和墨濡筆，卽螭首坳處，號螭頭金鋪。詳卷一。內史書千弓，一作帙。弓與卷同。嗣立案：王羲之傳：羲之字逸少，尤善隸書，爲右軍將軍、會稽內史。將軍畫一廚。嗣立案：顧愷之傳：愷之字長康，善丹靑。嘗以一廚畫糊題其前寄桓玄。玄發廚竊畫，而緘閉如舊以還之，紿云未開。愷之見封題如初，直云妙畫通靈，變化而去，亦猶人之登仙，了無怪色。案：名畫記：愷之小字虎頭。吳曾漫錄：顧愷之爲虎頭將軍，非小字也。畫記誤耳。眼明驚氣象，補：後漢李業傳：犍爲任永及業同郡馮信，公孫述連徵命，皆託靑盲以避世難。及聞述誅，皆盥洗更視曰：「世適平，目即淸。」心死伏規模。莊子：形固可使如槁木，而心固可使如死灰乎？漢書：規模宏遠。豈意觀文物，補：左傳：文物以紀之。何勞琢碔砆。補：戰國策：骨疑象碔砆類玉。草肥牧騕褭，瑞應圖：騕褭神馬，明君有德則至。苔澀淬昆吾。列子：西海上多昆吾石，冶成鐵，作劍，切玉如泥。鄉思巢枝鳥，古詩：越鳥巢南枝。年華過隙駒。漢魏豹傳：豹謝曰：「人生一世間，如白駒過隙。」師古曰：白駒，謂日景也。隙，壁際也。銜恩空抱影，嗣立案：王徽雜詩：朱火獨照人，抱景自愁怨。疇德未捐軀。嗣立案：曹植三良詩：誰言捐軀易，殺身誠獨難。時輩推良友，補：杜甫詩：脫略小時輩。晉周顗傳：王導曰：「冥冥之中，負此良友。」家聲繼令圖。補：司馬遷報任安書：李陵既生降，頹其家聲。左傳：女叔齊曰：「君子能知其過，必有令圖。」謝朓詩：平生仰令圖。致身傷短翮，魏彥深賦：雙鷇長者起遲，六翮短者飛急。驤首顧疲駑。漢鄒陽傳：蛟龍驤首。補：韓詩外傳：昔者田子方出，見老馬於道，問其御曰：「此何馬也？」曰：「公家畜也。疲而不用，故出之。」子方喟然歎曰：「少盡其力，老棄其身，仁者不爲也。」宋玉九辨：策駑駘而取路。班馬方齊騖，補：班固傳：固字孟堅，綴集所聞，以爲漢書，凡百篇。司馬遷傳：遷著十二本紀，作三十世家、七十列傳，凡百三十篇，爲太史公書，成一家言。陳雷亦并驅。補：後漢書：雷義舉茂才，讓於陳重，鄉里爲之語曰：「膠漆自謂堅，不如雷與陳。」昔皆言爾志，今亦畏吾徒。并見論語。有氣干牛斗，補：張華傳：牛斗間常有紫氣，華問雷煥，曰：「寶劍之精，上徹於天耳。」無人辨轆轤。轆轤、鹿盧同。嗣立案：鹿盧之劍。晉灼曰：古劍首以玉作鹿盧。古樂府：腰間鹿盧劍，可直千萬餘。客來斟綠蟻，見卷四。妻試踏靑蚨。嗣立案：王衍傳：衍妻郭氏，賈后之親，藉勢貪戾，聚斂無厭。衍疾郭貪鄙，口未嘗言錢。郭欲試之，令婢以錢繞牀，使不得行。衍晨起，見錢，謂婢曰：「舉阿堵物却。」干寶搜神記：南方有蟲，名青蚨，形似蟬而稍大。以母血塗錢八十一文，以子血塗錢八十一文，每市物，或先用母錢，或先用子錢，皆復飛歸，輪轉無已。故淮南子術以之還錢，名曰青蚨。**積毁方銷骨，**補：鄒陽上書：衆口鑠金，積毁銷骨也。**微瑕懼掩瑜。**禮記：瑕不掩瑜。注：瑕，玉之病也。瑜，其中間美者。**蛇矛猶轉戰，**嗣立案：晉書載記：陳安左手奮七尺大刀，右手執丈八蛇矛。唐書鄭畋傳：爭壓隴右之蛇矛，待掃關中之蟻聚。**魚服自囚拘。**補：張衡東京賦：白龍魚服，見困豫且。說苑：吳王欲從民飲，伍子胥曰：「昔白龍下清泠之淵，化爲魚，豫且射中目。白龍不化，豫且不射。」**欲就欺人事，何能逭鬼誅？**補：莊子：爲不善乎，顯明之中者，人得而誅之。爲不善乎，幽闇之中者，鬼得而誅之。**是非迷覺夢，**補：莊子：其臥徐徐，其覺于于。詳卷五。**行役議秦吳。**詩：父曰嗟予子行役。**凛冽風埃慘，蕭條草木枯。低回傷志氣，**補：史記：余低回留之不能去云。**蒙犯變肌膚。**左傳：蒙犯霜露。補：東觀漢記：世祖蒙犯霜雪。**旅雁唯聞叫，**沈約詩：旅雁每回翔。**飢鷹不待呼。**魏志：陳登喻呂布曰：「譬如養鷹，飢則爲用，飽則颺去。」**夢梭抛促織，**嗣立案：劉石齡云：古今注：促織，一名蟋蟀，謂鳴聲如急織也。里語：促織鳴，嬾婦驚。**心繭**一作緒。**學蜘蛛。**補：爾雅翼：太昊師蜘蛛而結網，故張望賦云：「吐自然之纖緒，先皇羲以結網。」太玄經：蜘蛛之務，不如蠶之綸。**寧復機難料，**補：莊子：漢陰丈人曰：「有機械者必有機事，有機事者必有機心。」**庸非信未孚。**左傳：小信未孚。**激揚銜箭虎，**盧思道詩：谷中石虎徑銜箭。**疑懼聽冰狐。**嗣立案：郭緣生述征記：盟津、河津恒濁，寒則冰厚數丈。冰始合，車馬不敢過，要須狐行。云此物善聽，冰下無水乃過，人見狐行方渡。處己將營窟，一作口。戰國策：馮煖曰：「狡兔有三窟，僅得免其死耳。」論心若合符。見孟子。浪言輝棣蕚，詩：棠棣之華，鄂不韡韡。何所託葭莩？補：漢書：非有葭莩之戚。師古曰：葭，蘆也。莩，其筩中白皮，言輕薄而附著。喬木能求友，詩：嚶其鳴矣，求其友聲。危巢一作梁。莫嚇雛。莊子：鴟得腐鼠，鵷雛過之，仰而視之曰：「嚇！」風華飄領袖，補：晉書：裴秀少好學，能屬文，時人爲之語曰：「後進領袖有裴秀。」又：魏舒堂堂，人之領袖。詩禮拜衾襦。補：莊子：儒以詩禮發冢，大儒臚傳曰：「東方作矣，事之何若？」小儒曰：「未解裙襦，口中有珠，詩固有之曰：『青青之麥，生於陵陂。生不布施，死何含珠？』」敧枕情何苦，魏志：曹公作敧案，臥視書。同舟道豈一作固。殊。鄧析書：同舟涉海，中流遇風，救患若一，所憂同故也。放懷親蕙芷，離騷：雜申椒與菌桂兮，豈惟紉夫蕙茝。收迹異桑榆。淮南子：西日垂景在樹端，曰桑榆。補：馮異傳：可謂失之東隅，收之桑榆。注：桑榆謂晚也。贈遠聊攀柳，詳卷二。裁書欲截蒲。漢書：路溫舒父爲里監門，使溫舒牧羊，溫舒取澤中蒲截以爲牒，編用寫書。瞻風無限淚，回首更踟躕。注見上。

感舊陳情五十韻，獻淮南李僕射

嗣立案：舊唐書：李蔚字茂休，隴西人。開成末進士擢第。大中七年，知制誥，轉郎中，正拜中書舍人。咸通五年，權知禮部貢舉。六年，拜禮部侍郎，轉尚書右丞。尋拜京兆尹、太常卿。尋以本官同平章事，加中書侍郎。罷相，出爲襄州刺史、山南東道節度使。入爲吏部尚書，加檢校尚書右僕射、汴州刺史、宣武軍節度觀察等使。咸通十四年，轉揚州大都督府長史、淮南節度副大使知節度事。

嵇紹垂髫日，山濤筮仕年。晉書：山濤字巨源，與嵇康善，爲竹林之遊。康坐事，臨誅謂子紹曰：「巨源在，汝不孤矣。」補：左傳：畢萬筮仕於晉，遇屯之比，辛廖占之曰吉。琴尊陳座一作几，又一作席。上，補：孔融傳：融好士，賓客日盈其門，常歎曰：「座上客常滿，尊中酒不空，吾無憂矣。」紈綺拜牀前。嗣立案：梁張纘離別賦序：太常劉侯，前輩宿達，余在紈綺之歲，固已欽其風矣。馬援傳：援嘗有疾，梁松來候之，獨拜牀下，援不答。松去後，諸子問曰：「大人奈何獨不爲禮。」援曰：「我乃松父友也。」鄰里纔三徙，列女傳：孟軻之母三徙其居，而軻成大賢。雲霄已九遷。補：任昉爲范尚書讓封侯表：雖千秋之一日九遷。注：東觀漢記：馬援與楊廣書曰：「車丞相，高祖園寢郎，一月九遷爲丞相者，知武帝恨誅衞太子，上書訟之。」然日當爲月字之誤也。感深情戃怳，屈原九章：怊惝怳而乖懷。言發淚潺湲。補：屈原九歌：横流涕兮潺湲。憶昔龍圖盛，方今鶴羽全。補：埤雅：鶴始生二年，落子毛；後六十年大毛落，茸毛生，色雪白。桂枝香可襲，劉安招隱士：攀援桂枝兮聊淹留。晉書：郗詵曰：「臣舉賢良對策，猶桂林之一枝。」詳卷四。楊葉舊一作射。頻穿。戰國策：楚有養由基者，善射，去柳葉者百步而射之，百發百中。補：杜甫醉歌行：舊穿楊葉眞自知。玉籍標人瑞，西京雜記：陸賈曰：「天以寶爲信，應人之德，故曰瑞應。」金丹化地仙。補：抱朴子：覽金丹之道，使人不復措意小小方書。楞嚴經：衆生堅固服餌草木藥，道圓成名地行仙。賦成攢筆寫，補：禰衡鸚鵡賦序：衡因爲賦，筆不停綴，文不加點。歌出滿城傳。補：南史謝靈運傳：每有一首詩至都下，貴賤莫不競寫，宿昔間士庶皆徧，名動都下。**既矯排虛翅**，盧諶詩：婉彼排虛翮。**將持造物**一作化。權。**萬靈思鼓鑄**，補：莊子：是其塵垢粃糠，猶將陶鑄堯、舜者也。**羣品待陶甄**。補：班固典引：甄殷陶周。漢書：董仲舒曰：「上之化下，猶泥之在鈞，惟甄者之所爲。」**視草絲綸出**，補：翰林志：學士於禁中草書詔，雖宸翰所揮，亦資檢校，謂之視草。禮記：王言如絲，其出如綸。**持綱雨露懸**。補：杜甫贈田舍人詩：獻納司存雨露邊。**法行黄道內**，杜甫詩：閶闔開黄道。**居近翠華邊**。上林賦：建翠華之旗。**書迹臨湯鼎**，嗣立案：宣和博古圖：商有癸鼎，今从四屮，此癸則一屮三包。漢揚雄、許慎博羣書，窮訓詁，而智不及知。無此鼎，則造書之精義奥旨，孰得而窺之？癸，湯之父主癸也。**吟聲接舜弦**。禮記：昔者舜作五弦之琴，以歌南風。**白麻紅燭夜**，唐會要：凡赦書、德音、立后、建儲、大誅討、拜免三公宰相、命將，并用白麻，不用印。**清漏紫微天**。補：杜甫詩：清漏聞馳道。**雷電隨神筆**，**魚龍落彩牋**。補：梁簡文帝春宵詩：彩牋徒自襞。**閒宵陪雍時**，史記：自古以雍州積高，神明之隩，故立畤郊上帝、諸神，祠皆聚云。**清暑在甘泉**。補：漢郊祀志：武帝作甘泉宮，中爲臺室，畫天地泰一諸鬼神，而置祭具以致天神。西京賦：九嵕、甘泉，涸陰冱寒。日北至而含凍，此焉清暑。**耿介非持祿**，補：劉峻廣絶交論：耿介之士，疾其若斯。**優游是養賢**。詩：優游爾休矣。**冰淸臨百粤**，補：漢地理志注：臣瓚曰：自交阯至會稽七八千里，百粤雜處。詳見上。**風靡化三川**。補：班固漢書贊：天下學士，靡然向風。任昉彈事：所向風靡。漢書：河南故秦三川郡。韋昭注曰：有河、洛、伊，故曰三川。**委寄崇推轂**，漢書：馮唐曰：「上古王者遣將也，跪而推轂，曰：『閫以內寡人制之，閫以外將軍制之。』」**威儀壓控弦**。漢書：控弦百萬。**梁園提𣪊騎**，補：漢書：梁孝王築東園，方三百里，廣睢陽城七十里。

新唐書兵志：其始盛時有府兵，府兵後廢爲彍騎，彍騎又廢，而方鎮之兵盛矣。淮水換戎旃。禮記：通帛曰旃。照日青油溼，補：梁宗室傳：蕭韶爲郢州刺史，庾信途經江夏，韶接信甚薄，坐信青油幕下。韓愈詩：談笑青油幕。迎風錦帳鮮。古樂府：錦帳挂香囊。黛娥一作蛾。陳二八，補：宋玉招魂：二八侍宿，射遞代些。注：二八，二列也。左傳：晉悼公賜魏絳女樂二八。珠履列三千。用春申君事。見卷四。舞轉回紅袖，庾信詠畫屏風詩：誰能惜紅袖？歌愁斂翠鈿。補：續幽怪錄：韋固妻容貌端麗，眉間常貼花鈿。王臺卿詩：按曲動花鈿。滿堂開照耀，屈原九歌：滿堂兮美人。分座儼嬋娟。見卷四。油額芙蓉帳，香塵玳瑁筵。補：李白樂府：玳瑁筵中懷裏醉，芙蓉帳底奈君何！嗣立案：劉楨瓜賦：布象牙之席，熏玳瑁之筵。繡旗隨影合，一作月影。補：白居易詩：紅旗影動薄寒嘶。金陣似波旋。補：漢郊祀歌：月穆穆以金波。注：月光穆穆，如金之波流也。緹幕深回互，補：西京賦：緹衣韎韐。善曰：字林：緹帛丹黃色。回互詳卷四。朱門暗接連。補：東方朔十洲記：臣故舍韜隱而赴王庭，藏養生而侍朱門矣。郭璞遊仙詩：朱門何足榮，未若託蓬萊。彩虬蟠畫戟，見卷二。花馬立金鞭。補：李白樂府：五花馬千金裘。白居易詩：馬鬣翦三花。有客將誰託？詩：有客有客。無媒竊自憐。補：禮記：男女非有行媒，不相知名。抑揚中散曲，補：嵇康傳：康字叔夜，拜中散大夫。嘗暮宿華陽亭，引琴而彈。夜分，忽有客詣之，稱是古人，與康共談音律，辭致清辨。因索琴彈之，而爲廣陵散，聲調絕倫，遂以授康。漂泊孝廉船。補：張憑傳：憑字長宗，舉孝廉。初，欲詣劉惔，同舉者笑之。既至，惔處之下座。言旨深遠，一座皆驚。惔延之上座，清言彌日，留宿至旦遣之。憑既還船，須臾，惔遣傳教覓張孝廉船，便召與同載。未展千時策，徒拋負郭田。蘇秦傳：秦喟然歎曰：「且使我有洛陽負郭田二頃，吾豈能佩六國相印乎！」轉蓬猶邈爾，補：說文：蓬，蒿也。陸佃曰：葉散生，遇風輒旋。曹植雜詩：轉蓬離本根，飄颻隨長風。嵇康詩：邈爾相遐。懷橘更潸然。懷橘注詳上。詩：潸焉出涕。投足乖蹊徑，補：張衡應問：捷徑邪至，吾不忍以投步。謝脁詩：桃李成蹊徑。冥心向簡編。未知魚躍地，補：辛氏三秦記：龍門在河東界，每暮春，有黃黑鯉魚自海及諸川爭來赴之。得上者便化爲龍，否則暴顋點額而退。空媿鹿鳴篇。原注：余嘗忝京兆薦名，居其副。○補：詩小序：鹿鳴，燕羣臣嘉賓也。既飲食之，又實幣帛筐篚，以將其厚意，然後忠臣嘉賓得盡其心矣。稷下期方至，補：魯連子：齊之辨者曰田巴，辨於徂丘而議於稷下，毁五帝，罪三王，一旦而服千人。七略：齊有稷城門也。齊談說之士，期會於稷下者甚衆。漳濱病未痊。原注：二年抱疾，不赴鄉薦試有司。○補：劉楨詩：余嬰沈痼疾，竄身淸漳濱。定非籠外鳥，補：鶡冠子：籠中之鳥，空籠不出。世說：郭元瑜少有拔俗之韻，張天錫遣使備禮徵之，元瑜指翔鴻示使人曰：「此鳥安可籠哉！」眞是殼中蟬。淮南子：蟬無口而鳴，飲而不食，三十日而蛻。仲長統論：蟬蛻亡殼。蕙徑鄰幽澹，荆扉興靜便。杜甫詩：長吟阻靜便。補：謝靈運詩：還得靜者便。草堂苔點點，蔬囿一作圃。水濺濺。釣罷溪雲重，樵歸澗月圓。嬾多成宿疢，愁甚似春眠。木直終難怨，嵇康與山巨源絕交書：足下見直木，必不可以爲輪。膏明只自煎。補：漢書：龔勝卒，有父老哭之曰：「蘭以芳自燒，膏以明自煎。」鄭鄉空健羡，注見上。陳榻未招延。徐穉傳：陳蕃爲太守，不接賓客，惟穉來特設一榻，去則懸之。旅食逢春盡，羈游爲事牽。宦無毛義檄，嗣立案：後漢書：廬江毛義字少卿，家貧以孝稱。南陽人張奉慕其名，往候之。坐定，而府檄適到，以義守令。義捧檄而入，喜動顏色。奉心賤之，自恨來，固辭而去。及義母死，去官，公車徵遂不至。張奉歎曰：「賢者固不可測，往者之喜，爲親屈也。」婚乏阮修一作孚，非。錢。嗣立案：晉書：阮修字宣子，家貧，年四十餘未有室。王敦等斂錢爲婚，皆名士也。時慕之者，求入錢而不得。冉弱營中柳，見卷八。披敷幕下蓮。見卷四。儻能容委質，呂氏春秋：孔子周流海內，委質而爲弟子者三千人。非敢望差肩。禮記：行肩而不并。注：謂少者不可以肩齊長者，當差退在後。澀劍猶堪淬，嗣立案：漢王褒聖主得賢臣頌：及至巧冶鑄干將之璞，清水淬其鋒，越砥斂其鍔。餘朱或可研。韓愈詩：丹朱在磨研。從師當鼓篋，禮記：入學鼓篋，孫其業也。注詳上。窮理久忘筌。易：窮理盡性，以至于命。補：莊子：筌者，所以得魚也，得魚而忘筌。注：筌，取魚籠。折簡能榮瘁，陸倕石闕銘：折簡而禽廬九。遺簪莫棄捐。補：韓詩外傳：少原之野，有婦人刈蓍薪而失簪，中澤而哭甚哀，曰：「曩者，吾刈蓍薪而亡我蓍簪，是以哀。非傷亡簪，所以悲者，不忘故也。」韶光如見借，補：王勃春思賦：若夫年臨九域，韶光四極。寒谷變風烟。劉向別錄：鄒衍在燕，有谷寒不生五穀，鄒子吹律，而溫至生黍也。

題翠微寺二十二韻

原注：太宗升遐之所。○補：唐書地理志：長安縣注：太和谷有太和宮，武德八年置，貞觀十年廢，二十一年復置，曰翠微宮，籠山爲苑，元和中以爲寺。長安志：翠微宮在萬年縣外，終南山之上。杜甫詩：雲薄翠微寺。

邠土初成邑，漢書：公劉邑於豳。師古曰：即今之豳州，是其地也。呂氏春秋：舜二年成邑。虞賓竟讓王。補：尚書：虞賓在位。莊子讓王篇：堯以天下讓許由。乾符春一作初。得位，東京賦：於是聖皇乃握乾符。天弩夜收鈚。漢天文志：天廁下一星曰天矢。嗣立案：舊唐書：武德九年六月庚申，秦王以皇太子建成與齊王元吉同謀害己，率兵誅之。詔立秦王爲皇太子。八月癸亥，詔傳位於皇太子，尊帝爲太上皇，徙居弘義宮，改名太安宮。偃息齊三代，補：司馬法：古者，武軍三年不興，則凱樂凱歌偃伯靈臺，答人之勞，告不興也。優游念四方。注見上。○已上敘太宗初得位事。萬靈扶正寢，魯靈光殿賦：神靈扶其棟宇。千嶂抱重岡。幽石歸一作臨。階陛，喬柯入一作聳。棟梁。火雲如沃雪，補：杜甫詩：火雲滋垢膩。湯殿似含霜。湯殿即溫泉宮。注詳下。澗籟添仙曲，巖花借御香。野麇陪獸舞，尚書：百獸率舞。林鳥逐鵷行。注見上。鏡寫三秦色，補：漢書：項羽三分關中，立秦三將：章邯爲雍王，都廢丘；司馬欣爲塞王，都櫟陽；董翳爲翟王，都高奴。窗搖八水光。關中記：涇、渭、滻、灞、澇、潏、灃、滈，爲關內八水。問雲徵楚女，高唐賦序：楚襄王與宋玉游於雲夢之臺，望高唐之觀。問玉曰：「此何氣也？」玉曰：「此所謂朝雲者也。」曰：「何謂朝雲？」玉曰：「昔者先王嘗游高唐，夢見一婦人曰：『妾巫山之女也。聞君游高唐，願薦枕席。』」疑粉試何郎。補：世說：何平叔美姿儀，面至白。魏明帝疑其傅粉，正夏月與熱湯餅。既啖，大汗出，以朱衣自拭，色轉皎然。蘭芷承雕輦，補：李白宮中行樂詞：選伎隨雕輦。杉蘿入畫堂。畫堂詳卷一。受朝松露曉，禮記：諸侯北面曰朝。頒朔桂烟涼。補：公羊傳：天子玄冕視朔。玉藻：天子聽朔於南門之外。干寶晉紀總論：頒正朔於八荒。嵐溼金鋪外，補：司馬相如長門賦：擠玉戶以撼金鋪兮。詳卷一。溪鳴錦幄傍。補：徐君蒨詩：樹斜牽錦帔。○已上實寫翠微宮，以下專指易儲事，以及太宗升遐也。倚絲憂漢祖，嗣立案：西京雜記：戚夫人侍兒賈佩蘭說，在宮內見戚夫人侍高帝，嘗以趙王如意爲言，而高祖思之，幾半日不言，歎息悽愴，而未知其術，輒使夫人擊筑，高祖歌大風詩以和之。又：戚夫人善鼓瑟、擊筑，帝常擁夫人，倚瑟而弦歌，畢，每泣下流漣。**持璧告秦皇。**史記：使者從關東夜過華陰平舒道，有人持璧遮使者曰：「爲我遺鎬池君。」因言曰：「今年祖龍死。」**短景催風馭，**補：杜甫詩：歲暮陰陽催短景。**長星屬羽觴。**晉書孝武帝紀：長星見於華林園，舉酒祝之曰：「長星勸汝一杯酒，自古何有萬歲天子邪！」宋玉招魂：瑤漿蜜勺，實羽觴些。**儲君猶問豎，**左傳：太子國之儲貳。補：漢書：疏廣曰：「太子，國儲嗣君。」詳卷三。**元老已登牀。**詩：方叔元老。嗣立案：晉衞瓘傳：惠帝爲太子，朝廷咸謂純質不能親政事，瓘每欲啓廢之，而未敢發。後會宴陵雲臺，瓘託醉，因跪帝牀前曰：「臣欲有所啓。」帝曰：「公何言？」瓘欲言而止者三，因以手撫牀曰：「此座可惜。」帝意悟。○嗣立案：舊唐書：皇太子承乾廢，魏王泰亦以罪黜，太宗議立晉王治爲皇太子，又欲立吳王恪。高宗嗣位，馴至武后革命，唐祚幾絶。此句似暗含諷刺。**鶴蓋趨平樂，**廣絶交論：雞人曉唱，鶴蓋成陰。補：三輔黃圖：明帝永平五年，至長安，悉取飛廉幷銅馬置之西門外，爲平樂館。**雞人下建章。**補：周禮：雞人夜呼，且以詔百官。漢官儀：宮中不得畜雞，衞士候於朱雀門外傳雞唱。漢書：柏梁災。越俗有火災，復起屋必以大，用勝服之，於是作建章宮。**龍髯悲滿眼，**補：封禪書：黃帝鑄鼎荆山下。鼎既成，有龍垂胡髯下迎黃帝。黃帝上騎，羣臣後宮從上者七十餘人。餘小臣不得上，乃悉持龍髯，龍髯拔，墮，墮黃帝之弓。百姓抱其弓與胡髯號，故後世因名其處曰鼎湖，弓曰烏號。**螭首淚霑裳。**螭首注詳上。○嗣立案：舊唐書太宗紀：貞觀二十三年四月己亥，幸翠微宮。己巳，上崩於含風殿。**疊鼓嚴靈仗，**見卷三。**吹笙送夕陽。斷泉辭劍佩，**補：賈至早朝詩：劍佩聲隨玉墀步。**昏日伴旗常。**周禮：日月爲常，交龍爲旗。**遺廟青蓮在，頹垣碧草芳。無因奏韶濩，**注見下。**流**

涕對幽篁。

過孔北海墓二十韻 嗣立案：後漢書：孔融字文舉，魯國人，孔子二十世孫也。幼有異才，性好學，博涉多該覽。舉高第，爲侍御史。董卓廢立，融每因對答，輒有匡正之言。卓乃諷三府同舉爲北海相。歷官至將作大匠，遷少府。曹操既積嫌忌，奏誅之，下獄棄市。淮揚志：墓在府治高士坊。

撫事如神遇，列子：形接爲事，神遇爲夢。臨風獨涕零。補：古詩：終日不成章，泣涕零如雨。墓平春草綠，補：江淹恨賦：春草暮兮秋風驚，秋風罷兮春草生。綺羅畢兮池館盡，琴瑟滅兮丘隴平。碑折古苔青。見卷三。珪玉埋英氣，山河孕炳靈。蜀都賦：近則江漢炳靈。發言驚辨囿，莊子：公孫龍，辨者之囿也。補：魏都賦：聊爲吾子，復玩德音，以釋二客，競於辨囿也。○嗣立案：本傳：融年十歲，詣河南尹李膺門曰：「我是李君通家子弟。」膺請融問之，曰：「先君孔子與君先人李老君，同德比義，而相師友，則融與君累世通家。」衆坐莫不歎息。陳煒後至，坐中以告，煒曰：「夫人小而聰了，大未必奇。」融應聲曰：「觀君所言，將不早慧乎？」膺大笑，曰：「高明必爲偉器。」摛翰動文星。補：杜甫詩：今夜文星動。○嗣立案：本傳：魏文帝深好融文辭，歎曰：「揚、班儔也。」募天下有上融文章者，輒賞以金帛。蘊策期千世，持權欲反經。嗣立案：虞溥江表傳：獻帝嘗時見郗慮及少府孔融，問融曰：「慮何所優長？」融曰：「可與適道，未可與權。」激揚思壯志，一作氣。江淹恨賦：中散下獄，神氣激揚。○嗣立案：本傳：融負其高氣，志在靖難，而才疏意廣，迄無成功。流落歎頹齡。沈約詩：頹齡儻能度。○嗣立案：孔融論盛孝章書：五十之年，忽焉已至，公爲始滿，融又過二。海內知識，零落殆盡。惡木人皆息，陸機猛虎行：渴不飲盜泉水，熱不息惡木陰。貪泉我獨醒。廣州記：貪泉在石門山西。吳隱之詩：古人云此水，一歃懷千金。試使夷齊飲，終當不易心。屈原漁父：世人皆醉我獨醒。輪轅無匠石，莊子：匠石之齊，至乎曲轅，見櫟社樹，其大蔽牛，絜之百圍，觀者如市，匠石不顧。刀几有庖丁。莊子：庖丁爲文惠君解牛，奏刀騞然，莫不中音，文惠君曰：「善哉！技蓋至此乎！」碌碌迷藏器，補：文中子：藏器以俟時。規規守挈瓶。左傳：雖有挈瓶之智，守不假器。憤容凌鼎鑊，漢書：刀鋸在前，鼎鑊在後。公議動朝廷。嗣立案：本傳：每朝會訪對，融輒引正定議，公卿大夫皆隸名而已。故國將辭寵，補：謝朓詩：辭寵悲團扇。危邦竟緩刑。補：文子：法寬刑緩，囹圄空虛。上卿廉一作鈍工磨。白璧，嗣立案：史記：虞卿說趙孝成王，一見賜黃金百鎰，白璧一雙；再見爵上卿。凡石礪青萍。補：張叔及論：青萍砥礪於鋒鍔。陳琳答東阿王牋：秉青萍干將之器。注：青萍，劍名。揭日昭東夏，補：莊子：孔子圍於陳、蔡之間，太公任往弔之，曰：「子其意者，飾智以驚愚，修身以明汙，昭昭乎如揭日月而行，故不免也。」左傳：祁午謂趙文子曰：「服齊、狄，寧東夏。」摶風滯北溟。莊子：北溟有魚，其名爲鯤，化而爲鳥，其名爲鵬。又：水擊三千里，摶扶搖而上者九萬里。注：摶，飛而上也。後塵遵軌轍，杜甫詩：青雲滿後塵。前席詠儀型。漢賈誼傳：上方受釐坐宣室，因感鬼神事，誼具道所以然之故。至夜半，文帝前席。師古曰：漸促近誼，聽說其言也。木秀當憂悴，補：李康運命論：木秀於林，風必摧之。弦傷不底寧。補：戰國策：雁從東方來，更嬴以虛弓發而下之，曰：「其飛徐者，故創痛也；悲鳴者，久失羣也。故創未息，而驚心未去也，聞弦音烈而高飛，故創隕也。」鮑照東門行：傷禽惡弦驚。矜誇遭斥鷃，誇，古文誇字。莊子：斥鷃笑之曰：「我騰躍而上，不過數仞，翱翔蓬蒿之間，此亦飛之至也。而彼且奚適也？」光彩困飛螢。補：曹植求自試表：螢燭末光，爭輝日月。白羽留談柄，韻府：大明禪師每執松枝談論，號談柄。清風襲德馨。書：明德惟馨。鸞皇嬰雪刃，補：西京雜記：漢高祖斬白蛇劍，十二年一加磨瑩，刃上常若霜雪。狠虎犯雲屏。戰國策：秦，虎狼之國也。補：張衡七命：雲屏爛汗。蘭蕙荒遺址，榛蕪蔽舊坰。謝靈運詩：遵渚騖修坰。羨君雖不祿，一作輾輾近沂水，近一作遠。猶得對一作何事戀。明庭。補：漢郊祀志：黃帝接萬靈明庭。明庭者，甘泉也。

過華清宮二十二韻

嗣立案：唐書：天寶六載，改驪山溫泉宮曰華清宮，治湯爲池，環山列宮殿。

憶昔開元日，案舊唐書：玄宗立，改元開元。二十九年，復改元天寶。承平事勝遊。嗣立案：崔寔政論：承平日久，漸敝而不悟。韓愈詩：江山多勝遊。貴妃專寵幸，補：楊貴妃傳：妃資質天挺，專房宴，宮中號娘子，儀體與皇后等。天寶初，進冊貴妃。天子富春秋。漢高五王傳：天子富於春秋。月白霓裳殿，嗣立案：鄭嵎津陽門詩注：葉法善嘗引上入月宮，聞仙樂，及歸，但記其半，遂於笛中寫之。會西涼節度使楊敬述進婆羅門曲，聲調相符，遂以月中所聞爲散序，敬述所進爲腔，名霓裳羽衣也。風乾羯鼓樓。嗣立案：南卓羯鼓錄：羯鼓出外夷，以戎羯之鼓，故曰羯鼓。其聲促急，破空透遠，特異衆樂。明皇極愛之。嘗聽琴未終，遽止之曰：「速令花奴持羯鼓來，爲我解穢。」十道志：

玄宗建溫泉宮，又造玉女殿，又有按歌臺、羯鼓樓。鬬雞花蔽膝，嗣立案：陳鴻祖東城老父傳：玄宗治雞坊，以賈昌爲小兒長，號爲神雞童，衣鬬雞服。或從幸驪山，昌冠雕翠金華冠，錦袖繡襦袴，導羣雞敍立於廣場。勝負既罷，隨昌歸雞坊。○古今樂錄：宋少帝時，南徐一士子從華山畿往雲陽，見客舍女子，悅之，遂感心疾。母至華山尋訪，見女。女感之，因脫蔽膝令母密置其席下，臥之當已。少日果差。忽舉席見蔽膝而抱持，遂吞食而死。騎馬玉搔頭。嗣立案：舊唐書：玄宗凡有遊幸，貴妃無不隨侍，乘馬則高力士執轡授鞭。西京雜記：武帝過李夫人，就取玉簪搔頭。自此後，宮人搔頭皆用玉，玉價倍貴焉。繡轂千門伎，補：漢書：建章宮千門萬戶。金鞍萬戶侯。漢李廣傳：萬戶侯豈足道哉！薄雲欹才調集作攲。雀扇，補：南史：齊高帝頗好畫扇。宋孝武賜戢蟬雀扇，善畫者顧景秀所畫。時吳郡陸探微、顧彥先皆能畫，歎其巧絕。戢因王晏獻之，上令晏厚酬其意。輕雪犯貂裘。杜甫詩：永夜攬貂裘。過客聞韶濩，樂緯：舜樂曰韶，殷樂曰大濩。嗣立案：文獻通考：唐舊制，於盛春殿內錫宴宰輔及百辟，備韶、濩及九奏之樂，設魚龍蔓延之戲，三日方罷。居人識冕旒。補：蔡邕獨斷：漢明帝采尚書皐陶及周官禮記以定冕制，天子冕廣七寸，長一尺二寸，繫白珠於其端，十二旒；三公及諸侯九卿七。氣和春不覺，烟暖霽難收。澀一作細。浪和瓊才調集作涵瑤。甃，補：天寶遺事：奉御湯中，甃以文瑤密石，中央有玉蓮花捧湯泉，噴以成池。帝與妃子施小舟戲玩於其間。晴陽上彩斿。劉孝綽詩：巖花映彩斿。卷衣輕鬢一作髻。懶，吳筠詩：秦帝卷衣裳。詳卷一。補：范靜婦滿願映水曲：輕鬢學浮雲。窺鏡澹蛾羞。杜甫虢國夫人詩：卻嫌脂粉涴顏色，澹掃蛾眉朝至尊。屛掩芙蓉帳，補：梁簡文帝詩：綺幕芙蓉帳。簾褰玳瑁鉤。補：漢武故事：上起神屋，以白珠爲簾箔，玳瑁押之。重瞳分渭曲，補：尸子：

舜兩眸子，是謂重瞳。史記：舜目蓋重瞳子，又聞項羽亦重瞳子。唐書地理志：京兆府有渭南縣，西十里有遊龍宮，開元二十五年更置。纖手指神州。補：詩：纖纖女手。史記：中國名曰赤縣神州。河圖括地象：昆侖謂東南地方五千里，名曰神州，帝王居之。御案迷萱草，嗣立案：天寶遺事：明皇與妃子幸華清宮，因宿酒初醒，凭妃子肩同看木芍藥。帝親折一枝與妃子，曰：「不唯萱草忘憂，此花香豔，尤能醒酒。」天袍妒石榴。梁元帝烏棲曲：芙蓉爲帶石榴裙。補：萬楚詩：紅裙妒殺石榴花。深巖藏浴鳳，初學記：鳳，神鳥也。天老曰：「鳳過昆侖，飲砥柱，濯羽弱水，暮宿丹宮。」鮮隰媚潛虬。詩：度其鮮原。謝靈運詩：潛虬媚幽姿。○嗣立案：安祿山事蹟：玄宗常夜宴祿山，祿山醉臥，化爲一黑猪而龍首。左右遽言之。玄宗曰：「此猪龍也。無能爲者。」祿山將入朝，乃令於溫泉爲祿山造宅，至溫泉賜浴。正月一日，是祿山生日。後三日，召祿山入內，貴妃以繡綳子縛祿山，令內人以綵輿舁之，歡呼動地。玄宗就觀之，大悅。深巖二句，隱含諷刺。又案：杜甫湯東靈湫詩：坡陀金蝦蟆，出見蓋有由。至尊顧之笑，王母不肯收。復歸虛無底，化作長黃虬。飛卿「鮮隰媚潛虬」句，又似從此脫化出來。○已上敍開元盛時事，以下敍祿山亂後事。不料邯鄲蝨，戰國策：應侯謂秦王曰：「王得宛，臨陳陽夏，斷河內，臨東陽，邯鄲猶口中蝨也。」俄成即墨牛。田單傳：騎劫代樂毅，攻即墨。單收城中得千餘牛，爲絳繒衣，畫以五彩龍文，束兵刃於其角，而灌脂束葦於尾，燒其端。牛尾熱，怒而奔燕軍，所觸盡死傷。劍鋒揮太皞，月令：孟春之月，其帝太皞。鄭玄云：宓犧也。劍鋒未詳。案：越絕書：楚王作鐵劍三枚，晉、鄭聞而求之，不得，興師圍楚之城，三年不解。於是楚王引太阿之劍，登城而麾之，三軍破敗，士卒迷惑，流血千里，晉、鄭之軍頭畢白也。旗燄拂蚩尤。補：西京賦：蚩尤秉鉞。案：韻會：蚩尤，黃帝臣。獸身人語。後叛，大戰於涿鹿，殺之，畫其形於旗上。又：彗星，一名蚩尤旗。嗣立案：皇覽：蚩尤冢在東郡壽張縣闞鄉城中，高七丈。民常十月祀之，有赤氣出，如一匹絳，名爲蚩尤旗。○上四句謂祿山之叛也。內嬖陪行在，補：左傳：齊侯好內多寵，內嬖如夫人者六人。漢書：徼詣行在所。師古曰：天子或在京師，或出巡狩，不可豫定，故言行在所耳。○謂貴妃從幸也。孤臣預坐籌。漢張良傳：臣請借前箸以籌之。○謂陳玄禮之密啓也。璐簪遺翡翠，異物志：赤而雄者曰翡，青而雌者曰翠。嗣立案：後漢輿服志：太皇太后、皇太后入廟，簪以玳瑁，爲擿長一尺，端爲花勝，上爲鳳雀，以翡翠爲毛羽。梁費昶詩：日照茱萸領，風搖翡翠簪。霜仗駐驊騮。補：穆天子傳：右服驊騮而左綠耳。郭璞曰：驊騮，色如華而赤，今名馬驃赤者爲棗騮。○上二句謂四軍不進也。豔笑雙飛斷，補：詩：豔妻煽方處。北史：苻堅滅燕，慕容沖姊清河公主年十四，有殊色，堅納之。沖年十二，亦有龍陽之姿，堅又幸之。姊弟專寵，長安歌之曰：「一雌復一雄，雙飛入紫宮。」香魂一哭休。徐注：徐陵詩：香魂何處來？○上二句謂國忠、貴妃之死也。早梅悲蜀道，補：盧僎十月梅花詩：君不見巴鄉春候中華別，年年十月梅花發。李白蜀道難云：噫吁戲，危乎高哉！蜀道之難難於上青天。高樹隔昭邱。補：謝朓詩：思見昭陽邱。善曰：荆州圖：楚昭王墓，登樓賦所謂昭邱也。通鑑：太宗文德皇后長孫氏葬昭陵，高祖神堯皇帝葬獻陵，帝念后不已，於苑中作層觀以望昭陵。嘗引魏徵同登，使視之。徵熟視之，曰：「臣昏眊不能見。」帝指示之，徵曰：「臣以爲陛下望獻陵，若昭陵，則臣固見之矣。」注：昭陵在西安府醴泉縣，獻陵在陝西三原縣。○上二句謂改葬貴妃他所也。○嗣立案：舊唐書楊貴妃傳：祿山叛，潼關失守，從幸至馬嵬，禁軍大將陳玄禮密啓太子，誅國忠父子。既而四軍不散，玄宗遣力士宣問，對曰：「賊本尙在。」蓋指貴妃也。力士復奏，帝不獲已，與妃訣，遂縊死於佛室。時年三十八，瘞於驛西道側。上皇自蜀還，密令中使改葬於他所。初瘞時，以紫褥裹之，肌膚已壞，而香囊仍在。內官以獻，上皇視之悽惋，乃令圖其形於別殿。朱閣重霄近，蒼崖萬古愁。至今湯殿水，嗚咽縣前流。補：寰宇記：驪山在昭應縣東南二里，即藍田山也。溫泉在山下。

嗣立案：上黨馮班云：此篇著意只在開元盛時，祿山亂後便略，與華清、長恨不同。

洞戶二十二韻

未詳。○嗣立案：徐箋云：此篇詩意與前篇同。俞瑒云：追憶昔遊而作，只拈起二字爲題，亦義山錦檻之類耳。

洞戶連珠網，補：宋玉招魂：網戶朱綴，刻方連些。虞茂白紵歌：雕軒洞戶青蘋吹。方疏隱碧潯。張協七命：方疏含秀。杜甫詩：松筠起碧潯。燭盤烟墜一作墮。燼，梁簡文帝對燭賦：挂同心之明燭，施雕金之麗盤。補：庾信對燭賦：還却燈檠下燭盤。簾壓月通陰。李白詩：却下水晶簾，玲瓏望秋月。粉白仙郎署，漢官儀：省中皆胡粉塗壁，故曰粉署。白帖：諸曹郎稱爲仙郎。霜淸玉女碪。地理志：嵩山頂上有玉女擣帛碪石，立秋，人聞杵聲。補：杜甫詩：三霜楚戶碪。醉鄉高窈窈，醉鄉見卷四。補：長門賦：天窈窈而晝陰。棋陣靜愔愔。補：左傳：祈招之愔愔。杜預曰：愔愔，安和貌。嵇康琴賦：愔愔琴德。素手琉璃扇，素手見卷三。西域傳琉璃作流離，大秦出。李賀詩：琉璃疊扇烘。玄髻玳瑁簪。廣志：玳瑁形似龜，出巨延州。補：古樂府：雙珠瑇瑁簪。詳見卷四。昔邪看寄迹，補：張華情詩：昔邪生戶牖。嗣立案：酉陽雜俎：博邪在屋，曰昔邪；在牆，曰垣衣。廣志謂之蘭香，生於久屋之瓦。魏明帝好之，命長安西載箕瓦於洛陽以覆屋。梁簡文帝薔薇詩：緣階覆碧綺，依檐映昔邪。梔子詠同心。庾信詩：不如山梔子，猶解結同心。嗣立案：酉陽雜俎：梔子，諸花少六出者，惟梔子花六出，陶貞白言梔子翦花六出，刻房七道，其花香甚，卽西域薝蔔花也。徐悱妻摘同心梔子贈謝娘因附此詩：兩葉雖爲贈，交情永未因。同心何處恨？梔子最關人。樹列千秋勝，補：釋名：花勝，草花也。言人形容正等著之則勝。○案徐注：舊唐書：開元十七年八月癸亥，上以降誕日，宴百官於花萼樓下。百僚上表，請以每年八月五日爲千秋節，王公已下獻鏡及承露囊，天下諸州咸令讌樂，休暇三日，仍編爲令，從之。樓縣七夕鍼。荆楚歲時記：七夕，婦人結綵縷穿七孔鍼。補：西京雜記：漢綵女常以七月七日，穿七孔鍼於開襟樓。○案：徐注：開元遺事：唐宮中，七夕，妃嬪各執九孔鍼、五色線，向月穿之，過者謂得巧。舊詞翻白紵，沈約詩：夜長未央歌白紵。嗣立案：吳兢樂府古題要解：白紵歌，案舊史，白紵吳地所出，白紵舞本吳舞，梁武帝令沈約改其詞爲四時之歌，若「蘭葉參差桃半紅」，卽春日白紵曲也。○案：徐注：異聞錄：明皇製霓裳羽衣之曲。詳見上。新賦換黃金。司馬相如長門賦序：武帝陳皇后時得幸，頗妒。別在長門宮，愁悶悲思。聞相如工爲文，奉黃金百斤，爲相如、文君取酒，爲文以悟主上，復得親幸。○案：徐注：梅妃傳：妃姓江氏，莆田人。性喜梅，上以其所好，戲名曰梅妃，曰：「此梅精也。」竟爲楊氏遷於上陽東宮。妃以千金壽高力士，求詞人擬司馬相如爲長門賦，欲邀上意。力士方奉太眞，且畏其勢，報曰「無人解賦」，妃乃自作樓東賦。太眞聞之，訴明皇曰：「江妃庸賤，以廋詞宣言怨望，願賜死。」又案：吳兆宜云：楊貴妃傳：天寶九載，貴妃復忤旨，送歸外第。時吉溫與中貴人善，溫入奏曰：「婦人智識不遠，有忤聖情。然貴妃久承恩顧，何惜宮中一席之地，使其就戮，安忍取辱於外哉！」上卽使力士召還。「新賦換黃金」句，或指此也。二說未詳孰是。唳鶴調蠻鼓，白帖：會稽有大鼓，名雷門，有白鶴飛入鼓，於是洛陽亦聞其聲。嗣立案：吳錄：吳王夫差移於建康之宮，南門有雙鶴，從鼓中而飛上入雲中。海錄碎事：南蠻鑄銅爲大鼓，初成，懸於亭，置酒以召同類。富女子以金銀爲大釵，叩鼓，因名之曰銅鼓釵。驚蟬應寶琴。補：世說：蔡邕在陳留，鄰人召飲。比往，客有彈琴於屏，邕至門，潛聽之，曰：「以樂召我，而有殺心，何也？」遂反。主人追問其故，邕具以告。彈琴者曰：「我見螳螂方向鳴蟬，蟬將去而未飛，螳螂爲之一前一却，吾唯恐螳螂之失蟬也。此豈爲殺心而形於聲乎？」舞疑繁易度，補：傅毅舞賦：軼態横出，瑰姿譎起。歌轉斷難尋。補：謝偃聽歌賦：似將絶而更連，疑欲止而復舉。露委花相妒，風欹柳不禁。橋彎雙表迥，補：杜甫橋成詩：天寒白鶴歸華表。池漲一篙深。潘岳詩：楚浪漲三篙。清蹕傳恢囿，漢儀注：皇帝輦左右侍帷幄者，稱警，出殿，則傳蹕止行人清道也。補：韋孟諷諫詩：惟囿是恢。師古曰：恢，大也。黄旗幸上林。補：司馬德操與劉恭嗣書：黄旗紫蓋，恒見東南。謝朓詩：黄旗映朱邸。上林，苑名。見卷一。神鷹參翰苑，補：宣室志：鄴郡人有好育鷹隼者，有人持鷹來，告於鄴人，鄴人遂市之，其鷹甚神駿。○案：徐注：新唐書玄宗紀：開元二年四月，停諸陵供奉鷹犬。肅宗紀：寶應元年建卯月，停貢鷹鷂狗豹。德宗紀：大曆十四年五月，罷諸州府及新羅、渤海貢鷹鷂。穆宗紀：長慶二年十二月，放五坊鷹隼及供獵狐兔。文宗紀：寶曆二年十二月，縱五坊鷹犬。宣宗紀：大中元年二月，放五坊鷹犬。懿宗紀：咸通八年，縱神策、五坊、飛龍鷹鷂。則鷹爲唐之常貢可知矣。天馬破蹄涔。補：漢天馬歌：天馬徠，從西極，涉流沙，九夷服。淮南子：牛蹄之涔，無尺之鯉。注：牛馬迹中水曰蹄涔。○案：徐注：新唐書王毛仲傳：檢校內外閑廄，知監牧使。從帝東封，取牧馬數萬匹，每色一隊，相間如雲錦，天子才之。武庫方題品，補：王隱晉書：杜預爲尚書，損益萬機，不可勝數，號曰杜武庫，言其無所不有。文園有才調集作自。好音。司馬相如傳：臨邛令前奏琴曰：「竊聞長卿好之，願以自娛。」相如辭謝，爲鼓一再行。後拜文園令，卒。朱莖殊菌蠢，補：韓愈石鼎聯句：龍頭縮菌蠢。丹桂欲蕭森。吳都賦：丹桂灌叢。補：張協詩：荒楚鬱蕭森。黼帳回珞席，鮑照蕪城賦：藻扃黼帳。劉孝綽詩：委座陪瑤席。華鐙對錦衾。補：西京雜記：夕然九華之燈。詩：錦衾爛兮。畫圖驚走才調集作畏。獸，徐注：後魏道武帝造畏獸辟邪諸戲。案：馮班云：衛協有畏獸圖。書帖得來禽。唐李綽尚書故實：王内史書帖中有與蜀郡太守書，求櫻桃來禽，日給藤子。注：言味好來衆禽也。俗作林檎。河曙秦樓映，補：謝朓詩：秋河曙耿耿。古樂府：日出東南隅，照我秦氏樓。山晴魏闕臨。補：莊子：中山公子牟謂瞻子曰：「身在江湖之上，心存乎魏闕之下。」謝靈運詩：子牟眷魏闕。綠囊逢趙后，補：漢外戚傳：成帝許美人生子，趙后以頭擊壁戶柱，啼泣不肯食。詔使靳嚴持綠囊書予許，許以葦篋一合盛所生兒，緘封，及綠囊報書予嚴。后害之，穿獄樓垣下爲坎，埋其中。○案：徐注：此刺貴妃之妒悍也。梅妃傳：後上憶妃，遣小黃門滅燭，密以戲馬召妃至翠華西閣。繼而上失寤，侍御驚報曰：「妃子已屆閣前，當奈何？」上披衣，抱妃藏夾幙間。太眞歸私第，上覓妃所在，已爲小黃門送令步歸東宮。太眞外傳：妃子以妒悍忤旨，令高力士送還楊銛宅。力士探旨，奏請載還，送院中。自茲恩遇日深，後宮無得進幸矣。青瑣見王沈。嗣立案：晉書：王沈一封博陵侯，一見文苑傳。青瑣事俱未詳。任達嫌孤憤，補：司馬遷報任安書：韓非囚秦，説難、孤憤。注：説難、孤憤，韓子之篇名也。疎慵倦九箴。左傳：魏絳爲晉侯引虞人之箴曰：「芒芒禹迹，畫爲九州。」徐注：漢揚雄傳：箴莫善於虞箴，作州箴。晉灼曰：九州之箴也。若爲南遁客，猶作臥龍吟。補：蜀志：諸葛亮字孔明，躬耕隴畝，好爲梁父吟。徐庶言於先主曰：「諸葛孔明，臥龍也。」漢晉春秋：亮家於南陽之鄧縣，號曰隆中。

溫飛卿詩集卷第七

送洛南李主簿　文苑英華作尉之官。唐地理志：洛南縣屬商州。

想君秦塞外，因一作應。見遠一作楚。山青。槲葉曉迷路，枳花春滿庭。祿優仍侍膳，官散得專經。余亦還一作子敬懷。愚谷，見卷六。歸心在翠屏。杜詩注：羊元所居，山峯奇秀，每據筇牀，終日笑傲。或偃臥看山，曰：「此翠屏宜晚對。」

巫山神女廟　補：酈道元水經注：丹山西即巫山。宋玉所謂帝女居之，名爲瑤姬，朝爲行雲，暮爲行雨，朝朝暮暮，陽臺之下。旦早視之，果如其言，故爲立廟，號朝雲焉。方輿勝覽：神女廟在巫山縣治西北二百五十步，有陽雲臺。

黯黯閉宮殿，霏霏蔭薜蘿。曉峯眉上色，補：飛燕外傳：爲薄眉，號遠山黛。春水臉前波。補：神女賦：望余帷而延視兮，若流波之將瀾。古樹芳菲盡，扁舟離恨多。一叢斑一作湘。竹夜，博物志：舜二妃曰湘夫人。舜崩，二妃啼，以淚揮竹，竹盡斑。環佩響如何？杜甫詩：環佩空歸月夜魂。

地肺山春日

補：案：高士傳：秦始皇時，四皓共入商雒隱地肺山。又案：永嘉郡記：地肺山在樂城縣東大縣中，去岸百餘里。又案：陶隱居眞誥：金陵者，句曲之地肺也。水至則浮，故曰地肺。未詳孰是。

冉冉花明岸，涓涓水繞山。幾時抛俗事，來共白雲間？

題陳處士幽居

松軒塵外客，高竹一作枕。自蕭疏。雨後苔侵井，霜來葉滿渠。閒看鏡湖畫，地理志：鏡湖，以水明如鏡得名。補：李紳詩：鏡湖亭上野花開。鼓吹注：鏡湖，即鑑湖，在越州，即今紹興府也。時一作秋。得越僧書。若待前溪月，見卷二。誰人伴釣魚？

握樂府詩集作屈。柘詞

嗣立案：樂府雜錄：健舞曲有柘枝，軟舞曲有屈柘。樂苑：羽調有柘枝曲，商調有屈柘枝，此舞因曲爲名。用二女童，帽施金鈴，抃轉有聲。其來也，於二蓮花中藏，花坼而後見，對舞相占，實舞中雅妙者也。

楊柳縈橋綠，玫瑰拂地紅。補：西京雜記：樂遊苑自生玫瑰樹。繡衫金騕褭，花髻玉瓏璁。宿雨香潛潤，春流水暗通。畫樓初夢斷，晴才調集作曉。日照湘風。見卷三。

處士盧岵山居　一作題盧處士居。

西溪問樵客，遙識主一作指楚。人家。古樹老連石，急泉清露沙。千峯隨雨暗，一徑入雲斜。日暮鳥飛散，一作飛鴉集。滿山一作庭。蕎麥花。補：蕎麥高一二尺，赤莖，開小白花，結實有小角，粉亞於麥麪。一名烏麥。

初秋寄友人

閑夢正悠悠，涼風生竹樓。夜琴知欲雨，曉簟覺新秋。獨鳥楚山遠，一蟬關樹愁。憑將離別一作別離。恨，江水一作外。問同一作東。遊。

題豐安里王相林亭二首　原注：公明太玄經。○地理志：在建業城南。

花竹有薄埃，嘉遊集上才。白蘋安石渚，紅葉子雲臺。補：劉禹錫陋室銘：南陽諸葛廬，西蜀子雲亭。朱戶雀羅設，史記鄭當時傳：下邳翟公爲廷尉，賓客填門。及廢，門外可設雀羅。黃門馭騎來。補：初學記：黃門侍郎，秦官也。漢因之。不知淮水濁，建業志：秦淮水貫城內，王、謝環而居之。補：王氏家譜：初王導渡淮，使郭璞筮之，曰：「吉，無不利。淮水絕，王氏滅。」丹藕爲誰開？

偶到烏衣巷，方輿勝覽：烏衣巷在秦淮南，去朱雀橋不遠，王、謝子弟所居。含情更惘然。西州曲隄柳，補：山謙之丹陽記：揚州廨王敦所創，開東南西三門，俗謂之西州。東府舊池蓮。補：丹陽記：東府城地，晉簡文爲會稽王時第也。東則丞相會稽王道子府，道子領揚州，故俗稱東府。星坼悲元老，晉書：永康元年中台星坼，張華少子韙勸華遜位。雲歸送墨仙。補：葛洪神仙傳：班孟，不知何許人也。嚼墨一噴皆成字，竟紙各有意義。誰知濟川檝，尚書：若濟大川，用汝作舟檝。今作野人船。補：晉郭翻傳：翻乘小船歸武昌，安西將軍庾翼躬往造翻，以其船小，欲引就大船，翻曰：「此固野人之舟也。」庾信詩：終見野人船。

早秋山居

山近覺寒早，草堂霜氣晴。樹彫窗有日，池滿水無聲。果落見猿過，葉乾聞鹿行。素琴機慮靜，一作息。江淹恨賦：素琴晨張。空伴夜泉清。

和友人盤石寺逢舊友

楚寺上方宿，僧舍最深處曰上方。補：維摩經：汝往上方界，分度四十二恆河沙佛土。滿堂皆舊遊。月溪逢遠客，烟浪有歸舟。江館白蘋夜，水關紅葉秋。西風吹暮雨，汀草更堪愁。

送人南遊

送君遊楚國，江浦樹蒼然。沙淨有波迹，岸平多草烟。角悲臨海郡，月到渡淮船。唯以一杯酒，王維渭城曲：勸君更盡一杯酒，西出陽關無故人。相思高楚一作隔遠。天。

贈鄭處士

飄然隨釣艇，雲水是天一作生。涯。古詩：各在天一涯。紅葉下荒井，碧梧侵古槎。醉收陶令菊，續晉陽秋：陶潛九日無酒，坐宅邊東籬下菊叢中，摘花盈把。未幾，望見白衣人至，乃太守王弘轉致龐通之餽，酒至，遂即酣飲。貧賣邵平瓜。補：史記：邵平者，故秦東陵侯。秦破，爲布衣，貧，種瓜於長安城東，瓜美，故時俗謂之東陵瓜，從邵平始也。更有相期處，南籬一樹花。

江岸即事

水容侵古岸，峯影度青蘋。宋玉風賦：夫風起於青蘋之末。詳卷四。廟竹唯聞鳥，江帆不見人。雀聲花外暝，客思柳邊春。別恨轉難盡，年年一作行行。汀草新。

贈隱者

茅堂對薇蕨，鑪暖一裘輕。醉後楚山夢，覺來春鳥聲。采茶溪樹綠，煮藥一作茗。石泉清。不問人間事，忘機過此生。

渚宮晚春寄秦地友人

一統志：渚宮在江陵故城東南，梁元帝即位渚宮，即此。補：郡縣志：渚宮，楚別宮也。

風華已眇然，獨立思江天。補：杜甫詩：獨立萬端憂。鳧雁野塘水，補：劉楨詩：方塘含白水，中有鳧與雁。牛羊春草烟。秦原晚一作曉。重疊，灞浪夜潺湲。補：漢書注：灞水出藍田谷。詳卷四。今日思歸客，愁容滿一作在。鏡前。一作縣。

碧磵驛曉思

香鐙伴殘夢，楚國在天涯。月落子規歇，滿庭山杏花。

送并州郭書記

補：唐地理志：太原府太原郡本并州，開元十一年爲府。

賓筵得佳客，侯印有光輝。胡廣漢官儀：諸侯玉印，黃金龜紐。候騎不傳箭，何遜詩：候騎出蕭關。杜甫詩：青海無傳箭。補：新唐書吐蕃傳：其舉兵以七寸金箭爲契，一百一驛，有急兵驛人臆前加銀鶻，甚急銀鶻益多。回文空上機。陳後主詩：上林書不歸，回文徒自織。塞塵一作城。牧一作收。馬去，烽火射雕歸。李廣傳：廣爲上郡太守，匈奴入上郡，上使中貴人從廣勒習兵擊匈奴。中貴人者將數十騎從，見匈奴三人，與戰，射傷中貴人，殺其騎且盡。中貴人走廣，廣曰：「是必射雕者也。」廣乃從百騎往馳三人，殺其二人，生得一人，果匈奴射雕者也。唯有嚴家瀨，補：嚴光傳：光耕於富春山，後人名其釣處爲嚴陵瀨。回環徑草微。

贈越僧岳雲一作雪。二首

世機消已盡，巾屨一作履。亦飄然。一室故山月，滿瓶秋澗泉。禪菴過微雪，鄉寺隔寒烟。應共白蓮客，補：樂邦文類贊寧結社法集文：晉、宋間，廬山慧遠化行潯陽，高人逸士輻輳於東林，皆願結香火。時雷次宗、宗炳、張詮、劉遺民、周續之等共結白蓮華社，立彌陀象，求願往生安養國，謂之蓮社。相期松桂前。

蘭亭舊都講，補：海錄：山陰縣西南有蘭渚，渚有亭曰蘭亭。何延之蘭亭記：永和九年三月三日，琅邪王羲之與太原孫統、孫綽，廣漢王彬之，陳郡謝安，高平郄曇，太原王蘊，釋支遁，并其子凝之、徽之、操之等四十有二人，會於會稽山陰之蘭亭，修祓禊之禮。世說：支公與許掾在會稽王齋頭，支爲法師，許爲都講。今日意如何？有樹關深院，無塵到淺沙。一作莎。僧居隨處好，人事出門多。不及新春雁，年年鏡水波。補：輿地志：山陰南湖縈帶郊郭，白水翠巖，互相映發，若鏡若圖，故王逸少云：「山陰路上行，如在鏡中遊。」

詠山雞

禽經：山雞一名鵕鸃。

萬壑動晴景，山禽凌翠微。補：左思蜀都賦：鬱芬葐以翠微。劉淵林曰：翠微，山氣之輕縹也。繡翎翻草去，紅嘴啄花歸。補：禰衡鸚鵡賦：紺趾丹嘴。巢暖碧雲色，影孤清鏡輝。異苑：山雞愛其毛羽，映水則舞。魏武時，南方獻之，帝欲其鳴舞而無由。公子蒼舒令置大鏡其前，雞鑒形而舞，不知止，遂乏死。不知春樹伴，何處又分飛？

清旦題采藥翁草堂

幽人尋藥徑，來自曉雲邊。衣溼朮花雨，語成松嶺烟。解藤開澗戶，孔稚圭北山移文：磵戶摧絕無與歸。躑石過溪泉。林外晨光動，杜甫詩：小雨晨光內。山昏鳥滿天。

商山早行

晨起動征鐸，客行悲故鄉。雞聲茅店月，人迹板橋霜。關中記：板橋在商州北四十里。三洲歌：送歡板橋灣。槲葉落山路，枳花明驛牆。因思杜陵夢，漢書：元康元年，以杜東原上爲初陵，更名杜縣爲杜陵。三輔黃圖：宣帝杜陵在長安城南。鳧雁滿回塘。

題竹谷神祠 文苑英華作題谷神廟。

蒼蒼松色一作竹。晚，一徑入荒祠。古樹風吹馬，虛廊日照旗。烟煤朝奠處，風文苑英華作雲。雨夜歸時。寂莫湘江一作東湖。客，空看蔣帝碑。見卷一。

途中有懷

驅車何日閒？擾擾路岐一作岐路。間。歲暮自多感，客程殊未還。亭皋汝陽道，上林賦：亭皋千里，靡不被築。服虔曰：皋，澤也。隄上十里一亭。地理志：汝陽在河內郡。風雪穆陵關。左傳：東至於穆陵。臘後寒梅發，補：杜甫江梅詩：梅蕊臘前破，梅花年後多。誰人在故山？補：張協雜詩：流波戀舊浦，行雲思故山。

經李處士杜城別業

憶昔幾遊集，杜甫詩：終非襲遊集。今來倍歎傷。百花情易老，一笑事難忘。白社已蕭索，補：逸士傳：董威在洛陽，隱居白社。青樓空豔陽。不閑雲雨夢，猶欲過高唐。

登李羽士東樓

經客有餘音，他年終故林。高樓本危睇，涼月更傷心。此意竟難坼，一作誰訴。（校點者按：「坼」汲古閣本金荃集作「析」，全唐詩作「折」）伊人成古今。流塵其可欲，補：劉鑠詩：堂上流塵生。非復嬾鳴琴。

題僧泰恭院二首

昔歲東林下，見卷四。深公識姓名。高僧傳：竺法深業慈清淨，不耐風塵，考室剡溪仰山。爾來辭半偈，見卷四。空復歎勞生。憂患慕禪味，寂寥遺世情。所歸心自得，何事倦塵纓？孔稚圭北山移文：今見解蘭縛塵纓。

微生竟勞止，詩：民亦勞止。晤言猶是非。出門還有淚，補：阮籍傳：時率意獨駕，不由徑路，車迹所窮，輒慟哭而返。看竹暫忘機。用王徽之事。見卷八。爽氣三秋近，浮生一笑稀。故山松菊在，終欲掩柴扉。

西遊書懷

渭川通野戍，有路上桑乾。地理志：桑乾一名㶟水，在今保安，古涿鹿地。獨鳥青天暮，驚麏赤燒殘。高秋辭故國，昨日夢長安。客意自如此，非關行路難。

送人東遊 一作歸。

荒戍落黃葉，月令：季冬之月，草木黃落。漢武帝秋風辭：草木黃落兮雁南歸。浩然離故關。補：庾信詩：函谷故關前。高風漢陽渡，地理志：漢陽在漢水之陽，今漢口。初日郢門山。三楚記：荆門山在大江之南，與虎牙相對，卽郢門山。江上幾人在？天涯孤櫂還。何當重相見，尊酒慰離顏？

寄山中友人

惟昔有歸趣，今茲固願言。左傳：無令孤我願言。嘯歌成往事，詩：其嘯也歌。風雨坐涼軒。時物信佳節，歲華非故園。固一作因。知春草色，何意爲王孫。見卷二。

偶題

孔雀眠高樹，才調集作閣。補：太平廣記引紀聞：羅州山中多孔雀，雌者短尾，無金翠；雄者生三年有小尾，五年成大尾。始春而生，三四月後復彫，與花萼相榮衰。自喜其尾，凡欲山棲，必先擇有置尾之地，然後止焉。櫻桃拂短檐。畫明金冉冉，補：畫苑：唐人畫工多用泥金塗之。箏語玉纖纖。補：白居易箏詩：甲鳴銀玓瓅，柱觸玉玲瓏。細雨無妨燭，輕寒不隔簾。欲將紅錦段，張衡詩：美人贈我錦繡段。因夢寄江淹。嗣立案：徐注：南齊書：江淹夢一人自稱張景陽，謂曰：「前以一匹錦相寄，今可見還。」淹探懷中，得數尺，與之，自爾淹文章日躓。

贈考功盧郎中

白首方辭滿，見卷四。荊扉對渚田。陶潛詩：荊扉晝常閉。雪中無陋巷，醉後似當年。一笈負山藥，兩瓶攜澗泉。夜來風浪起，何處認漁船？

題蕭山廟

唐地理志：越州會稽郡有蕭山縣。案：越志：蕭山：句踐與夫差戰，敗，以餘兵棲此，四顧蕭然，故名。一名蕭然山。一云蕭然山即航塢山，有白龍王廟在。

故道木陰濃，一作穠。荒祠山影東。杉松一作松杉。一庭雨，幡蓋滿堂風。客奠晚沙一作曉莎。遷，馬嘶春一作秋。廟空。夜深雷電一作池上。歇，龍入古潭中。

春日寄岳州從事李員外二首

補：唐書：岳州巴陵郡本巴州，武德六年更名。藝文志：李遠字求古，大中建州刺史，詩集一卷。郝天挺鼓吹注：太和五年進士，蜀人也。累官歷忠、建、江刺史，終御史中丞。

荏弱樓前柳，輕空花外窗。蝶高飛有伴，鶯早語無雙。翦勝裁春字，漢書注：勝，婦人首飾也。漢代謂之華勝。詳卷三。開屏見曉江。從來共情戰，今日欲歸降。

從小識賓卿，恩深若弟兄。相逢在何日？此別不勝情。紅粉座中客，彩斿江上城。尙平婚嫁累，補：後漢書：向長字子平，隱居不仕。男女娶嫁旣畢，敕斷家事勿相關，當如我死也。與同好北海禽慶俱遊五岳名山，不知所終。魏隸高士傳向長作尙長。無路逐雙旌。

和段少常柯古

補：古今詩話：段成式字柯古，文昌之子。博學強記，多奇篇秘籍，終太常少卿。

稱觴慙座客，杜甫詩：獻壽更稱觴。懷刺卽門人。見卷六。素尙一作向。寧知貴，補：任昉王儉集序：或德標素尙。淸譚不厭貧。補：劉楨詩：淸談同日夕。晉王衍傳：衍補元城令，終日淸談。野梅江上晚，隄柳雨中春。未報淮南詔，何勞問白蘋。

海榴

案：博物志：張騫使西域，得塗林安石國榴種以歸。一云來從海外新羅國，又名海榴。

海榴開似火，隋煬帝詩：海榴開欲盡。補：梁元帝石榴詩：然燈疑夜火。先解報春風。補：孔紹應制詠石榴詩：只爲來時晚，開花不及春。葉亂裁牋綠，花宜插鬢紅。補：梁元帝石榴詩：葉翠如新翦，花紅似故裁。陳後主詩：佳人早插髻，試立且裴回。蠟珠攢作蒂，補：應貞石榴賦：膚折理阻，爛若珠駢。夏侯湛石榴賦：接翠萼於綠蒂。細絲翦成叢。補：張協石榴賦：素粒紅液，金房細隔。鄭驛多歸思，漢書：鄭莊常置驛馬長安諸郊，請謝賓客。杜甫詩：鄭驛正留賓。相期一笑同。

李先生別墅望僧舍寶刹，因作雙聲

嗣立案：南史：王玄謨問謝莊曰：「何者爲雙聲疊韻？」答曰：「玄瓠爲雙聲，磝碻爲疊韻。」吟窗雜錄：「留連千里賓，獨待一年春」，此頭雙聲句也。「我出崎嶇嶺，君行磝碻山」，此腹雙聲句也。「野外風蕭索，雲裏日朦朧」，此尾雙聲句也。

棲息消心象，檐楹溢豔陽。簾櫳蘭露落，鄰里柳一作樹。陰涼。高閣過空谷，孤竿隔古岡。潭廬同澹蕩，彷彿復芬芳。

敷水小桃盛開因作

一本作絕句二首，誤。補：舊唐書元稹傳：俄分司東都，詔召稹還，次敷水驛。新書華陰縣注：有敷水渠。

敷水小橋東，娟娟一作涓涓。照露叢。所嗟非勝地，杜甫詩：勝地石堂偏。堪恨是春風。二月豔陽節，一枝惆悵紅。定知留不住，吹落路塵中。

溫飛卿詩別集卷第八

寄山中人

月中一雙鶴，石上千一作百。尺松。嗣立案：王韶之神境記：滎陽郡南有石室，室後有孤松千尺，常有雙鶴，晨必接翮，夕輒偶影。相傳昔有夫婦隱此室，化爲雙鶴。素琴入爽籟，補：嵇康贈秀才詩：習習谷風，吹我素琴。王勃滕王閣序：爽籟發而寒潭清。山酒和春容。見卷二。幽瀑有時一作閒。斷，片雲無所從。何事蘇門生，一作嘯。阮籍傳：籍嘗於蘇門山遇孫登，與商略終古及棲神道氣之術，登皆不應，籍因長嘯而退。至半嶺，聞有聲若鸞鳳之音，響乎巖谷，乃登之嘯也。攜手東南峯。李白詩：廬山東南五老峯。

送淮陰孫令之官

補：唐書地理志：淮陰縣屬楚州，武德七年省，乾封二年析山陽復置。

隋隄楊柳烟，補：隋書：煬帝自版渚引河，作街道，植以楊柳，名曰隋隄，一千三百里。孤櫂正悠然。蕭寺通淮戍，杜陽雜編：梁武帝好佛，造浮屠，命蕭子雲飛白大書曰蕭寺，至今一字猶存。蕪城枕楚田。一作壖。地理志：蕪城，揚州治北，即邗溝城。補：鮑照蕪城賦注：宋孝武時，照爲臨海王子頊參軍，隨至廣陵。子頊叛逆，照見廣陵故城荒蕪，乃漢吳王濞所都，照以子璵事同於濞，遂爲賦以諷之。魚鹽橋上市，淮陰城北半里爲跨下橋，十里爲杜康橋。燈火雨中船。杜甫詩：江船火獨明。故老青葭岸，先知虙子賢。補：呂氏春秋：虙子賤治亶父，三年，巫馬旗短褐衣弊裘而往觀化於亶父。見夜漁者得則舍之，巫馬旗問焉，曰：「漁爲得也。今子得而舍之，何也？」對曰：「虙子不欲人之取小魚也。所舍者小魚也。」巫馬旗歸告孔子曰：「虙子之德至矣。」

宿輝公精舍

高僧傳：漢明帝於城外立精舍，即白馬寺是也。

禪房無外物，荀子：内省則外物輕。清話此宵同。林彩水烟裏，磵聲山月中。橡霜諸壑霽，廣韻：橡，櫟實也。本草：橡堪染用，一名皁斗，其實作梂，似栗實而小。杉火一鑪空。爾雅翼：檆木類松而勁直，葉附枝生，若刺鍼。擁褐寒更徹，心知覺路通。

旅泊新津却寄一二知己

補：唐書：蜀州唐安郡有新津縣，西南二里有遠濟堰，分四筒穿渠，溉眉州、通義、彭山之田。

維舟息行役，霽景近江村。并起別離恨，一作念。思一作似。聞歌吹喧。高林月初上，遠水霧猶昏。王粲平生感，三國志：王粲字仲宣，山陽人。獻帝西遷，粲從至長安。以西京擾亂，乃之荆州依劉表。後太祖辟爲右丞相掾，魏國建爲侍中，卒。登臨幾斷魂。荆州記：富陽縣城樓，王仲宣登之而作賦。

贈僧雲栖

麈尾與邛杖，名苑：鹿大者曰麈，羣鹿隨之，視麈尾所轉而往，古談者執焉。詳卷三。漢張騫傳：騫在大夏時，見邛竹杖、蜀布，問安得此，大夏國人曰：「吾賈人往市之身毒國。」身毒國在大夏東南可數千里。幾年離石壇。梵餘林雪厚，補：異苑：陳思王植嘗登魚山，忽聞巖岫裏有誦經聲，清遒深亮，遠谷流響，不覺斂襟祇敬，便效而則之。今梵唱皆植依擬所造。棋罷岳鐘殘。開卷喜先悟，任昉策文：開卷獨得。漱瓶知早寒。淮南子：覩瓶中冰而知天下之寒。衡陽寺前雁，地理志：衡陽有回雁峯，雁至此則不進。今日到長安。

雪夜與友生同宿，曉寄近鄰

閉門羣動息，陶潛詩：日入羣動息。積雪透疎林。有客寒方覺，無聲曉已深。正繁聞近雁，幷落起棲禽。寂莫寒塘路，憐君獨阻尋。英華注云：集作履迹行當滿，依依欲阻尋。

題造微禪師院

夜香聞偈後，岑寂掩雙扉。照竹鐙和雪，看松月到衣。草堂疎磬斷，補：梁簡文帝草堂傳：周顒以蜀草堂寺林壑可懷，乃于鍾嶺學館立寺，因名草堂，亦號山茨。江寺故人稀。惟憶湘南雨，春風獨鳥歸。

正見寺曉別生公

清曉盥秋水，說文：盥，澡手也。高窗留夕陰。初陽到古寺，宿鳥起寒林。香火有良願，見卷四。宦名非素心。陶潛詩：素心正如此。靈山緣未絕，法華科注：靈山，靈鷲山也，又名狼跡山，前佛今佛皆居此地。既是靈聖所居，故呼爲靈山。他日重來一作相。尋。

旅次盱眙縣

補：唐書地理志：武德四年，以縣置西楚州。八年，州廢，隸楚州。光宅初曰建中，後復故名。

離離麥擢芒，詩：彼黍離離。嗣立案：俞瑒云：潘岳射雉賦：麥漸漸以擢芒。楚客思一作意。偏傷。波上旅愁起，天邊歸路長。孤檣一作帆。投楚驛，一作岸。殘月在淮檣。外杜三千里，漢書元后傳：百姓歌曰：「五侯初起，曲陽最怒。壞決高都，連竟外杜。」注：長安有高都、外杜里，既壞決高都作殿，復衍及外杜里。誰人數雁行？

鄠郊別墅寄所知

漢書：扶風有鄠縣。

持頤望平綠，萬景集所思。南塘過新雨，百草生容姿。幽鳥不相識，美人何一作如。可期。徒然委搖蕩，惆悵春風時。

京兆公池上作　漢書地理志：京兆尹故秦內史，高帝元年屬塞國，九年復爲內史。武帝建元六年分爲右內史，太初元年更爲京兆尹。

稻香山色疊，魏文帝書：江表惟長沙名有好米，何得比新城粳稻耶？上風吹之，五里聞香。平野接荒陂。杜甫詩：平野入青徐。蓮少一作折。舟行遠，萍多釣下遲。壞隄泉落處，涼簟雨來時。京口兵堪問，一作用。晉書：郗愔在北府，徐州人多勁悍，桓溫恆云：「京口酒可飲，兵可用。」何因入夢思？

盧氏池上遇雨贈同遊　一有者字。

簟翻涼氣集，溪上潤殘棋。萍皺風來後，荷喧雨到時。寂寥一作莫。閑望久，飄灑獨歸遲。無限松江恨，煩君解釣絲。

題薛昌之所居

所得乃清曠，丘遲詩：豈徒轉清曠。寂寥常掩關。江淹詩：山中信寂寥。獨來春尙在，相得暮方還。花白風露晚，柳清街陌閑。釋名：道四通曰街，南北曰阡，東西曰陌。翠微應有雪，窗外見南山。

東歸有懷

晴川通野一作古。陂，此地昔傷離。一去迹長在，獨來心自知。王維詩：興來每獨往，勝事空自知。鷺眠芰葉折，魚靜蓼花垂。見卷四。無限高秋淚，扁舟極路歧。補：淮南子：楊子見歧路而哭之，爲其可以南可以北。

休澣日西掖謁所知，因成長句

鮑照詩：休澣自公日。補：漢書：張安世休沐未嘗出。如淳曰：五日得下一沐。洛陽故宮銘：洛陽宮有東掖門、西掖門。漢書注：掖門在兩旁，若人之臂掖。

赤墀高閣自從容，補：禮記：天子赤墀。漢書注：省中以丹漆漆地。玉女窗扉報曙鐘。魯靈光殿賦：玉女窺窗而下視。哀江南賦：倚弓于玉女窗扉。日麗九華一作門。青瑣闥，漢舊儀：給事黃門侍郎每日暮向青瑣門拜，謂之夕郎。補：范雲詩：攝官青瑣闥。雨晴雙闕翠微峯。漢書：蕭何治未央宮，立東闕北闕。鮑照詩：雙闕似雲浮。何遜詩：高山鬱翠微。毫端蕙露滋仙草，補：沈約碑：究八體於毫端。琴上熏風入禁松。琴操：虞舜南風歌：南風之熏兮，可以解吾民之慍兮。琴譜：風入松，琴曲也。荀令鳳池春婉娩，一作晼晚。晉書：荀勗自中書監爲尚書令，或有賀之者，曰：「奪我鳳皇池，諸君賀我耶！」補：楚辭：白日晼晚其將入兮。好將餘潤變一作拂。魚龍。

博山（校點者按：汲古閣本金荃集下有「香鑪」二字）考古圖：博山鑪象海中博山，下盤貯湯，潤氣蒸香，象海之四環。

博山香重欲成雲，梁昭明太子博山鑪賦：似慶雲之呈色。錦段機絲妒鄂君。鄴中記：錦有大博山、小博山。說苑：鄂君乘青翰之舟，張翠華之蓋，越人擁楫而歌。於是鄂君舉繡被而覆之。粉蝶團飛花轉影，彩鴛雙泳水生紋。西京雜記：丁諼作九層博山香鑪，鏤爲奇禽怪獸，窮諸靈異，皆自然運動。青樓二月春將半，碧瓦千家日未曛。劉騊駼詩：縹碧以爲瓦。見說楊朱無限淚，豈能空爲路岐分。

送盧處士一作生。游吳越

羨君東去見殘梅，唯有王孫獨未回。吳苑夕陽明古堞，嗣立案：俞瑒云：吳越春秋：闔閭治宮室，立射臺、華池、南城宮。出入游臥，秋冬治於城中，春夏治於城外。詳卷一。越宮春草上高臺。越絕書：句踐自吳歸，范蠡觀天文擬治紫宮，築城。城成，有山自琅邪東武海中飛來；蠡曰：「天地卒鄉。」以著其實名東武。起離宮靈臺、駕臺、燕臺、齊臺、中夜臺，句踐休息於此。波生野水一作渚。雁初下，風滿驛樓潮欲來。試逐漁舟看雪浪，幾多江燕荇花開。釋名：荇，接余也。花黃，六出，浮水上。詩：參差荇菜。

過新豐

補：漢書：京兆新豐，秦曰驪邑，高祖七年置。三輔舊事：太上皇不樂關中，思慕鄉邑，高祖徙豐、沛酤酒煮餅商人，立爲新豐。

一劍乘時帝業成，嗣立案：俞瑒云：漢書：漢亡尺土之階，由一劍之任，五載而成帝業。沛中鄉里到咸京。史記：高祖，沛豐邑中陽里人。寰區已作皇居貴，風月猶含白社情。漢書郊祀志：高祖禱豐枌榆社。晉灼曰：枌，白榆。社在豐東北十五里。泗水舊亭秋草變，一作徧。史記：高祖爲泗上亭長。千門遺瓦古苔生。至今留得離家恨，雞犬相聞落照明。西京雜記：高祖既作新豐，并移舊社，衢巷棟宇物色惟舊，男女老幼相攜路首，各知其室，放犬羊雞鴨於通衢，亦競識其家。文中子：雞犬相聞。

過潼關

補：杜氏通典：潼關本名衝關，言河流所衝也。雍錄：潼關在華州華陰縣東北三十九里，關西一里有潼水，因以爲名。

地形盤屈帶河流，關中記：秦地多複壘，四面積高，故曰雍，形勝之國也。西都賦：帶以洪河。景氣澄明是勝遊。十里曉雞關樹暗，一作靜。孟嘗君傳：關法，雞鳴而出客。一行寒雁隴雲愁。杜甫詩：寒雁一行鳴。片時無事溪泉好，盡日凝眸岳色秋。地理志：華山，一名華岳，在潼關西。麈尾角巾應曠望，補：王維桃源行：山開曠望旋平陸。詳見上。更嗟芳靄隔秦樓。

題西平王舊賜屏風

補：舊唐書：李晟字良器，隴右臨洮人。克復京城。德宗朝，官至太尉、中書令，封西平郡王。

曾向金扉玉砌來，魯靈光殿賦：排金扉而北入。百花鮮溼隔塵埃。披香殿下櫻桃熟，三輔黃圖：武帝時，後宮八區中有披香殿。結綺樓前芍藥開。見卷四。朱鷺已隨新鹵簿，孔穎達詩疏義：楚成王時，有朱鷺合沓飛翔而來舞，故鼓吹曲以朱鷺爲首。補：蔡邕獨斷：天子車駕次第謂之鹵簿。大駕則公卿奉引，大將軍參乘，太僕御，屬車八十一乘，備千乘萬騎，祠天於甘泉備之，名曰甘泉鹵簿。黃鸝猶識一作溼。舊池臺。見卷三。世間剛有東流水，一送恩波更不回。補：古樂府長歌行：百川東到海，何日復西歸？

河中陪帥鼓吹作節度。遊鼓吹有河字。亭

倚闌愁立獨裴回，欲賦慙非宋玉才。王逸楚詞序：宋玉，屈原弟子。滿座山光搖劍戟，繞城波色動樓臺。鳥飛天外斜陽盡，人過橋心一作邊。倒影來。添得五湖多少恨，柳花飄蕩似寒梅。

和趙嘏題岳寺

補：唐書：趙嘏字承祐，山陽人。會昌三年進士。大中間仕至渭南尉。有

渭南集二卷，又編年詩二卷。杜紫微覽其長安秋望「殘星幾點雁横塞，長笛一聲人倚樓」一聯，賞詠不已，因稱爲趙倚樓。地理志：西岳華山寺在山麓。

疎鐘細響亂鳴泉，客省高臨似水天。嵐翠暗來空覺潤，補：謝靈運詩：夕曛嵐氣陰。澗茶餘爽不成眠。越僧寒立孤鐙外，岳月秋當萬木前。張邴宦情何太薄，謝靈運詩：偶與張邴合。注：漢書：張良曰：「今以三寸舌爲帝師，封萬戶，位列侯，此布衣之極，於良足矣。願棄人間事，欲從赤松子學道輕舉。」又：琅邪邴漢亦有清行，兄子曼容亦養志自修，爲官不肯過六百石，輒自免去。遠公窗外有池蓮。高僧傳：沙門釋惠遠高臥冥蹟，至潯陽，見廬峯淸靜，始住龍泉精舍，池種白蓮。

蘇武廟

漢書：蘇武字子卿，爲栘中廏監。使匈奴十九年，歸，拜爲典屬國，病卒。

蘇武魂銷漢使前，蘇武傳：昭帝卽位，匈奴與漢和親。漢使至匈奴，常惠請其守者與俱，得夜見漢使。教漢使對單于言，天子射上林中，得雁足有係帛書，言武在某澤中。使如惠言，單于驚謝。江淹別賦：黯然銷魂。古祠高樹兩茫然。雲邊雁斷一作落。胡天月，隴上羊歸塞草烟。蘇武傳：匈奴徙武北海上無人處，使牧羝。羝乳，乃得歸。九邊志：榆林，漢月氏國，爲武牧羝處。回日樓臺非甲帳，漢武故事：以琉璃、珠玉、明月、夜光錯雜天下珍寶爲甲帳，其次爲乙帳，甲以居神，乙以自居。去時冠劍是丁年。李陵答蘇武書：丁年奉使，皓首而歸。

茂陵不見封侯印，空向秋波哭逝川。

途中一作送客。偶作

石路荒唐才調集作涼。接野蒿，西風吹馬利如刀。小橋連驛楊柳晚，才調集作暮程投驛蕙蘭靜。廢寺入門禾黍高。雞犬夕陽喧縣市，鳧鷖秋水曝城壕。嗣立案：郝天挺注：詩：鳧鷖在涇。江淹詩：飲酒出城壕。故山有夢不歸去，官樹一作路。陌塵何太勞。

寒食前有懷

萬物相鮮一作鮮華。華一作明。雨乍晴，郭璞詩：容色更相鮮。春寒寂一作戚。歷近清明。殘芳荏苒雙飛蝶，江淹詩：百年信荏苒。晚一作曉。睡朦朧百囀鶯。舊侶一作約。不歸成獨酌，故園雖在有誰耕。悠然便一作更。起巖灘恨，見卷七。一宿東風蕙草生。

宿雲際寺

長安志：雲際山大安寺在鄠縣東南六十里，隋仁壽元年置居賢捧日寺。

白蓋微雲一徑深，東峯一作風。弟子遠相尋。禪喜錄：皈依佛法曰弟子。蒼苔路熟僧歸寺，紅葉聲乾鹿在林。高閣清香生靜境，補：杜甫詩：心清聞妙香。夜堂疎磬發禪心。江淹詩：禪心莫不雜。自從紫桂巖前別，不見南能直至今。補：傳燈錄：六祖慧能大師姓盧氏，母感異夢因有娠，六年乃生，毫光騰空。黎明有僧來語曰：「此子可名慧能。惠者以法惠濟衆生，能者能作佛事。」語畢，不知所之。舊唐書：神秀同學僧慧能者，與神秀行業相埒。慧能住韶州廣果寺，神秀奏則天請追慧能赴都，慧能固辭曰：「吾南中有緣，不可違也。」竟不度嶺而死。天下乃散傳其道，謂神秀爲北宗，慧能爲南宗。

寄李外郎遠 一作岳州李員外。遠又一作肱。

含嚬不語坐揩一作持。頤，天近一作遠。樓高宋玉悲。宋玉九辨：悲哉秋之爲氣也。湖上殘棋人散後，楚中記：岳州有青草湖。岳陽微雨鳥歸遲。岳陽樓見卷五。早梅猶得回歌扇，李賀詩：渡口梅風歌扇薄。春水還應理釣絲。獨有袁安疑作宏。（校點者按：汲古閣本金荃集正作「袁宏」。）正一作易。顚頷，袁宏傳：宏字彥伯。謝仁祖鎭牛渚，秋夜乘月，與左右微服渡江。會宏在舫中諷詠，聲旣淸會，辭又藻拔，遂駐聽久之，遣問焉。答云：「是袁臨汝郎誦詩。」屈原漁父：顏色顚頷。一尊惆悵落花時。宋玉九辨：惆悵兮而私自憐。

遊南塘寄王知白

白鳥梳翎立岸莎，藻花菱刺泛微波。埤雅：藻，水草。生水底，橫陳於水，若自澡濯然。烟光似帶侵垂柳，露點如珠落卷荷。楚水曉一作晚。涼催客早，杜陵秋思傍蟬多。鐺公不信歸心切，聽取江樓一曲歌。

寄盧生

遺業荒涼近故都，門前隄路枕平湖。綠楊陰裏千家月，紅藕香中萬點珠。此地別來雙鬢改，幾時歸去片帆孤。他年猶擬金貂換，晉書：阮孚嘗以金貂換酒。寄語黃公舊酒壚。世說：王濬沖爲尚書令，乘軺車往黃公酒壚下過，顧謂後車客：「吾昔酣飲此壚，竹林之遊，亦預其末。自嵇生夭，阮公亡，便爲時所羈紲，今日視此雖近，邈若山河。」

春日訪李十四處士

花深橋轉水潺潺，甪里先生自閉關。詳見卷五。看竹已知行處好，王徽之傳：吳中一士大夫家有好竹，欲觀之，徽之坐輿造竹下，諷嘯良久。主人灑埽請坐，徽之不顧，將出，主人乃閉門。徽之以此賞之，盡歡而去。望雲空一作定。得暫時閒。補：新唐書：狄仁傑登太行山，反顧見白雲孤飛，謂左右曰：「吾親舍其下。」瞻悵久之，雲移乃得去。誰言有策堪經世？自是無錢可買山。高僧傳：支道林遣人問深公買印山，深公曰：「未聞巢由買山而隱。」一局殘棋千點雨，魏志：王粲觀人圍棋，局壞，粲爲復之。棋者不信，以帕蓋局，使更以他局爲之，用相比校，不誤一道。綠萍池上暮方還。

宿松門寺

白石青崖世界分，卷簾孤坐對氛一作氤。氳。林間禪室春深雪，潭上龍堂夜半雲。楚辭：魚鱗屋兮龍堂。王逸注：言河伯所居以魚鱗蓋屋，堂畫蛟龍之文也。落日荒一作月蒼。涼登閣在，一作遠。曉鐘搖蕩隔牆一作江。聞。西山舊是經行地，嗣立案：付法藏經：迦葉語婦：「我若眠息，汝當經行；汝若眠息，我當經行。」願漱寒瓶逐一作在。領軍。寄歸傳：梵云軍持，此云瓶常貯水，隨身淨手。

詠寒宵

寒宵何耿耿，良讌有餘姿。寶袜裴回處，補：隋煬帝詩：寶袜楚宮腰。袜、襪同。熏鑪悵望時。熏鑪見卷一。補：江淹擬怨別：悵望陽雲臺。曲瓊垂翡翠，補：宋玉招魂：砥室翠翹，絓曲瓊些。注：曲瓊，玉鉤也。斜月到罘罳。嗣立案：緗素雜記：唐蘇鶚演義：罘罳，織絲爲之，輕疎浮虚，象羅網交文之狀，蓋宮殿檐戶之間。委墜金釭燼，補：西都賦：金釭銜璧。闌珊玉局棋。李商隱詩：玉局敗棋收。話窮猶注睇，歌罷尚持頤。晻曖遙相屬，一作囑。氛氳一作絪縕。積所思。秦娥卷衣一作簾。晚，見卷一。胡雁度雲遲。上郡歸來夢，那知錦字詩。見卷一。

寄渚宮遺民弘里生

柳弱湖隄曲，籬疎水巷深。酒闌初促席，補：沈君攸詩：班荆促席對芳林。歌罷欲分襟。羅鄴詩：折柳分襟十載餘。波一作坡。月欺華燭，何遜詩：華燭帳前明。江一作汀。雲潤故琴。杜甫詩：江雲何夜盡？鏡清花共葉，一作並蒂。牀冷簟連心。荷疊平橋闇，一作闊。萍稀敗舫沈。城頭五更一作通。鼓，補：大唐新語：舊制：京城內金吾曉暝傳呼，以戒行者。馬周獻封章，始置街鼓，俗號鼕鼕鼓，公私便焉。杜甫詩：五更鼓角聲悲壯。窗外萬家碪。李白詩：萬戶擣衣碪。異縣魚投浪，古樂府飲馬長城窟行：他鄉各異縣，展轉不相見。又：客從遠方來，遺我雙鯉魚。呼兒烹鯉魚，中有尺素書。當年鳥共林。補：晉王瓚詩：人情懷舊鄉，客鳥思故林。八行香一作書。未滅，一作減。嗣立案：馬融與竇伯向書：孟陵奴來，賜書，見手跡，歡喜何量，次於面也。書雖兩紙，紙八行，行七字。千里歎一作夢。難尋。嗣立案：陸機爲顧彥先贈婦詩：東南有思婦，長歎充幽闥。借問歎何爲？佳人眇天末。未肯睽良願，空期一作知。嗣好音。他時詠懷一作因詠。作，阮籍有詠懷詩。猶得比南金。詩：元龜象齒，大賂南金。張載擬四愁詩：何以報之雙南金。

春盡與友人入裴氏林探一作采。漁竿

一徑互紆直，茅棘亦已繁。晴陽入荒竹，曖曖如春園。倚杖息慙一作憩。倦，裴回戀微喧。歷尋嬋娟節，補：左思吳都賦：檀欒嬋娟，玉潤碧鮮。翦破蒼筤根。易：震爲雷，爲蒼筤竹。補：漢外戚傳：童謠曰：「木門倉琅根。」倉琅根，宮門銅鍰也。地閉一作閑。修莖孤，林振餘籜翻。謝靈運詩：初篁苞綠籜。注：籜，竹皮也。適心在所好，非必尋湘沅。補：離騷：濟沅湘以南征兮。注：沅、湘，水名也。

春日

問君何所思，迢遞豔陽時。門靜人歸晚，牆高蝶過遲。一雙青瑣燕，千萬綠楊絲。屛上吳山遠，樓中朔管悲。寶書無寄處，補：道學傳：夏禹撰眞靈之玄要，集天官之寶書。江淹擬休上人怨別：寶書爲君掩。香轂有來期。草色將林彩，一作影。補：江淹擬張司空離情：庭樹發紅彩，閨草含碧滋。相添一作將。入黛眉。陰鏗詩：眉含黛欲斂。

洛陽 唐地理志：河南府有洛陽縣，神龍二年，更洛陽曰永昌，唐隆二年，復故名。

鞏樹先春雪滿枝，世系圖：洛陽，周鞏伯封邑。上陽宮柳囀黃鸝。王維詩：陰陰夏木囀黃鸝。桓譚未便忘西笑，桓譚新論：關東俚語：「人聞長安樂，則西向而笑。」豈爲長安有鳳池。

題賀知章故居疊韻作 越志：賀知章宅在會稽城東一十五里，名賀家池。

廢砌翳薜荔，離騷：貫薜荔之落蕊。王逸注：薜荔，香草也。緣木而生。枯湖無菰蒲。老媪寶槀草，補：戰國策：觸讋對趙太后曰：「老臣竊以爲媪之愛燕后，賢於長安君。」高誘注：媪，女老稱。愚儒輸逋租。

雨中與李先生期垂釣，先後相失，因作疊韻

隔石覓屐跡，西溪迷雞啼。小鳥擾曉沼，犂泥齊低畦。

溫飛卿集外詩卷第九

長洲 顧嗣立(俠君)續注

春日雨 一作細雨。○以下見文苑英華。

細雨濛濛入絳紗，何遜杏花詩：麗色明珠箔，餘香襲絳紗。灃湖一作湖亭。寒食孟珠家。丹陽孟珠歌：陽春二三月，草與水同色。攀條摘香花，言是歡氣息。南朝漫自稱流品，宮體何曾爲杏花？南史徐摛傳：摛文體既別，春坊盡學之，宮體之號，自斯而始。

細雨

憑軒望秋雨，涼入暑衣清。極目鳥頻沒，片時雲復輕。沼萍開更斂，山葉動還鳴。楚客秋江上，蕭蕭故國情。

秋雨

雲滿鳥行滅，池涼龍氣腥。斜飄看棋簟，疎灑望山亭。細響鳴林葉，圓文破沼萍。秋陰杳無際，平野但冥冥。

春初對暮雨

淅瀝生叢篠，空濛泫網軒。暝姿看遠樹，春意入塵疑作陳。（校點者按：全唐詩一作「陳」）根。鄭玄毛詩箋：陳根可拔。點細飄風急，聲輕入夜繁。雀喧爭槿樹，謝靈運田南樹園激流植援詩：插槿當列墉。人靜出蔬園。瓦溼光先起，房深景易昏。不應江上草，相與滯王孫。見卷二。

雪二首

硯水池先凍，窗風酒易消。鴉聲出山郭，人迹過村橋。稍急方縈轉，才深未寂寥。細光穿暗隙，輕白駐寒條。草靜封還拆，松欹墮復搖。謝莊今病眼，無意坐通宵。南史謝莊傳：與大司馬江夏王義恭牋，自陳眼患，五月來不復得夜坐，恆閉帷避風。

羸驂出更慵，林寺已疎鐘。蹋緊寒聲澀，飛交細點重。圃斜人過跡，階靜鳥行蹤。寂莫梁鴻病，誰人代夜舂？後漢逸民傳：梁鴻至吳，依大家皋伯通，居廡下，爲人賃舂。

宿友人池　一作送人遊淮海。

背牆燈色一作影。暗，宿客夢初成。半夜竹窗雨，滿池荷葉聲。簟涼秋閣思，木落故山情。明發又愁起，桂花溪水清。

原隰荑綠柳　此省試題也。文苑英華注云：集中無此詩。

迴野韶光早，晴川柳滿一作映柳。隄。拂塵生嫩綠，披雪見柔荑。詩：手如柔荑。碧玉牙猶短，黃金縷未齊。腰支弄寒吹，眉意入春閨。柳腰柳眉注并見下。預恐狂夫折，詩：折柳樊圃，狂夫瞿瞿。迎牽逸客迷。新鶯將出谷，應借一枝棲。見卷四。

宿秦生　疑作僧。（校點者按：全唐詩一作「僧」）山齋

衡巫路不同，顏延之詩：江漢分楚望，衡巫奠南服。注：衡、巫二山名。結室在東峯。歲晚得支遁，夜寒逢戴顒。并見四卷。龕燈落葉寺，山雪隔林鐘。行解一作行李，又一作戒行。無由發，曹溪欲施舂。注見下。

贈楚雲上人

松根滿苔石，盡日閉禪關。有伴年年月，無家處處山。烟波五湖遠，瓶屨一身閑。見卷

八。岳寺蕙蘭晚，幾時幽鳥還？

宿白蓋峯寺寄僧

山房霜氣晴，一作淸。一宿遂平生。閣上見林影，月中聞澗聲。佛燈銷永夜，僧磬徹寒更。不學何居士，焚香爲宦情。晉何充傳：充與弟準俱崇信釋氏，謝萬譏之曰：「二郄諂於道，二何佞於佛。」詳卷四。

送僧東遊

師歸舊山去，此別已悽然。燈影秋江寺，篷聲夜雨船。鷗飛吳市外，漢梅福傳：變姓名爲吳市門卒。麟臥晉陵前。宋州郡志：南徐州刺史領晉陵太守。吳時分吳郡無錫以西爲毘陵，晉東海王越世子名毘，永嘉五年，帝改爲晉陵。若到東林社，誰人更問禪？見卷七。

盤石寺留別成公

槲葉蕭蕭帶葦風，寺前歸客一作路。別支公。見卷四。三秋岸雪花初白，格物叢話：蘆，葦之未秀者也。有節如竹，至末抽頭，頭上生花，花色白，或謂之荻花，卽此。晉時謠云：「官家養蘆花成荻。」一夜林霜葉盡紅。山疊楚天雲壓塞，浪遙吳苑水連空。見卷一。悠然旅榜頻回首，曹植朔風詩：誰忘汎舟，媿無榜人。張揖漢書注：榜人，船長也。無復松窗半偈同。南史：陶弘景好松風，庭院皆種松，聞其響，欣然爲樂。詳卷四。

訪知玄上人，遇暴經，因有贈

稽古略：知玄姓陳氏，咸通四年，制署號悟達國師。

縹帙無塵滿畫廊，見卷六。鍾山弟子靜焚香。惠能未肯傳心法，李舟能大師傳：五祖弘忍告之曰：「汝緣在南方，宜往教授，持此袈裟以爲法信。」一夕南逝。公滅度後，諸弟子求衣不獲，始相謂曰：「此非盧行者所得邪？」使人追之，已去。寶林傳：能大師傳法衣處，在曹溪寶林寺。張湛徒勞與眼方。晉書：范甯常苦目痛，就張湛求方。湛書損讀書、減思慮、專內觀、簡外事、旦起晚、夜早眠六事。風颺檀烟銷篆印，日移松影過禪牀。客兒自有翻經處，客兒，謝靈運小字。詳卷四。廬山記：謝靈運一見遠公，肅然心服，乃卽寺翻涅槃經，名其臺曰翻經臺。江上秋來蕙草荒。

寄崔先生

往年江海別元卿，見卷四。家近山陽古郡城。蓮浦一作沼。香中離席散，柳隄風裏釣船橫。星霜荏苒無音信，烟水微茫變姓名。史記越世家：范蠡浮海出齊，變姓名爲鴟夷子皮。菰黍正肥魚正美，西京雜記：菰之有米者，長安人謂爲彫胡。五侯門下負平生。西京雜記：五侯不相能，賓客不得往來。婁護豐辯，傳食五侯間，各得其歡心，競致奇膳。護乃合以爲鯖，世稱五侯鯖，以爲奇味焉。

敬答李先生

七里灘聲舜廟前，顧野王輿地志：七里瀨在東陽江下，與嚴陵瀨相接，有嚴山。桐廬縣南有嚴子陵漁釣處，今山邊有石，上平，可坐十人，臨水名爲嚴陵釣壇也。括地志：越州餘姚縣有歷山舜井。杏花初盛草芊芊。綠昏晴氣春風岸，紅漾輕輪野水天。不爲傷離成極望，更因行樂惜流年。一瓢無事麛裘暖，見論語。手弄溪波坐釣船。

宿澧曲僧一作精。舍

東郊和氣新，芳靄遠如塵。客舍一作路。停疲馬，僧牆畫故人。沃田桑葉一作景。晚，平野菜花春。更想嚴家瀨，微風蕩白蘋。

宿一公精舍

方伎傳：僧一行姓張氏，先名遂，魏州昌樂人。初，一行訪師至天台山國濟寺，見一院古松十數，門有流水。一行立于門屏間，聞院僧于庭布算聲，而謂其徒曰：「今日當有弟子自遠求吾算法，到門豈無人導達也！」一行承其言而趨入，稽首請法，盡授其術焉。

夜闌黃葉寺，瓶錫兩俱能。釋氏要覽：游行僧爲飛錫，安住僧爲挂錫。詳卷八。松下石橋路，一作雨。宋之問詩：待入天台路，看余渡石橋。注：天台赤城山高八千丈，上有石橋，廣不盈尺，下臨萬丈深澗。雨一作山。中山一作佛。殿燈。茶爐天姥客，謝靈運詩：暝投剡中宿，明登天姥岑。寰宇記：天姥山在剡縣南八十里。元和郡國志：天姥山與括蒼山相連，石壁上有字，科斗形，高不可識。春月，樵者聞簫鼓笳吹之聲。棋席剡溪僧。道源李義山詩注：晉法潛隱會稽剡山，或問其勝友爲誰，指松曰：「此蒼髯叟也。」還笑長門賦，見卷六。高秋臥茂陵。見卷五。

月中宿雲居寺上方

虛閣披衣坐，寒階躡葉行。衆星中夜少，圓月上方明。靄盡無林色，喧餘有澗聲。祇因愁恨事，還逐曉光生。

題中南佛塔寺 一作院。

鳴泉隔翠微，千里到柴扉。地勝人無慾，林昏虎有威。澗苔侵客屨，山雪入禪衣。桂樹芳陰在，還期歲晏歸。

馬嵬佛寺

李肇國史補：玄宗幸蜀，至馬嵬驛，縊貴妃于佛堂梨樹之前。

荒雞夜唱戰塵深，五鼓雕輿過上林。才信傾城是眞語，李延年歌：北方有佳人，絕世而獨立。一顧傾人城，再顧傾人國。傾城復傾國，佳人難再得。般若經：如來是眞語者，實語者。直教塗地始甘心。潘岳關中詩：肝腦塗地。注：漢書：一敗塗地。屈原傳：不願得地，願得張儀而甘心焉。兩重秦苑成千里，兩京新記：開元二十年，築夾城入芙蓉園。自大明宮夾亘羅城複道，經通化門觀以達興慶宮，次經春明、延喜門至曲江芙蓉園，而外人不知也。張禮遊城南記：芙蓉園與杏園皆秦宜春、下苑之地，唐之南苑也。一炷胡香抵一作直。萬金。庾信銘：胡香四兩。十洲記：武帝幸安定，西胡月支國主遣使獻香四兩，大如雀卵，黑如桑椹，香氣聞數百里，死者在地，聞香氣乃却活。後元元年，長安城內病者數百，亡者大半。帝試取月支神香燒之於城內，其死未三月者皆活。杜甫詩：家書抵萬金。曼倩死來無絕藝，後人誰肯惜青禽？一作翠。原注：司馬相如傳注：青禽，古神女也。漢武故事：七月七日，上於承華殿齋。正中，忽有一青鳥從西方來，集殿前，東方朔曰：「此王母欲來也。」有頃，王母至。

清涼寺

黃花紅樹謝芳蹊，宮殿參差黛巘西。詩閣曉窗藏雪嶺，畫堂秋水接藍溪。見卷四。松飄晚吹一作翠。摐金鐸，楊衒之伽藍記：永寧寺有九層浮屠，刹上有金寶瓶，寶瓶有承露金盤，周帀皆垂金鐸。高風永夜，寶鐸和鳴，鏗鏘之聲，聞及十餘里。竹蔭寒苔上石梯。妙迹奇名竟何在？下方烟暝草萋萋。

贈盧長史

移病欲成隱，漢公孫弘傳：弘乃移病免歸。扁舟歸舊居。地深新事少，官散故交疎。道直更無侶，家貧惟有書。東門烟水夢，非獨爲鱸魚。見卷四。

秋日旅舍寄義山李侍御

舊唐書：李商隱字義山，懷州河內人。

一水悠悠隔渭城，見卷四。渭城風物近柴荆。寒蛩乍響催機杼，崔豹古今注：蟋蟀，一名吟蛩，一名蛩秋，初生得寒則鳴。又：莎雞，名催織，一名絡緯。催織謂鳴聲如急織，絡緯謂其鳴聲如紡績也。旅雁初來憶弟兄。王制：兄之齒，雁行。自爲林泉牽曉一作好。夢，不關砧杵報秋聲。子虛何處堪消渴？西京雜記：司馬相如素有消渴疾。注詳下。試向文園問長卿。見卷六。

晚坐寄友人

九枝燈在瑣窗空，王筠燈檠傳：百花曜九枝。漢武內傳：西王母至日，掃除宮內，燃九光之燈。鮑照詩：玉鉤隔瑣窗。希逸無聊恨不同。沈約宋書：謝莊字希逸，其月賦云：「悄焉疚懷，不怡中夜。」曉夢未離金夾膝，陸龜蒙集有以竹夾膝寄襲美詩。早寒先到石屏風。西京雜記：魏王子且渠冢有石牀，廣六尺，長一丈，石屏風。遺簪可惜三秋白，見卷六。蠟燭猶殘一寸紅。應卷鰕簾看皓齒，王隱交廣記：或語廣州刺史滕修，鰕須長一丈，修不信。其人後故至東海，取鰕須長四丈四尺，封以示修，修乃服。鏡中惆悵見梧桐。

送渤海王子歸本國

疆理雖重海，左傳：賓媚人對晉曰：「先王疆理天下。」車書本一家。庾信賦：混一車書。盛勳歸舊國，佳句在中華。定界分秋漲，新書吐蕃傳：宰相裴光庭聽以赤嶺爲界，表以大碑，刻約其上。開帆到曙霞。九門風月好，回首是天涯。

送北陽袁明府

楚鄉千里路，君去及良辰。葦浦迎船火，茶山候吏塵。桑濃蠶臥晚，梁簡文帝詩：薄晚畏蠶飢，競采春桑葉。麥秀雉聲春。潘岳射雉賦：麥漸漸以擢芒，雉鷕鷕而朝雊。莫作東籬興，陶潛詩：采菊東籬下，悠然見南山。青雲有故人。顏延之詩：仲容青雲器。

送李生歸舊居

一從征戰後，故社幾人歸？薄宦離山久，高譚與世稀。夕陽當板檻，春日入柴扉。莫却嚴灘意，西溪有釣磯。

早春滻水送友人

桑欽水經：滻水出京兆藍田谷，北入于灞。

青門烟野外，青門，長安城東門名也。渡滻送行人。見卷六。鴨臥溪沙暖，鳩鳴社樹春。殘一作淺。波淸有石，幽草綠無塵。楊柳東風裏，相看淚滿巾。

送襄州李中丞赴從事

唐地理志：襄州，隋襄陽郡。武德四年，改爲襄州。天寶元年，改爲襄陽郡。乾元元年，復爲襄州。上元二年，置襄州節度使，領襄、鄧、均、房、金、商等州。

漢庭文采有相如，天子通宵愛子虛。漢書：司馬相如遊梁，乃著子虛賦。後蜀人楊得意爲狗監，侍上，上讀子虛賦，曰：「朕獨不得與此人同時哉！」把釣看棋高興盡，焚香起草宦情疏。漢官儀：尚書郎主作文書起草，晝夜更直，五日於建禮門內。楚山重疊當歸路，溪月分明到直廬。江雨蕭蕭帆一片，此行誰道爲一作憶。鱸魚？

江上別友人

秋色滿葭菼，詩：葭菼揭揭。離人西復東。張籍樂府：遊人別，一東復一西。幾年方暫見，一笑又難同。地勢蕭陵歇，江聲禹廟空。後漢郡國志：會稽山在南，上有禹冢，有浙江。注：郭璞注山海經曰：江出歙縣玉山。又：餘暨縣注：魏都賦注：有蕭山，潛水出焉。如何暮灘上，千里逐離鴻？

與友人別

半醉別都門，含悽上古原。晚風楊葉社，南史：周將獨孤盛領水軍趨巴、湘，太尉侯瑱自尋陽禦之，襲破盛於楊葉洲。寒食杏花村。案：杏花村在池州府秀山門外。薄暮牽離緒，傷春憶晤言。年芳本無限，何況有蘭蓀。

鴻臚寺有開元中錫宴堂樓臺池沼，雅爲勝絕，荒涼遺址，僅有存者，偶成四十韻

舊唐書職官志：鴻臚寺，周曰大行人，秦曰典客，景帝曰大行，武帝曰大鴻臚。梁置十二卿，鴻臚爲冬卿，去大字署爲寺。後周曰賓部，隋曰鴻臚寺。龍朔改爲同文寺，光宅曰司賓寺，神龍復也。

明皇昔御極，玄宗本紀：上元二年，崩于神龍殿。羣臣上謚曰至道大聖大明孝皇帝，廟號玄宗。神聖垂耿光。書：以覲文王之耿光。沈機發雷電，魏文帝樂府：發機若雷電，一發連四五。逸躅陵堯湯。西覃積石山，禹貢：導河積石，至于龍門。北至窮髮鄉。顧啓期婁地記：浪山，海中南極之觀嶺，窮髮之人舉帆揚越，以

爲標的。四凶有獬廌，左傳：季文子使太史克對曰：「堯崩而天下如一，同心戴舜以爲天子，以其舉十六相，去四凶也。」漢官儀：獬廌性觸不直，故執憲者以其角形爲冠。一臂無螳蜋。莊子：螳蜋之怒，臂以當車轍。嬋娟得神豔，楊貴妃傳：武惠妃薨，後宮數千，無可意者。或奏玄琰女姿色冠代，召見，時妃衣道士服，號曰太眞。玄宗大悅。不數月，禮遇如惠妃。太眞姿質豐豔，每倩盼承迎，動移上意。郁烈聞國香。左傳：鄭穆公曰：「蘭爲國香，人服媚之如是。」紫條鳴羯鼓，文獻通考：羯鼓，龜茲、高昌、疏勒、天竺部之樂也。狀如漆桶，下承以牙牀，用兩杖擊之，其聲噍殺鳴烈。南卓羯鼓錄：明皇遊別殿，柳杏將吐，歎曰：「對此景物，不可不與判斷之。」呼高力士取羯鼓，上縱擊一曲，名春光好。回顧梅杏皆發，笑曰：「不謂我作天公，可乎？」玉管吹霓裳。幽怪錄：開元十八年正月望日，帝謂葉法善曰：「今夕何處最麗？」對曰：「廣陵。」帝曰：「何術以觀之？」葉遂化虹橋，起殿前，闌闌若晝。帝步而上，太眞、高力士及樂官數人從行。頃至廣陵寺觀，陳設之盛，光灼基殿，士女鮮麗，仰面曰：「仙人見雲中。」帝敕伶官奏霓裳一曲。數日，廣陵奏至。祿山未封侯，舊唐書：安祿山，營州柳城雜種胡人，名軋犖山。林甫才爲郎。新唐書：李林甫，平肅王叔良曾孫。初爲千牛直長，舅姜皎愛之。開元初，遷太子中允。源乾曜執政，與皎爲姻家，而乾曜子潔爲林甫求司門郎中。又：時宰相李林甫嫉儒臣以戰功進，尊寵間己，乃請顓用蕃將。帝寵祿山益牢，卒亂天下，林甫啓之也。昭融廓日月，詩：昭明有融。妥貼安紀綱。書：亂其紀綱。羣生到壽域，漢王吉傳：疏曰：躋之仁壽之域。百辟趨明堂。禮記：昔者周公朝諸侯于明堂之位。四海正夸宴，陸倕新刻漏銘：河海夸宴。一塵不飛揚。漢終軍傳：邊境時有風塵之警。天子自遊一作悅。豫，見孟子。侍臣宜樂康。屈原九歌：君欣欣兮樂康。軋然閶闔開，西京賦：表嶢闕于閶闔。薛綜曰：紫微宮門曰閶闔。赤日生扶桑。王充論衡：日出扶桑，暮入細柳。東方朔十洲記：扶桑在碧海中，樹長數千里，一千餘圍，兩兩同根，更相依倚，故曰扶桑。玉砌露盤紆，見卷三。金壺漏丁當。李白烏棲曲：金壺丁丁漏水多。劍佩相擊觸，左右隨趨鏘。玄珠十二旒，禮記：天子玉藻，十有二旒。紅粉三千行。漢武故事：上起明光宮，發燕、趙美人三千人充之。盼睞生羽翼，古詩：盼睞以適意。西京賦：所好生毛羽。叱一作咄。嗟回雪霜。戰國策：周烈王崩，諸侯皆弔，齊後往。周怒，赴於齊。威王勃然怒曰：「叱嗟！而母婢也。」神霞凌雲閣，南部新書：驪山朝元閣在山嶺之上，最爲嶄絶。春水驪山陽。雍錄：驪山溫泉，秦、漢、隋、唐皆常遊幸，惟玄宗特侈宮殿，包裹一山，而繚牆周徧其外。詳見下。盤鬬九子糉，開元遺事：開元宮中，端午造粉團角黍，貯盤中，以小角弓射之，中者得食。樂苑：月節折楊柳歌其五月歌云：菰生四五尺，素身爲誰珍？盛年將可惜，折楊柳。作得九子糉，相思勞歡手。甌擎五雲漿。太平廣記：裴航遇雲翹夫人，與詩云：「一飲瓊漿百感生，玄霜擣盡見雲英。藍橋便是神仙窟，何必崎嶇上玉京。」後經藍橋，渴過一舍，見有老嫗，揖之求漿。嫗令雲英檠一甌漿飲之，卽美女也。郭子横洞冥記：五雲國有吉事，雲起，五色著于草，成五色雲。庾信溫湯碑序：其色變者，通爲五雲之漿。雙瓊京兆博，一作卜。鮑容博經：所擲頭謂之瓊，瓊有五采。刻爲一畫者謂之塞，刻爲兩畫者謂之白，刻爲三畫者謂之黑，一邊不刻者五，塞之間謂之五塞。漢陳遵傳：祖父遂，宣帝微時與有故，相隨博弈，數負進。及宣帝卽位，稍遷至太原太守，廼賜遂璽書曰：「官尊祿厚，可以償博進矣。」元帝時，徵遂爲京兆尹。七鼓邯鄲倡。儀衞志：晝漏上五刻，駕發。前發七刻，擊一鼓爲一嚴。前五刻，擊二鼓爲再嚴。前二刻，三鼓爲三嚴。諸衞各督其隊以次入陣。古樂府相逢狹路間：堂上置尊酒，使作邯鄲倡。毰毸碧雞鬬，陳鴻祖東城老父傳：玄宗即位，治雞坊于兩宮間，索長安雄雞金毫鐵距、高冠昂尾千數，養于雞坊。選六軍小兒五百人，使馴擾教飼。諸王、外戚、貴主、侯家，傾帑破產，市雞以償雞直。都中男女，以弄雞爲事。龍葱翠雉場。見卷一。仗官繡蔽膝，隋書：朝服，冠、幘各一，絳紗單衣，白紗中單，皁領袖，皁襈，革帶，曲領，方心，蔽膝，白筆、舄、襪，兩綬，劍佩，簪導，鉤䚢，爲具服。七品以上服也。寶馬金鏤鍚。明皇雜錄：上嘗令教舞馬四百匹，各分左右部，目爲某家寵，某家驕。時塞外以善馬來貢者，上俾之教習，無不曲盡其妙。因命衣以文繡，絡以金鈴，飾其鬉鬣，間以珠玉。其曲謂之傾杯樂者數十回，奮首鼓尾，縱橫應節。安祿山亂，馬散落人間，田承嗣得之。一日軍中大饗，馬聞樂而舞，承嗣以爲妖而殺之。詩：鉤膺鏤鍚。注：馬眉上飾曰鍚。椒塗隔鸚鵡，晉石崇傳：崇塗屋以椒。譚賓錄：天寶中，嶺南獻白鸚鵡，養之宮中，歲久頗聰慧，洞曉言詞。上及貴妃皆呼爲雪衣女。性既馴擾，常縱其飲啄飛鳴，然不離屏帷間。上每與嬪妃及諸王博戲，上稍不勝，左右乃呼雪衣女，必飛局中鼓翼以亂之。柘彈驚鴛鴦。南部烟花記：陳宮人喜于春林放柘彈。車轂詩：柘彈落金丸。猗歟華國臣，國語：季文子曰：「吾聞以德榮爲國華。」鬢髮俱蒼蒼。錫宴得佳致，車從眞煒煌。舊唐書：天寶十三載三月丙午，御躍龍殿門，張樂，宴羣臣，賜右相絹一千五百匹，綵羅三百匹、綵綾五百匹，左相絹三百匹、綵羅綾各五十匹，極歡而罷。畫鷁照魚鼈，淮南子：龍舟鷁首。詳卷二。鳴騶亂鶖鶬。孔稚圭北山移文：鳴騶入谷。杜甫同谷縣作歌：東飛鴐鵝後鶖鶬。颭灩蕩碧波，炫煌迷一作逮。橫塘。見卷二。縈盈舞回雪，見卷一。宛轉歌遶梁。杜佑通典：周衰，有韓娥東之齊，至雍門，匱糧，鬻歌假食。既而去，餘音繞梁，三日而不絕。○明皇雜錄：玄宗製新曲四十餘，又新製樂譜。每初年望夜，御勤政樓觀燈作樂，貴臣戚里看樓觀望。夜闌，太常樂府縣散樂畢，即遣宮女于樓前縛架出眺歌舞以娛之。　豔帶畫銀絡，明皇雜錄：上自解紅玉帶賜寧王。又：上以紫金帶賜岐王，蓋昔高宗破高麗所得。典略：魏文帝常賜劉楨廓落帶。　寶梳金鈿筐。西京雜記：漢元后在家，嘗有白燕銜石大如指，墮后績筐中。后取之，石自剖爲二，其中有文曰「母天后地」。乃合之，遂復還合。及爲后，嘗置璽笥中。　沈冥類漢相，漢曹參傳：參代何爲相國，日夜飲酒。卿大夫以下吏及賓客見參不事事，來者皆欲有言。至者，參輒飲以醇酒，度之欲有言，復飲，酒醉而後去，終莫得關說，以爲常。　醉倒疑楚狂。見論語。○案：舊唐書：天寶元年八月，李適之爲左丞相。五載四月，罷政，賦詩云：「避賢初罷相，樂聖且銜杯。爲問門前客，今朝幾箇來？」二句蓋指此也。　一旦紫微東，見卷四。　胡星森耀芒。天官書：昴曰髦頭，胡星也。　憑陵逐鯨鯢，左傳：王子伯駢告于晉曰：「憑陵我城郭。」又：楚子曰：「古者明王伐不敬，取其鯨鯢而封之。」　唐突驅犬羊。世說：周伯仁曰：「何乃刻畫無鹽，唐突西子也。」子夜歌：小喜多唐突，相憐能幾時？　縱火三月赤，漢項羽傳：羽屠咸陽，燒其宮室，火三月不滅。　戰塵千里黃。常建詩：戰餘落日黃。　殽函與府寺，賈誼過秦論：秦孝公據殽、函之固。徐堅初學記：施于府寺曰朝晡鼓。　從此俱荒涼。　茲地乃蔓草，故基摧一作唯。壞牆。　枯池接斷岸，唧唧啼寒螿。謝惠連擣衣詩：烈烈寒螿啼。許慎淮南子注：寒螿，蟬屬也。　敗荷塲作泥，死竹森如槍。　遊人問老吏，相對聊感傷。　豈必見麋鹿，漢伍被傳：被曰：「昔子胥諫吳王，吳王不用，乃曰：『臣今見麋鹿遊姑蘇之臺也。』」然後堪回腸。　司馬遷報任安書：是以腸一日而九回。　幸今遇太平，令節稱羽觴。　誰知曲江隝，一作上。康駢劇談錄：曲江，開元中疏鑿爲勝境。其南有紫雲樓、芙蓉苑，其西有杏園、慈恩寺。花卉環周，烟水明媚。都人遊賞，盛于中和、上巳之節。歲歲棲鸞皇。

華清宮和杜舍人（校點者按：此詩全唐詩作張祜詩）華清宮見卷六。舊唐書：杜牧字牧之，太和二年擢進士第。累官膳部、比部員外郎，出牧黄、池、睦三郡，遷司勳員外郎、史館修撰。又授湖州刺史，遷中書舍人，卒。

五十年天子，玄宗紀：詔曰：「聿來四紀，人亦小康。」離宮舊粉一作仰傾。牆。案：唐書有宮在驪山，貞觀十八年置，咸亨二年始名溫泉宮，天寶六載改今名，故云「離宮舊粉牆」也。西都賦：離宮別館，三十六所。登封時正泰，玄宗紀：開元十三年封泰山，上還齋宮，慶雲見。漢郊祀志：天子獨與子侯上泰山，亦有封，遂改元元封。御宇日初一作何。長。沈約詩：秦皇御宇宙。上位先名實，見孟子。中興事憲章。見中庸。舉一作起。戎輕甲冑，書：惟甲冑起戎。餘地取河湟。舊唐書吐蕃傳：湟水出蒙谷，抵龍泉，與河合。河之上流，繇洪濟梁西南行二千里，世舉爲西戎。道帝玄元祖，新唐書：天寶八載，加上玄元皇帝號曰聖祖大道玄元皇帝，增祖宗帝后謚。儒封孔子王。通鑑：開元二十七年，追封孔子爲文宣王。因緣百司署，叢會一人湯。鄭嵎津陽門詩注：驪山華清宮內除供奉兩湯池，內外更有湯十六所。長湯每賜諸嬪御，其修廣與諸湯不侔。甃以文瑤密石，中央有玉蓮花捧湯泉，噴以成池，又縫綴錦繡爲鳧雁，置于水中。上時汎鈒鏤小舟以嬉遊焉。次西曰太子湯，又次西少陽湯，又次西尙食湯，又次西宜春湯，又次西長湯十六所。今惟太子、少陽二湯存焉。明皇雜錄：上于華清宮新廣一湯，制度弘麗。安祿山以白玉石爲魚龍、鳧雁，仍爲石梁及石蓮花以獻。雕鐫巧妙，殆非人工。上大悅，命陳于湯中，仍以石梁橫亘湯上，而蓮花纔出水際。六帖：李適賜浴溫湯，給香粉蘭澤。安祿山事迹：祿山至溫泉，賜浴將士，幷賜浴賜食賜錢。渭水波搖綠，秦山一作郊。草半黃。馬頭開夜照，一作馬馴金勒細。明皇雜錄：上所乘馬有玉花驄、照夜白。杜甫曹將軍畫馬圖詩：曾貌先帝照夜白。鷹眼利星芒。一作鷹健玉鈴鏘。春秋運斗樞：瑤光星散爲鷹。詳卷六。下箭朱弓滿，張華博物志：徐偃王得朱弓矢，以已得天瑞。鳴鞭皓腕攘。明皇雜錄：上幸華清宮，貴妃姊妹各購名馬，以黃金爲銜勒。又：虢國夫人出入禁中，常乘紫驄，使小黃門爲御。紫驄之俊健，黃門之端秀，皆冠絕一時。畋思獲呂望，見卷五。諫祗避周昌。漢周昌傳：周昌者，沛人也。爲人彊力，敢直言。自蕭、曹等皆卑下之。兔迹貪前逐，埤雅：兔足前卑後踞，其形俛。梟心不早防。埤雅：舊說，梟性食母始飛。幾添鸚鵡勸，嶺表錄異：鸚鵡螺旋尖處屈而朱，如鸚鵡觜，故以名。殼裝爲酒杯，奇而可玩。梁簡文帝答張纘書：車渠屢酌，鸚鵡驟傾。頻一作先。賜荔支嘗。樂史外傳：十四載六月一日，貴妃生日，于長生殿奏新曲，會南海進荔支，因以曲名荔支香。十五載六月，上幸巴、蜀，貴妃從至馬嵬，縊于佛堂前之梨樹下。纔絕，而南方進荔支至，上覩之，長號數息，使力士曰：「與我祭之。」新唐書：妃嗜荔支，必欲生致之，乃置騎傳送，走數千里，味未變已至京師。月鎖千門靜，天高一作吹。一笛涼。連昌宮辭注：明皇遊上陽宮，夜新翻一曲。明夕正月十五日，潛遊，忽聞酒樓上有笛奏前夕所翻曲，大駭之。密捕笛者，詰之，自云其夕于天津橋上玩月，聞宮中奏曲，愛其聲，遂以爪畫譜記之。即長安少年李謩也。

細音搖翠一作羽。佩，明皇雜錄：天寶中，上命宮人數百人爲梨園弟子，皆居宜春北苑。上素曉音律，時有馬仙期、李龜年、賀懷智皆洞曉音度。安祿山從范陽入覲，亦獻白玉簫管數百事，皆陳于梨園，自是音響遂不類人間。輕步宛霓裳。案：太眞外傳：逸史云：羅公遠侍玄宗，八月十五日夜，宮中玩月，曰：「陛下欲從臣月中遊乎？」乃取一桂枝向空擲之，化爲一橋，其色如銀。請上同登。約行數十里，至大城闕。公遠曰：「此月宮也。」有仙女數百，素練寬衣，舞于廣庭。上前問曰：「此何曲也？」曰：「霓裳羽衣也。」上密記其聲調，遂回橋，却顧，隨步而滅。旦諭伶官，象其聲調，作霓裳羽衣曲。禍亂根一作基。潛結，古詩：冉冉孤生竹，結根泰山阿。昇平意遽忘。漢梅福傳：孝武皇帝聽用其計，升平可致。衣冠逃犬虜，鼙鼓動漁陽。白居易長恨歌：漁陽鼙鼓動地來。新唐書：天寶三年，安祿山代裴寬爲范陽節度。十三載十一月，祿山反范陽，詭言奉密詔討楊國忠，騰榜郡縣。地理志：幽州范陽郡大都督府本涿郡。天寶元年，更名薊州漁陽郡。開元十八年，析幽州置。外戚心殊迫，舊唐書：祿山露檄數楊國忠之罪，帝欲以太子撫軍，國忠大懼，諸楊聚哭。中塗事可量。雪一作血。埋妃子貌，一作豔。新唐書：上西幸至馬嵬，陳玄禮等以天下計誅國忠。已死，軍不解，帝遣力士問故，曰：「禍本尚在。」帝不得已，與妃訣，引而去，縊路祠下，裹尸以紫茵，瘞道側。刃斷祿兒腸。新唐書：時楊貴妃有寵，祿山請爲妃養兒，帝許之。又：至德二載正月朔，祿山朝羣臣，創甚罷。是夜，嚴莊、安慶緒持兵扈門，李猪兒入帳下，以大刀斫其腹。祿山盲，捫佩刀不得，振幄柱呼曰：「是家賊。」俄而腸潰於牀，即死。安祿山事跡：祿山生日後三日，玄宗召祿山入內。貴妃以錦繡綳縛祿山，令內人以綵輿舁之。玄宗就觀，大悅，因賜貴妃三日洗兒金銀錢。自是宮中皆呼祿山爲祿兒，不禁出入。近侍烟塵隔，通鑑：楊國忠首倡幸蜀之策，上獨與貴妃姊妹、皇子、妃主、皇孫及親近宦官、宮人出延秋門，妃主、皇孫之在外者，皆委之而去。前蹤輦路荒。通鑑：至咸陽望賢宮，日向中，上猶未食。民獻糲飯，雜以麥豆，皇孫輩爭以手匊食之，須臾而盡。益知迷寵佞，惟一作遺。恨喪忠一作賢。良。通鑑：有父老郭從謹進曰：「臣猶記宋璟爲相，數進直言，天下因賴以安。自頃以來，在廷之臣，以言爲諱；闕門之外，陛下皆不得知。草野之臣，必知有今日久矣。」上曰：「朕之不明，悔無所及。」北闕尊明主，新唐書：天寶十五載七月，裴冕等請皇太子即皇帝位。甲子，即皇帝位於靈武，尊皇帝曰上皇天帝。南宮遜上皇。新唐書：天寶十五載十二月，至自蜀郡，居於興慶宮。至德三載，上號曰太上至道聖皇天帝。上元元年，徙居於西内。注詳下。禁清餘鳳吹，丘遲詩：馳道聞鳳吹。池冷映一作睡。龍光。祝壽山猶在，漢郊祀志：東幸緱氏，禮登中岳太室，從官在山上聞若有言萬歲云。流年水共傷。陸機歎逝賦：川閱水以成川，水滔滔而日度。世閱人而爲世，人冉冉而行暮。杜鵑魂厭蜀，見卷一。胡蝶夢悲莊。莊子：莊周夢爲胡蝶，栩栩然蝴蝶也。不知周之夢爲胡蝶與，胡蝶之夢爲周與？周與胡蝶則必有間矣。雀卵遺雕栱，蟲絲罥畫梁。紫苔侵壁潤，紅樹閉門芳。守吏齊鴛瓦，見卷二。耕民得翠璫。舊唐書：玄宗每年十月幸華清宮，國忠姊妹五家扈從，每家爲一隊，著一色衣。五家合隊，照映如百花之煥發，而遺鈿墜舄，瑟瑟珠翠，燦爛芳馥于路。廣陵志：隋煬帝多從以宮人遊此，故時耕出寶釵焉。歡康一作登年。昔時一作酺。樂，講武舊兵場。白帖：後漢咸和中，詔内外軍戲兵於南郊之場，名曰鬬場。暮草深巖靄，一作翠。幽花墜逕香。不堪垂白叟，行折御溝楊。見卷一。

案：杜牧華清宮三十韻詩：繡嶺明珠殿，層巒下繚場。仰窺雕檻影，猶想赭袍光。昔帝登封後，中原自古彊。一千年際會，三萬里農桑。几席延堯舜，軒墀接禹湯。雷霆驅號令，星斗煥文章。釣築乘時用，芝蘭在處芳。北扉閒木索，南面富循良。至道思玄圃，平居厭未央。鉤陳裹巖谷，文陛壓青蒼。歌吹千秋節，樓臺八月涼。神仙高縹緲，環佩響丁當。泉暖涵窗鏡，雲嬌惹粉囊。嫩嵐滋翠葆，清渭照紅妝。帖泰生靈壽，歡娛歲序長。月閒仙曲調，霓作舞衣裳。雨露偏金穴，乾坤入醉鄉。玩兵師漢武，回首倒干將。鯨鬣掀東海，胡牙揭上陽。喧呼馬嵬血，零落羽林槍。傾國留無路，還魂怨有香。蜀峰橫慘淡，秦樹遠微茫。鼎重山難轉，天扶業更昌。望賢餘故老，花萼舊池塘。往事人難問，幽襟淚獨傷。碧檐斜送日，殷葉半凋霜。迸水傾瑤砌，疎風罅玉房。塵埃羯鼓索，片段荔支筐。鳥啄摧寒木，蝸涎蠹畫梁。孤烟知客恨，遙起泰陵旁。此詩亦載入文苑英華中，并附錄于此。

華清宮二首

風樹離離月稍明，九天龍氣在華清。宮門深一作晝。鎖無人覺，半夜雲中羯鼓聲。

天閣一作闕，又一作闊。沈沈夜未央，碧雲仙曲舞一作下。霓裳。一聲玉笛向空盡，月滿驪山一作山中。宮漏長。注并見上。

登盧氏臺

勝地當通邑，前山有故居。臺高秋盡出，林斷野無餘。白露鳴蛩急，晴天度雁疎。由來放懷地，非獨在吾廬。陶潛詩：吾亦愛吾廬。

牡丹二首

輕陰隔翠幃，宿雨泣晴暉。醉後佳期在，謝脁詩：芳洲有杜若，可以慰佳期。歌餘舊意非。蝶繁經粉住，道書：蝶交則粉退。蜂重抱香歸。莫惜熏爐夜，因風到舞衣。

水漾晴紅壓疊波，曉來金粉覆庭莎。裁成豔思偏應巧，分得春光最數多。欲綻似含雙靨笑，梁簡文帝詩：夢想開嬌靨。正繁疑有一聲歌。華堂客散簾垂地，想凭闌干斂翠蛾。

反生桃花發因題

病眼逢春一作相逢。四壁空，史記：司馬相如居徒四壁立。夜來山雪破東風。未知王母千年熟，且共劉郎一笑同。漢武內傳：王母下命侍女索桃果，須臾以玉盤盛仙桃七顆，大如雞卵，形圓，青色。母以四顆與帝，三顆自食，桃味甘美，口有盈味。食輟，收其核。王母問帝，帝曰：「欲種之。」母笑曰：「此桃三千年一生實，非下土所植也。」李賀金銅仙人辭漢歌：茂陵劉郎秋風客。已落又開橫晚翠，似無如有帶朝紅。僧虔蠟炬高三尺，未詳。宋書：王曇首常與兄弟集會，子孫任其戲適。僧達跳下地作彪子。僧虔累十二博棋，既墜，亦不重作。僧綽探蠟燭珠爲鳳皇，僧達奪取於懷，亦不復惜。莫惜連宵照露叢。

杏花

紅花初綻雪花繁，重疊高低滿小園。庾信集有小園賦。正見盛時猶悵望，豈堪開處已繽翻。情爲世累詩千首，醉是吾鄉酒一尊。見卷四。杳杳豔歌春日午，出牆何處隔朱門？見卷五。

和太常杜少卿東都修行里有嘉蓮

唐書：東都，隋置。貞觀六年，號洛陽宮。光宅元年，曰神都。天寶元年，曰東京。肅宗元年，復爲東都。

春秋罷注直銅龍，晉書：杜預字元凱，著春秋經傳集解。漢書：上嘗急召太子出龍樓門。張晏曰：門樓上有銅龍。舊宅嘉蓮照水紅。兩處龜巢清露裏，史記龜策傳：龜千歲乃遊蓮葉之上。褚先生曰：江南嘉林，龜在其中，常巢于芳蓮之上。一時魚躍翠莖東。江南詞：魚戲蓮葉東。詳卷一。同心表瑞荀池上，隋杜公瞻同心芙蓉詩：名蓮自可念，況復兩心同。荀池見卷八。半面分妝樂鏡中。南史：梁元帝徐妃，諱昭珮，無容質，不見禮於帝，二三年一入房。妃以帝眇一目，每知帝將至，必爲半面妝以俟。帝見則大怒而出。世說補：衛伯玉爲尚書令，見樂廣，奇之曰：「此人人之水鏡。」應爲臨川多麗句，沈約宋書：謝靈運，陳郡人也。博覽羣書，文章之美，江左莫逮。初辟琅邪王大司馬行參軍，後爲臨川郡守。故持重豔向西風。近代吳歌：芙蓉始結蕊，抱豔未成蓮。

題磁嶺海棠花

幽態竟誰賞？歲華空與期。島回香盡處，泉照豔濃時。蜀彩澹搖曳，吳妝低怨思。王孫又誰恨？惆悵下山遲。

苦楝花　歲時記：始梅花，終楝花，凡二十四番花信風。

院裏鶯歌歇，牆頭舞蝶孤。天香熏羽葆，宮紫暈流蘇。見卷三。晻曖迷青瑣，氤氳向畫圖。只應春惜別，留與博山爐。西曲歌楊叛兒云：郎作沈水香，儂作博山爐。

自有扈至京師已後朱櫻之期　尚書注：有扈，夏同姓之國，在扶風鄠縣。

露圓霞赤數千枝，銀籠誰家寄所思？秦苑飛禽諳熟早，呂氏春秋：仲夏之月羞含桃。注：含桃，櫻桃也。鶯鳥所含食，故曰含桃。杜陵遊客恨來遲。見卷七。空看翠幄成陰日，陸機招隱詩：密葉成翠幄。

不見紅珠滿樹時。見卷四。盡日徘徊濃影一作蔭。下，秖應重作釣魚期。晉潘尼鼈賦序：皇太子遊於玄圃，遂命釣魚，有得鼈而獻之者，令侍臣賦之。

答段柯古見嘲 以下七首見絕句。

彩翰殊翁金繚繞，一千二百逃飛鳥。尾生橋下未爲癡，莊子：尾生與女子期於梁下，女子不來。水至，不去，抱橋柱而死。暮雨朝雲世間少。

蓮花

綠塘搖灩接星津，軋軋蘭橈入白蘋。應爲洛神波上襪，至今蓮蕊有香塵。洛神賦：凌波微步，羅襪生塵。

過吳景帝陵 吳志：孫休字子烈，權第六子。在位七年。薨時年三十，諡曰景皇帝，葬定陵。

王氣銷來水淼茫，豈能才與命相妨。虛開直瀆三千里，見卷二。青蓋何曾到洛陽！江表傳：皓載其母、妻、子及後宮數千人，從牛渚陸道西上，云青蓋入洛陽，以順天命。吳志：天璽元年，吳郡言「臨平湖自漢末草薉擁塞，長老相傳：『湖塞天下亂，湖開天下平。』近者無故忽開，此天下當太平，青蓋入洛之祥也。」皓以問都尉陳訓，訓退而告人曰：「青蓋入洛者，銜璧之徵也。」

龍尾驛婦人圖

新唐書逆臣傳：祿山每過朝堂龍尾道，南北睥睨，久乃去。

慢笑開元有倖臣，直敎天子到蒙塵。左傳：臧文仲曰：「天子蒙塵於外，敢不奔問官守！」今來看畫猶如此，何況親逢絕世人。李延年歌：北方有佳人，絕世而獨立。

薛氏池垂釣

池塘經雨更蒼蒼，萬點荷珠曉氣涼。朱瑀空偷御溝水，錦鱗紅尾屬嚴光。後漢書宦者傳：郎中梁人審忠，奏長樂五官史朱瑀繕修第舍，連里竟巷，盜取御水以作魚釣，車馬服玩擬于天家。嚴光見卷五。

簡同志

開濟由來變盛衰，五車纔得號鎡基。見卷六。留侯功業何容易，一卷兵書作帝師。漢張良傳：良常閒從容步游下邳圯上，有一老父，衣褐，出一編書曰：「讀是則爲王者師。」後佐高祖定天下，封留侯。

瑟瑟釵

程大昌演繁露：唐語林：盧昂主福建鹽鐵，有瑟瑟枕大如斗，憲宗召市人估其值，或云至寶無價，或云美石非眞瑟瑟。則今世所傳瑟瑟，或皆煉石爲之邪？

翠染冰輕透露光，墮雲孫壽有餘香。華嶠後漢書：梁冀妻孫壽作愁眉、啼妝、墮馬髻。只應七夕回天浪，添作湘妃淚兩行。見卷七。

元日 以下七首見歲時雜詠。

神耀破氛昏，新陽入晏溫。緒風調玉吹，庾信春賦：玉管初調。端日應銅渾。後漢張衡傳：作渾天儀。漢名臣奏：惟渾天者，近得其情，今史官所用候臺銅儀，則其法也。威鳳蹌瑤簴，升龍護璧門。應璩與劉公幹書：鶉鷃棲翔鳳之條，黿鼉遊升龍之川，識眞者所爲憤結也。雨暘春令煦，洪範：八庶徵曰雨，曰暘，曰燠，曰寒，曰風，曰時。裘冕晬容尊。周禮司服：祀昊天上帝，則服大裘而冕。

二月十五日櫻桃盛開，自所居躡履吟玩，競名王澤章洋才

曉覺籠烟重，春深染雪輕。靜應留得蝶，繁欲不勝鶯。影亂晨飇急，香多夜雨晴。似將千萬恨，西北爲卿卿。見卷四。

寒食節日寄楚望二首

芳蘭無意綠，弱柳何窮縷。心斷入淮山，夢長穿楚雨。繁花如二八，好月當三五。王僧孺詩：二八人如花，三五月如鏡。愁碧竟平皋，韶紅換幽圃。流鶯隱圓樹，乳燕喧餘哺。鮑照詩：乳燕逐草蟲。曠望戀曾臺，離憂集環堵。儒行：儒有一畝之宮，環堵之室。當年不自遣，晚得終何補。鄭谷有樵蘇，見卷四。歸來要腰斧。

家乏兩千萬，未詳。時當一百五。荆楚歲時記：去冬節一百五日，即有疾風甚雨，謂之寒食。颸颸楊柳風，穰穰櫻桃雨。年芳苦沈潦，心事如摧櫓。歡聞變歌：邪婆尚未眠，肝心如摧櫓。金犢近蘭汀，金犢注見卷三。銅龍接花塢。銅龍注見上。張敦頤六朝事蹟：桃花塢在蔣山寶公塔之西北，舊有桃花甚盛，今不復存。青蔥建楊宅，隱轔端門鼓。西京賦：隱轔鬱律。吳志：建興元年十二月，雷雨天災，武昌端門改作。端門詳見卷一。綵素拂庭柯，輕毬落鄰圃。秋千打毬皆寒食事。詳卷四。三春謝游衍，王維桃源行：辭家終擬長游衍。一笑牽規矩。獨有恩澤侯，漢書有外戚恩澤侯表。歸來看楚舞。見卷一。

清明日

青娥畫扇中，杜甫詩：青娥皓齒在樓船。春樹鬱金紅。周禮注：鄭玄曰：築鬱金，煮之和鬯酒也。鬱金渚陰。出犯繁花露，歸穿弱柳風。馬驕偏避幰，儀制令：六品以下皆不得用幰。雞駭乍開籠。徐堅初學記：鬬雞寒食事。詳卷四。柘彈何人發？黃鸝隔故宮。

禁火日

駘蕩清明日，儲胥小苑東。長楊賦：木擁槍纍，以爲儲胥。范元實詩眼：儲胥，軍中藩籬也。漢書：蕭望之署小苑東門候。舞衫萱草綠，春鬢杏花紅。馬轡輕銜雪，車衣弱向風。□愁聞百舌，殘睡正朦朧。

嘲三月十八日雪

三月雪連夜，未應傷物華。只緣春欲盡，留著伴梨花。

楊柳枝八首

見郭茂倩樂府詩集。○案：樂府詩集：薛能曰：楊柳枝者，古題所謂折楊柳也。太平御覽：楊柳枝曲者，白傅典揚州時所撰，尋進入教坊也。古今詩話：樊素善歌，小蠻善舞，樂天賦詩有曰：「櫻桃樊素口，楊柳小蠻腰。」至於高年，又賦詩曰：「失盡白頭伴，長成紅粉娃。」因爲楊柳詞以託意云：「一樹春風萬萬枝，嫩于金色軟于絲。永豐東角荒園裏，盡日無人屬阿誰？」及宣宗朝，國樂唱是詞，帝問永豐在何處，左右具以對，遂因命取永豐柳兩枝植于禁中。白感上知，又爲詩云：「一樹衰殘委泥土，雙枝移種植天庭。定知此後天文裏，柳宿光中見兩星。」洛下文士，無不繼作。

宜春苑外最長條，漢宮闕名：長安有宜春宮。庾信春賦：宜春苑中春已歸。杜甫詩：誰謂朝來不作意，狂風挽斷最長條。閑裊春風伴舞腰。白居易楊柳枝詞：枝裊輕風似舞腰。正是玉人腸斷處，王子年拾遺記：蜀先主甘后玉質柔肌，先主置于白綃帳中，如月下聚雪。河南獻玉人，置后側，晝則講說軍謀，夕則擁后而玩玉人。后與玉人潔白齊潤，寵者非惟妒后，亦妒玉人也。白居易楊柳枝詞：柳絲挽斷腸牽斷，彼此應無續得期。一渠春水赤闌橋。白居易詩：鴨頭新綠水，雁齒小紅橋。杜佑通典：隋開皇三年，築京城，引香積渠水自赤闌橋經第五橋西北入城。

南內牆東御路旁，唐詩注：玄宗即位，以隆慶坊舊邸爲興慶宮，後又增廣，遂爲南內。其正殿曰大同，東北即龍池殿。預知春色柳絲黃。李白詩：柳色黃金嫩。杏花未肯無情思，何事行一作情。人最斷腸？

案：李商隱柳下暗記：「無奈巴南柳，千條傍吹臺。更將黃映白，擬作杏花媒。」用意略同。

蘇小門前柳萬條，白居易詩：柳色深藏蘇小家。毿毿金線拂平橋。白居易楊柳枝詞：黃金枝映洛陽橋。黃鶯不語東風起，深閉朱門伴細腰。杜甫詩：隔戶楊柳弱嫋嫋，恰似十五女兒腰。

金縷毿毿碧瓦溝，劉禹錫楊柳枝詞：千條金縷萬條絲。六宮眉黛惹春愁。梁元帝詩：柳葉生眉上。

唐太宗柳詩：半翠幾眉開。曉一作晚。來更帶龍池雨，錢起詩：龍池柳色雨中深。半拂闌干半入樓。陳後主折楊柳詩：入樓含粉色。

館娃宮外鄴城西，白居易楊柳枝詞：紅版江橋靑酒旗，館娃宮暖日斜時。遠映征帆近拂隄。白居易詩：柳條無力魏王隄。繫得王孫歸思切，不關春草綠萋萋。

兩兩黃鸝色似金，杜甫詩：兩箇黃鸝鳴翠柳。開元遺事：明皇每于禁苑中見黃鶯，呼之爲金衣公子。裊枝啼露動芳音。春來幸自一作有。長如線，可惜牽纏蕩子心。徐陵折楊柳詩：妾對長楊苑，君登高柳城。春還應共見，蕩子太無情。

御柳如絲映九重，南史：劉悛之爲益州刺史，獻蜀柳數株，枝條狀如絲縷。武帝植于靈和殿前，嘗賞玩咨嗟曰：「此楊柳風流可愛，似張緒當年。」韓琮和楊柳枝詞：玉皇曾采人間曲，應逐歌聲入九重。鳳皇窗柱繡芙蓉。庾信賦：繫馬于鳳皇樓柱。崔顥盧姬篇：水晶簾箔繡芙蓉。景陽樓畔千條露，一面新妝待曉鐘。盧貞和楊柳枝詞：上陽宮女吞聲送，不分先歸舞細腰。

織錦機邊鶯語頻，江淹別賦：織錦曲兮泣已盡。停梭垂淚憶征人。李白烏夜啼：停梭悵然問故夫，欲說遼西淚如雨。塞門三月猶蕭索，縱有垂楊未覺春。王瑳折楊柳詩：塞外無春色，上林柳已黃。梁元帝詩：垂柳復垂楊。

客愁

客愁看柳色，日日逐春深。蕩漾春風裏，誰知歷亂心？

和周繇廣陽公宴嘲段成式詩

唐詩紀事：繇詩題廣陽公宴成式速罷馳騁坐觀花豔或有眼飽之嘲詩及段答詩並六韻。

齊馬馳千駟，見論語。盧姬逞十三。樂府解題：盧女者，魏武帝時宮人也，故將軍陰升之姊。七歲入漢宮，善鼓琴，至明帝崩後，出嫁爲尹更生妻。梁簡文帝妾薄命曰：「盧姬嫁日晚，非復少年時。」蓋傷其嫁遲也。玳筵方盼睞，任昉牋：盼睞成飾。詳卷六。金勒自趑趄。車轂詩：意欲趑趄走，先作野遊盤。隨珥情初洽，謝朓夜聽妓詩：墮珥合琴心。鳴鞭戰未酣。吳筠詩：鳴鞭適大阿。神交花冉冉，江表傳：權曰：「孤與子輿，可謂神交。」眉語柳毿毿。原注：柳吳興云：窗疎眉語度。却略青鸞鏡，見卷四。翹翻翠鳳篸。吳筠詩：鳳皇簪落髮。篸、簪同。專城有佳對，古樂府：四十專城居。寧肯顧春蠶？宋之問江南曲：摘葉餧春蠶。

光風亭夜宴，妓有醉毆者

成式、韋蟾同詠，出紀事。

吳國初成陣，王家欲解圍。拂巾雙雉叫，翻瓦兩鴛飛。魏志：文帝問周宣曰：「吾夢殿屋兩瓦墜地，化爲鴛鴦，何也？」宜對曰：「後宫當有暴死者。」帝曰：「吾詐卿耳。」宜曰：「夫夢者，意耳。苟以形言，便占吉凶。」言未卒，黄門令奏宫人相殺。

新添聲楊柳枝辭二首 一作南歌子。

○雲溪友議：庭筠與裴郎中誠友善，爲此詞，飲筵競唱打令。有劉採春女周德華，雖羅嗊之歌不及其母，而楊柳之詞，採春難及。崔郎中芻言寵愛之，將至京洛，豪門女弟子從其學者甚衆。所唱七八篇，乃賀知章、楊巨源、劉禹錫、韓琮、滕邁諸名流之詠。溫、裴所稱歌曲，請德華一陳音韻，以爲浮豔之美。德華終不取焉，二君深有媿色。

一尺深紅蒙一作勝。麴塵，四聲寶蕊：桑嵛淺黄色，麴塵深黄色，或以指衣，或以指柳。天生舊物不如新。竇玄妻古怨歌：衣不如新，人不如故。合歡桃核終堪恨，烟花記：煬帝以合歡水果賜吳絳仙。裏許元來別有人。

井底點燈深燭嚼。伊，共郎長行莫圍棋。違期。○後魏李邵啓：曹植作長行局，即雙陸也。胡王作握槊，亦雙陸也。李肇國史補：今之博戲有長行最盛，其局有博有子，子有黄黑各十五，擲采之骰有二，其法生放握槊，變於雙陸。又有小雙陸、圍透、大點、小點、遊談、鳳翼之名，然無如長行也。玲瓏骰子安紅豆，入骨相思知不知？紅豆，名相思子。詳見卷一。宋祁益部方物略記：紅豆葉圓以澤，緊蒴春敷，子生莢間，纍纍綴珠。注：花白色，實若大紅豆，以是得名。葉如冬青，蜀人以爲果飣。

題李衛公詩二首

新唐書：李德裕字文饒，元和宰相吉甫子也。策功拜太尉，進封趙國公。又陳願得封衛，改封衛國公。盧氏雜記：李德裕，武宗朝爲相，勢傾朝野。及罪譴，作詩云云。南部新書以爲庭筠所作。案：此二詩語涉譏刺，飛卿貶謫，本傳可據，與衛公無涉，且本集首春與丞相贊皇公游止詩云：「一抛蘭櫂逐燕鴻，曾向江湖識謝公。」又題李相公賜屏風詩云：「幾人同保山河誓，獨自棲棲九陌塵。」則知此詩定非飛卿所作，南部新書不足信也。姑存之以備考。

蒿棘深春衛國門，九年於此盜乾坤。兩行密疏傾天下，新唐書：德裕所居安邑里第，有院號起草，亭曰精思，每計大事，則處其中，雖左右侍御不得豫。一夜陰謀達至尊。新唐書：德裕當國凡六年，方用兵時，決策制勝，它相無與，故威名獨重於時。肉視具僚忘匕箸，世說補：崔瞻在御史臺，恆於宅中送食，備盡珍羞。有一御史姓裴，伺瞻食便往造焉。瞻不與交言，又不命匕箸，裴坐視瞻食罷而退。氣吞同列削寒溫。南史蔡撙傳：自詹事以下咸來造謁，及其引進，但暄寒而已，此外無復餘言。當時誰是承恩者，肯有餘波達鬼村？新唐書：德裕既沒，見夢令狐綯曰：「公幸哀我，使得歸葬。」綯語其子滈，滈曰：「執政皆其憾，可乎？」既夕，又夢，綯懼曰：「衛公精爽可畏，不言，禍將及。」白於帝，得以喪還。

勢欲凌雲威觸天，列子：共工氏與顓頊爭帝，怒觸不周之山，折天柱，絕地維。權傾諸夏力排山。漢書：

項羽歌曰：「力拔山兮氣蓋世。」三年驥尾有人附，後漢隗囂傳：蒼蠅之飛，不過數步，即託驥尾，便得絕羣。○德裕與牛僧孺各立朋黨，人指曰牛李。一日龍髯無路攀。龍髯事見封禪書。詳卷六。○新唐書：宣宗即位，貶爲崖州司戶參軍事，明年，卒。晝閣不開梁燕去，漢公孫弘傳：至宰相，封侯，於是起客館，開東閣，以延賢人，與參謀議。朱門罷埽乳鴉還。漢書：曹參爲齊相，有魏勃欲參，家貧無以自通，乃早夜埽舍人門外。千巖萬壑應惆悵，世說：顧長康曰：「千巖競秀，萬壑爭流。」鮑照詩：千巖盛阻積，萬壑勢縈回。流水斜傾出武關。柳宗元館驛使壁記：自灞而南，至於藍田，其驛六，其蔽曰商州，其關曰武關。

題谷隱蘭若

見段成式絕句辨體，集以爲廷筠詩，似誤。○元稹詩注：谷隱寺在峴山亭側。華嚴經：願一切衆生，常安居山阿蘭若處，寂靜不動。釋氏要覽：梵言阿蘭若，此言空靜。

風帶巢熊拗樹聲，老僧相引入雲行。半坡新路畬纔了，一谷寒烟燒不成。見卷三。

觀棋

一作段成式詩。

閒對楸枰傾一壺，方言：投博謂之枰。韋曜博弈論：所志不出一枰之上。說文：棋局爲枰。詳卷二。黃華枰上幾成盧。晉書：劉毅於東府聚樗蒱大擲，一判應止數百萬，餘人幷黑犢以還，惟劉裕及毅在後。毅次擲得雉，大喜，褰衣遶牀，叫謂同坐曰：「非不能盧，不事此耳。」裕惡之，因挼五木，久之，曰：「老兄試爲卿答。」既而四木俱黑，其一子轉躍未定，裕厲聲喝之，卽成盧焉。他時謁帝銅龍水，便賭宣城太守無？南史：羊玄保善弈，宋文帝與賭郡，玄保勝，以補宣城太守。常中使至召之，其子戎曰：「金溝清泚，銅池搖颺，旣佳風景，當得劇棋。」漢書：宣帝時，金芝九莖產於函德殿銅池中。

溫庭筠詞 附錄一

菩薩蠻

小山重疊金明滅，鬢雲欲度香顋雪。懶起畫蛾眉，弄妝梳洗遲。照花前後鏡，花面交相映。新帖繡羅襦，雙雙金鷓鴣。

又

水精簾裏頗黎枕〔一〕，暖香惹夢鴛鴦錦。江上柳如烟，雁飛殘月天。藕絲秋色淺，人勝參差剪。雙鬢隔香紅，玉釵頭上風。

又

蕊黃無限當山額，宿妝隱笑紗窗隔。相見牡丹時，暫來還別離。翠釵金作股，釵上蝶雙舞〔二〕。心事竟誰知，月明花滿枝。

又

翠翹金縷雙鸂鶒，水紋細起春池碧。池上海棠梨，雨晴紅滿枝。繡衫遮笑靨，烟草粘飛蝶。青瑣對芳菲，玉關音信稀。

又

杏花含露團香雪，綠楊陌上多離別。燈在月朧明，覺來聞曉鶯。玉鉤褰翠幕，粧淺舊眉薄。春夢正關情，鏡中蟬鬢輕。

又

玉樓明月長相憶，柳絲裊娜春無力。門外草萋萋，送君聞馬嘶。畫羅金翡翠，香燭銷成淚。花落子規啼，綠窗殘夢迷。

又

鳳凰相對盤金縷，牡丹一夜經微雨。明鏡照新妝，鬢輕雙臉長。畫樓相望久，欄外垂絲柳。音信不歸來〔三〕，社前雙燕迴。

又

牡丹花謝鶯聲歇，綠楊滿院中庭月。相憶夢難成，背窗燈半明。翠鈿金壓臉，寂寞香閨掩。人遠淚闌干，燕飛春又殘。

又

滿宮明月梨花白，故人萬里關山隔。金雁一雙飛，淚痕沾繡衣。小園芳草綠，家住越溪曲。楊柳色依依，燕歸君不歸。

又

寶函鈿雀金鸂鶒，沈香閣上吳山碧〔四〕。楊柳又如絲，驛橋春雨時。畫樓音信斷，芳草江南岸。鸞鏡與花枝，此情誰得知？

又

南園滿地堆輕絮，愁聞一霎清明雨。雨後却斜陽，杏花零落香。無言勻睡臉，枕上屏山掩。時節欲黄昏，無聊獨倚門。

又

夜來皓月纔當午，重簾悄悄無人語。深處麝烟長，臥時留薄妝。當年還自惜，往事那堪憶。花落月明殘，錦衾知曉寒。

又

雨晴夜合玲瓏月〔五〕，萬枝香裊紅絲拂。閑夢憶金堂，滿庭萱草長。繡簾垂簶簌，眉黛遠山綠。春水渡溪橋，凭欄魂欲銷。

又

竹風輕動庭除冷，珠簾月上玲瓏影。山枕隱濃妝，綠檀金鳳凰。兩蛾愁黛淺，故國吳宮遠。春恨正關情，畫樓殘點聲。

更漏子

柳絲長，春雨細，花外漏聲迢遞。驚塞雁，起城烏，畫屏金鷓鴣。　香霧薄，透簾幕，惆悵謝家池閣。紅燭背，繡簾垂，夢長君不知。

又

星斗稀，鐘鼓歇，簾外曉鶯殘月。蘭露重，柳風斜，滿庭堆落花。　虛閣上，倚闌望，還似去年惆悵。春欲暮，思無窮，舊歡如夢中。

又

金雀釵，紅粉面，花裏暫時相見〔六〕。知我意，感君憐，此情須問天。　香作穗，蠟成淚，還似兩人心意。山枕膩，錦衾寒，覺來更漏殘。

又

相見稀，相憶久，眉淺淡烟如柳。垂翠幕，結同心，待郎熏繡衾。　城上月，白如雪，蟬鬢美人愁絕。宮樹暗，鵲橋橫，玉籤初報明。

又

背江樓，臨海月，城上角聲嗚咽。堤柳動，島烟昏，兩行征雁分。　京口路〔七〕，歸帆渡，正是芳菲欲度。銀燭盡，玉繩低，一聲村落雞。

又

玉鑪香，紅蠟淚，偏照畫堂秋思。眉翠薄，鬢雲殘，夜長衾枕寒。梧桐樹，三更雨，不道離情正苦。一葉葉，一聲聲，空階滴到明。

歸國遙

香玉，翠鳳寶釵垂㬤𣀃。鈿筐交勝金粟，越羅春水綠。畫堂照簾殘燭，夢餘更漏促。謝娘無限心曲，曉屏山斷續。

又

雙臉，小鳳戰篦金颭豔。舞衣無力風斂，藕絲秋色染。錦帳繡幃斜掩，露珠淸曉簟。粉心黃蕊花靨，黛眉山兩點。

酒泉子

花映柳條，閑向綠萍池上〔八〕。凭闌干，窺細浪，雨蕭蕭。近來音信兩疎索，洞房空寂寞。掩銀屏，垂翠箔〔九〕，度春宵。

又

日映紗窗，金鴨小屏山碧〔一〇〕。故鄉春，烟靄隔，背蘭釭。宿妝惆悵倚高閣，千里雲影薄。草初齊，花又落，燕雙雙。

又

楚女不歸，樓枕小河春水。月孤明，風又起，杏花稀。玉釵斜篸雲鬟髻〔一一〕，裙上金縷鳳。八行書，千里夢，雁南飛。

又

羅帶惹香，猶繫別時紅豆。淚痕新，金縷舊，斷離腸。一雙嬌燕語雕梁，還是去年時節。綠陰濃，芳草歇，柳花狂。

定西番

漢使昔年離別，攀弱柳，折寒梅，上高臺。千里玉關春雪，雁來人不來。羌笛一聲愁絕，月徘徊。

又

海燕欲飛調羽，萱草綠，杏花紅，隔簾櫳。雙鬢翠霞金縷，一枝春豔濃。樓上月明三五，瑣窗中。

又

細雨曉鶯春晚，人似玉，柳如眉，正相思。　羅幕翠簾初捲，鏡中花一枝。腸斷塞門消息，雁來稀。

楊柳枝

宜春苑外最長條，閑裊春風伴舞腰。　正是玉人腸絕處，一渠春水赤闌橋。

又

南內牆東御路傍，須知春色柳絲黃〔二〕。　杏花未肯無情思，何事行人最斷腸〔三〕？

又

蘇小門前柳萬條，毿毿金線拂平橋。　黃鶯不語東風起，深閉朱門伴舞腰〔四〕。

又

金縷毿毿碧瓦溝，六宮眉黛惹春愁。　晚來更帶龍池雨，半拂欄干半入樓。

又

館娃宮外鄴城西，遠映征帆近拂堤。　繫得王孫歸意切〔五〕，不關春草綠萋萋〔六〕。

又

兩兩黃鸝色如金，裊枝啼露動芳音。春來幸自長如線，可惜牽纏蕩子心。

又

御柳如絲映九重，鳳凰窗映繡芙蓉〔一七〕。景陽樓畔千條露〔一八〕，一面新妝待曉鐘〔一九〕。

又

織錦機邊鶯語頻，停梭垂淚憶征人〔二〇〕。塞門三月猶蕭索，縱有垂楊未覺春。

南歌子

手裏金鸚鵡，胸前繡鳳凰。偷眼暗形相。不如從嫁與，作鴛鴦。

又

似帶如絲柳，團酥握雪花〔二一〕。簾捲玉鉤斜。九衢塵欲暮，逐香車。

又

鬌墮低梳髻〔二二〕，連娟細掃眉。終日兩相思。爲君憔悴盡，百花時。

又

臉上金霞細，眉間翠鈿深。欹枕覆鴛衾。隔簾鶯百囀，感君心。

又

撲蕊添黃子，呵花滿翠鬟。鴛枕映屏山。月明三五夜，對芳顏。

又

轉盼如波眼，娉婷似柳腰。花裏暗相招。憶君腸欲斷，恨春宵。

又

懶拂鴛鴦枕，休縫翡翠裙。羅帳罷鑪熏。近來心更切，爲思君。

河瀆神

河上望叢祠，廟前春雨來時。楚山無限鳥飛遲，蘭棹空傷別離。何處杜鵑啼不歇？豔紅開盡如血。蟬鬢美人愁絕，百花芳草佳節。

又

孤廟對寒潮，西陵風雨蕭蕭。謝娘惆悵倚蘭橈，淚流玉筯千條。暮天愁聽思歸樂〔三〕，早梅香滿山郭。迴首兩情蕭索，離魂何處飄泊？

又

銅鼓賽神來，滿庭幡蓋徘徊。水村江浦過風雷，楚山如畫烟開。離別櫓聲空蕭索，玉容惆悵妝薄。青麥燕飛落落，捲簾愁對珠閣。

女冠子

含嬌含笑，宿翠殘紅窈窕，鬢如蟬。寒玉簪秋水，輕紗捲碧烟。雪胸鸞鏡裏，琪樹鳳樓前。寄語青娥伴，早求仙。

又

霞帔雲髮，鈿鏡仙容似雪，畫愁眉。遮語迴輕扇，含羞下綉幃。玉樓相望久，花洞恨來遲。早晚乘鸞去，莫相遺〔二〕。

玉胡蝶

秋風淒切傷離，行客未歸時。塞外草先衰，江南雁到遲。芙蓉凋嫩臉，楊柳墮新眉。搖落使人悲，斷腸誰得知？

清平樂

上陽春晚，宮女愁蛾淺。新歲清平思同輦，爭那長安路遠。鳳帳鴛被徒燻，寂寞花鎖千門。競把黃金買賦，爲妾將上明君。

又

洛陽愁絶，楊柳花飄雪。終日行人爭攀折〔三五〕，橋下水流嗚咽。　上馬爭勸離觴，南浦鶯聲斷腸。愁殺平原年少，迴首揮淚千行。

遐方怨

憑繡檻，解羅幃。未得君書，斷腸瀟湘春雁飛。不知征馬幾時歸。海棠花謝也，雨霏霏。

又

花半坼，雨初晴。未捲珠簾，夢殘惆悵聞曉鶯。宿妝眉淺粉山横。約鬟鸞鏡裏，繡羅輕。

訴衷情

鶯語，花舞。春晝午，雨霏微。金帶枕，宫錦，鳳凰帷。柳弱蝶交飛，依依。遼陽音信稀，夢中歸。

思帝鄉

花花，滿枝紅似霞。羅袖畫簾腸斷，卓香車。迴面共人閑語，戰篦金鳳斜。唯有阮郎春盡，不歸家。

夢江南〔二六〕

千萬恨，恨極在天涯。山月不知心裏事，水風空落眼前花，搖曳碧雲斜。

又

梳洗罷，獨倚望江樓。過盡千帆皆不是，斜暉脈脈水悠悠，腸斷白蘋洲。

河傳

江畔，相喚，曉妝鮮〔二七〕。仙景箇女採蓮。請君莫向那岸邊。少年，好花新滿船。紅袖搖曳逐風暖〔二八〕，垂玉腕，腸向柳絲斷。浦南歸，浦北歸，莫知，晚來人已稀。

又

湖上，閑望，雨蕭蕭。烟浦花橋路遙。謝娘翠蛾愁不銷〔二九〕。終朝，夢魂迷晚潮。蕩子天涯歸棹遠，春已晚，鶯語空腸斷。若耶溪，溪水西，柳堤，不聞郎馬嘶。

又

同伴，相喚，杏花稀。夢裏每愁依違。仙客一去燕已飛。不歸，淚痕空滿衣。天際雲鳥引晴遠〔三〇〕，春已晚，烟靄渡南苑。雪梅香，柳帶長，小娘，轉令人意傷。

蕃女怨

萬枝香雪開已遍，細雨雙燕。鈿蟬箏，金雀扇，畫梁相見。雁門消息不歸來，又飛迴。

又

磧南沙上驚雁起，飛雪千里。玉連環，金鏃箭，年年征戰。畫樓離恨錦屏空，杏花紅。

荷葉杯

一點露珠凝冷，波影，滿池塘。綠莖紅豔兩相亂，腸斷，水風涼。

又

鏡水夜來秋月，如雪，採蓮時。小娘紅粉對寒浪，惆悵，正相思〔三一〕。

又

楚女欲歸南浦，朝雨，濕愁紅。小船搖漾入花裏，波起，隔西風。

（以上錄自花間集）

菩薩蠻

玉纖彈處眞珠落，流多暗濕鉛華薄。春露浥朝華，秋波浸晚霞。風流心上物，本爲風流出。看取薄情人，羅衣無此痕。

（錄自金奩集）

木蘭花

家臨長信往來道，乳燕雙雙拂烟草。油壁車輕金犢肥，流蘇帳曉春鷄早。籠中嬌鳥暖猶睡，簾外落花閑不掃。衰桃一樹近前池，似惜紅顏鏡中老〔三〕。

（錄自全唐詩卷八九一溫庭筠詞）

校記

〔一〕頗黎　金奩集作「珊瑚」。

〔三〕蝶雙舞　原作「雙鳳舞」，據金奩集、全唐詩改。

〔三〕音信　「音」原作「意」，據金奩集、全唐詩改。
〔四〕沈香閣　「閣」原作「關」，據全唐詩改。
〔五〕玲瓏月　「月」原作「日」，據金奩集改。
〔六〕暫時　「時」原作「如」，據金奩集、全唐詩改。
〔七〕京口　原作「西陵」，據金奩集、全唐詩改。
〔八〕開向　「開」原作「吹」，據金奩集、全唐詩改。
〔九〕垂翠箔　「箔」原作「泊」，據金奩集、全唐詩改。
〔一〇〕山碧　「碧」字原缺，據金奩集、全唐詩補。
〔一一〕雲鬟髻　「髻」全唐詩作「重」。
〔一二〕須知　温飛卿詩集作「預知」。
〔一三〕何事行人　金奩集作「惱亂何人」。
〔一四〕舞腰　「舞」温飛卿詩集作「細」。
〔一五〕歸意切　「意」温飛卿詩集作「思」。
〔一六〕不關春草　原作「不同芳草」，據温飛卿詩集改。
〔一七〕窗映　「映」金奩集作「近」，温飛卿詩集作「柱」。

〔一八〕千條露　「露」原作「路」，據溫飛卿詩集改。

〔一九〕曉鐘　「鐘」原作「風」，據溫飛卿詩集改。

〔二〇〕征人　「征」金奩集作「行」。

〔二一〕團酥　「酥」原作「蘇」，据金奩集、全唐詩改。

〔二二〕鬌墮　「鬌」全唐詩作「倭」。

〔二三〕思歸樂　「樂」原作「落」，據金奩集、全唐詩改。

〔二四〕莫相遺　「遺」金奩集作「違」。

〔二五〕爭攀折　「爭」金奩集作「态」。

〔二六〕夢江南　「夢」全唐詩作「憶」。

〔二七〕曉妝鮮　「鮮」原作「仙」，據金奩集、全唐詩改。

〔二八〕風暖　全唐詩作「風軟」。

〔二九〕翠蛾　「蛾」原作「娥」，據全唐詩改。

〔三〇〕晴遠　全唐詩作「情遠」。

〔三一〕正相思　「相思」原作「思想」，據金奩集改。全唐詩作「思惟」。

〔三二〕紅顏　「紅」原作「容」，據溫飛卿詩集改。

溫庭筠文 附錄二

再生檜賦

檜有再生之瑞，天符聖運之興。挺松身而鱗皴迴出，布柏葉而杳藹相承。隋道既窮，則沒身於亂土；唐朝將建，故發德於休徵。原夫日將興而幽暗皆明，君應期而纖微必表。生於枯朽，證受命於敗德之時；長則繁華，示寶祚於延慶之兆。想夫拔陳根而已茂，聳修幹以方妍。凌朝而還宜宿露，向晚而尤稱新烟。以狀而方，生荑之枯楊若此；以理而喻，易葉之僵柳昭然。效殊祥以示後，顧衆瑞而居先。嘉其擢本旁榮，抽條迴秀。歷朱夏而彌盛，冒霜雪而不朽。應昌業於龍潛之際，豈曰無心；彰聖德於虎視之前，孰云虛受！徒觀乎載光紫府，效祉皇家。竦亭亭之柯葉，擢鬱鬱之輝華。可以播之於萬古，可以流之於四遐。是知歷數歸唐，禎祥啓聖。何厚地之朽木，報上天之明命？殘陽未落，宮庭之林藪忽生；明月初懸，玉砌之桂華復盛。矧夫貞節獨異，高標自持。散芳氣而微風乍動，入重陰而宿鳥猶疑。蓋天所贊也，亦神以化之。客有生遇明時，身蒙至德。窮勝負於朕兆，慕休祥於邦國。敢獻賦以揚榮，遂布之於翰墨。

錦鞵賦

闌裏花春，雲邊月新。耀粲織女之束足，嬿婉嫦娥之結璘。碧繶緗鉤，鸞尾鳳頭。鞻稱「雅舞」，履號「遠遊」。若乃金蓮東昏之潘妃，寶屧臨川之江姬。匍匐非壽陵之步，妖蠱實苧蘿之施。羅韈紅蕖之豔，豐跗皜錦之奇。凌波微步瞥陳王，既蹀躞而容與；花塵香跡逢石氏，倏窈窕而呈姿。擎箱回津，驚蕭郎之始見；李文明練，恨漢后之未持。重爲系曰：瑤池仙子董雙成，夜明簾額懸曲瓊。將上雲而垂手，顧轉盼而遺情。願綢繆於芳趾，附周旋於綺楹。莫悲更衣床前棄，側聽東晞佩玉聲。

答段柯古贈葫蘆管筆狀

庭筠累日來洛水寒疝，荊州夜嗽，筋骸莫攝，邪蟲相攻。蝸晥傷明，對蘭釭而不寢；牛腸治嗽，嗟藥錄而難求。前者，伏蒙雅賜葫蘆筆管一莖，久欲含詞，聊申拜貺。而上池未效，下筆無聊，慚恍沈吟，幽懷未敍。然則產於何地？得自誰人？而能絜以裁筠，輕同舉羽。豈伊蓍草，空操九寸之長；何必靈芝，獨號三株之秀。但曾藏戢册省，永貯仙居。却笑遺民，遷茲佳種。惟應仲履，忽壓煩聲。豈常見已墮遺犀，仍抽直幹。青松所築，漆竹藏珍。足使玳瑁慚華，琉璃掩耀。一枚爲貴，豈異陸生；三寸見珍，遂兼揚子。謹當刊於巖竹，寘以郊翰。隨纖管而爲床，擬凌雲而作屋。所恨書裙寡媚，釘帳無功。實覥凡姿，空塵異貺。庭筠狀。

答段成式書七首

庭筠白：節日僮幹至，奉披榮誨，蒙賚易州墨一挺。竹山奇制，上蔡輕烟。色奪紫帷，香含漆簡。雖復三臺故物，貴重相傳；五兩新膠，乾輕入用。猶恐於潛曠遠，建業迢贏。韋曜名方，卽求雜木；傅玄佳致，別染龜銘。恩加於蘭省郎官，禮備於松櫺介婦。汲妻衡弟，所未窺觀；廣記漢儀，何嘗著列！矧又玄洲(闕)上苑青瑣西垣。讐字猶新，疑籤尚整。帳中女史，猶襲青香；架上仙人，常持縹帙。得於華近，辱在庸虛。豈知夜鶴頻驚，殊慚志業；秋蟲屢縮，不稱精研。惟憂痗物虛投，蠟盤空設。晉陵雖壞，正握銅兵；王詔徒深，誰磨石硯？捧受榮荷，不任下情。庭筠再拜。

昨夜安東聽倡，牖北追涼。枏枕才欹，蘭釭未艾。縹繩初解，紫簡仍傳。麗事珍繁，摛華益贍。雖則竟山充貢，握槧堪書。五丸二兩之精英，三輔九江之淸潤。葛龔受賜，稱下士難求；王粲著銘，想遐風易遠。俱苞（闕）盡入（闕）。遺逸皆存，纖微悉舉。鶡觀鵬運，豈識逍遙；鯢入鮒居，應嗟坎窞。願承謦欬，以啓愚蒙。庭筠狀。

伏蒙又抒沖襟，詳徵故事。蒼然之氣，仰則彌高；毖彼之泉，汲而增廣。方且驚神褫魄，寧惟衿甲投戈。素洛呈祥，翠媯垂貺。龜字著象，鳥英含華。至於漢省五丸，武都三善。仲宣佳藻，既詠浮光；張永研工，常稱點漆。逸少每停質滑，長康常務色輕。（闕）乃韋書，知爲宋畫。荀濟提兵之檄，磨盾而成；息躬覆族之言，削門而顯。敢恃蛙井，猶望鯤池。不任慚伏宗仰之至。庭筠狀。

竊以童山不秀，非鄒衍可吹；眢井無泉，豈耿恭不拜。墨尤之事，謂之獲麟；筆聖之言，翻同倚馬。靜思神運，不測冥搜。亦有自相里而分，豈公輸所削。流輝精絹，假潤清泉。銘著李尤，書投蘇竟。字憂素敗，不長飛揚。（闕）研蛀胎而合美，配馬滴以成章。更率荒蕪，益慚疎略。庭筠狀。

驛書方來，言泉更涌。高同泰畤，富類敖倉。怯蒙叟之大匪，駭王郎之小賊。尤有（闕）中巧製，廟裏奇香。徵上黨之松心，識長安之石炭。馬黚靡用，龜食難知。窺虞器以成奢，（闕）深刑而嚴罪。便當北面，不獨棲毫。庭筠狀。

庭筠閱市無功，持撝寡效。（闕）蝸睆傷明。庸敢撫翼鵷鵬，追蹤驥騄。每承函素，若涉滄溟。亦有叢𦶇尙存，箋餘可記。至於縲從墨制，旣禦秦兵；綬匪舊儀，仍傳漢制。張池造寫，蔡碣舍舒。荷新淦之恩，空沾子野；發冶城之沼，獨避元規。窘類頡虁，辭同格飯。其爲愧怍，豈可勝言。庭筠狀。

昨日浴鐵時，光風亭小宴，三鼓方歸。臨出捧緘，在酲忘答。亦以蚳蝝久罄，川瀆皆限。豈知元化之杯，莫能窮竭；季倫之寶，益更扶疎。雖有瀚海壘石，須陽水號。烟城倥詠，剩出青松；惡道遺踪，空留白石。扇裏止餘烏犉，屏間正作蒼蠅。豈敢猶彎楚野之弓，尙索神亭之戟。謹當焚筆，不復操觚矣。庭筠狀。

謝襄州李尙書啓

某啓：某櫟社凡材，蕪鄉散質，殊無績效，堪奉恩明。曷當紫極牽裾，丹墀載筆。顧循虛淺，實過津涯。豈知畫舸方遊，俄昇於桂苑；蘭扃未染，已捧於芝泥。此皆寵自昇堂，榮因著錄。勵鴻毛之眇質，託羊角之高風。日用無窮，常仰生成之德；時來有自，寧知進取之規。兢惕彷徨，莫知所喻。未由陳謝，攀戀空深。

謝紇干相公啓

某啓：某材謝楩柟，文非綺組。間關千里，僅爲蠻國參軍；荏苒百齡，甘作荆州從事。寧思羽翼，可勵風雲。豈知持彼庸踈，栖於宥密。迴顧而漸離緇垢，冥昇而欲近烟霄。榮非始圖，事過初願。此皆揚芳甄藻，發跡門墻。邱門用賦之年，相如入室；楚國命官之日，宋玉登臺。一日光陰，百生輝映。末由陳謝，伏用兢惶。

上蔣侍郎啓二首

某聞有以踈賤而間至貴者，古人之所譏笑；有以單外而蘄末契者，君子之所兢戒。何則？無因以至，豈庸辨其妍媸；有爲而然，曾不計於能否。有談嘲異狀，詭激常姿。希彼顧瞻，斯爲衒造。則亦受嗤於識者，見詆於通人者矣。抑又聞三月而行，士人之常準；十年乃字，女子之常期。永爲千世之心，厥有後時之嘆。某尋常爵里，謬嗣盤盂。離方遁圓，因陋成寡。亦嘗研窮簡籀，耽味聲詩。頗識前修之懿圖，蓋聞長者之餘論。顓愚自任，幷介相忘。質文異變之方，驪翰殊風之旨。粗承師法，敢墜緹緗。伏以侍郎宏繼濟之機謀，運搜羅之默識。思將非質，來挂平衡。遂揚南紀之清源，謹効東皋之素謁。越石父彼何人也，夙佩遺文；趙臺卿敢欺我哉，敬承餘烈。輒以常所爲文若干首上獻。

某聞朔禽違雪，海鳥知風。苟曰含靈，咸思擇地。况乎謬窺墳素，常稟盤盂。從師於洙泗之間，擢跡於湘江之表。能不成周問道，先詣伯陽；故絳侍言，惟從叔向。伏惟侍郎稟生成之秀，窮先哲之姿。言成訓謨，信比暄燠。某率玆孤植，劻彼單家。持擊缶之凡音，嗣操琴之舊事。於是持撝自誓，割席相徵。味謝氏之膏腴，弄顏生之組繡。勞神焦慮，消日忘年。雖天分不多，尚慚於風雅；而人功斯極，劣近於謳歌。頃常撰刺門人，投書齊師。蒙垂盼飾，致在褒稱。既而文圃求知，神州就選。遂得生芻表意，腐帚生姿。永言棲託之怀，不在翾飛之後。今者商飈已扇，高壤蕭衰。楚貢將來，津塗悵望；高堂有念，末路增悲。願持款啓之心，先偵生成之施。倘或洛陽种鬲，猶記姓名；建業張遠，方宏采拾。則百靈斯畢，一顧爲榮。謹以新詩若干首上獻。延露蚩聲，皇華下調。有慚狂瞽，不稱仁私。無任依投之至。

上裴相公啓

某啓：聞効珍者先詣隋、和，鬻養者必求倉、扁。苟無懸解，難語奇功。至於有道之年，猶抱無辜之恨。斯則沒爲癘氣，來撓至平；數作冤聲，將垂不極。此亦王公大人之所慷慨，義夫志士之所歔欷。某性實顓蒙，器惟頑固。纂修祖業，遠愧孔琳；承襲門風，近慚張岱。自頃爰田錫寵，鏤鼎傳芳。占數遼西，横經稷下。因得仰窮師法，竊弄篇題。思欲紐儒門之絕帷，恢常典之休烈。俄屬羈孤牽軫，藜藿難虞。處默無衾，徒然夜嘆；修齡絕米，安事晨炊！既而羈齒侯門，旅遊淮上。投書自達，懷刺求知。豈期杜摯相傾，臧倉見嫉。守士者以忘情積惡，當權者以承意中傷。直視孤危，橫相陵阻。絕飛馳之路，塞飲啄之塗。射血有冤，叫天無路。此乃通人見愍，多士具聞。徒共興嗟，靡能昭雪。竊見玄宗皇帝初融景命，遽惻宸襟。收拭瑕疵，申明枉結。劉丞相導揚優詔，蘇許公潤色昌暮。五十年間，風俗敦厚。逮及翔泳未安其所，雨暘不得其和。匹夫匹婦之吁嗟，一聚一鄉之幽鬱。欲期昭泰，必仰陶鈞。某進抱疑危，退無依據。暗處囚拘之列，不沾涣汗之私。與煨燼而俱捐，比昆蟲而絕望。則是康莊並軌，偏哭於窮途；日月懸空，獨鄣於豐蔀。伏以相公致堯業裕，佐禹功高。百姓咸被其仁，一物不違於性。倘或在途興嘆，解彼右驂；彈劍有聞，遷於代舍。瞻風自卜，與古爲徒。此道不誣，貞明未遠。謹以文、賦、詩各一卷率以拘獻。縑緗儉陋，造寫繁蕪。干冒尊高，無任惶灼。

上令狐相公啓

某聞丘明作傳，必受宣尼；王隱著書，先依庾亮。或情憂國士，或義重門人。咸託光陰，方成志業。抑又聞棄茵微物，尚軫晉君；壞屩小姿，每干齊相。豈繫効珍之飾，蓋牽求舊之情。某邴第持囊，嬰車執轡。旁徵義故，最歷星霜。三千子之聲塵，預聞詩禮；十七年之鉛槧，尙委泥沙。敢言蠻國參軍，纔得荆州從事。自頃藩牀撫鏡，校府招弓。戴經稱女子十年，留於外族；稽氏則男兒八歲，保在故人。藐是流離，自然飄蕩。叫非獨鶴，欲近商陵；嘯類斷猿，况隣巴峽。光陰詎幾，天道如何？豈知蕞陋之姿，獨隔休明之運。今者野氏辭任，宣武求才。倘令孫盛緹油，無慚素尙；蔡邕編錄，獲偶貞期。徵迴謦欬之榮，便在陶鈞之列。不任覥冒彷徨之至。

上崔相公啓

某聞石苞覊賤，早遇何曾；魏武尊高，猥知徐晃。其後咸成間氣，訖立鴻勳。簡册增輝，尊彝動彩。則惟熙載，皆資甄藻之時；德邁賡歌，必用搜羅之道。是以皇綱克序，茂範咸凝。某荆氏凡材，雕陵散質。謬傳淸白，實守幽貞。矍圃彎弓，何能中鵠；丘門用賦，尋恥雕蟲。常患荒蕪，殊非挺拔。依劉蔫爾，素乏梯航；慕呂攀嵇，全無等級。分甘終老，莫有良期。既而竊仰洪鈞，來窺皎鏡。墳壚下土，敢望頒形；甕盎頑姿，寧希鑒貌？豈謂不遺孤拙，曲假生成。拔於泥滓之中，致在烟霄之上。遂使龍門奮發，不作窮鱗；鶯谷翩翾，終陪逸翰。此則在三恩重，吹萬功深。空乘變律之機，未得捐軀之兆。豈可猶希鼓鑄，更露情誠。伏念良馬嘶風，非堪伏阜；饑鷹刷羽，終恥棲籠。誠知豢養之恩，頗有飛翔之志。而又專門有暇，曾習政經；閉戶無營，因窺吏事。既辨張湯之鼠，深知子產之魚。書劍彷徨，年光倏忽。徒思效用，無以爲資。倘蒙再扇薰風，仍宣厚澤。庶使晏嬰精鑒，獲脫於在途；飂蔑微班，得昇於收器。纔聞謦欬，便是扶搖。

上首座相公啓

某聞舉不違宗，得於王濟；近因其族，聞自謝玄。雖通人與善之規，亦前哲睦親之道。某謬參華緒，得庇餘陰。固已鯉庭蒙翼長之恩，阮巷辱心期之許。遂得遷肌改骨，摛本揚英。則窮鳥入懷，靡求他所；羈禽繞樹，更託何枝？咋者膏壤五秋，川途萬里。遠違慈訓，就此窮棲。將卜良期，行當杪歲。通津加嘆，旅舍傷懷。相公河潤餘津，雲行廣施。調爨之味，未及宗親；育物之餘，希沾幼弱。倘或假一言之甄發，隨百蟄之昭蘇。庶令葛藟之陰，均其煦育；椒聊之實，遂彼扶疎。成鍾儀操樂之規，寬顧悌拜書之戀。下情無任。

上宰相啓二首

某聞日麗於天，洪纖必及；月離於畢，枯槁皆蘇。斯則推彼無私，彰於大信。苟關於宰匠，咸仰以生成。其或潤接西郊，流金未已；光承北陸，豐蔀猶深。則亦分作窮人，甘爲棄物。歲華超越，京洛風塵。忽爾號咷，固非阮籍；泫然沾灑，不爲楊朱。略亡覥冒之辜，惟以哀矜爲主。伏念三餘簡墮，六尺伶俜。臨濟輝華，昔懸陳榻；洛陽覊旅，今造膺門。已驚於自葉流根，敢望於裒多益寡。但以謝家故墅，事屬臨川；陸氏先疇，名遷好畤。同氣雖均於昭泰，連枝或累於榮枯。是以更求洪鈞，來呈瑣質。雖戴逵之弟，志尚無聞；而何準之兄，恩輝已遍。豈荀希河潤，更望餘波。投驥尾以容身，執豚蹄而望歲。然則迹同袁子，質異山郎。梓柱雲楣，獨居蝸舍；綺襦紈袴，已臥牛衣。若乃清旦問安，長筵稱壽。貂璫畢集，少長俱來。膏沫之餘，則飛蓬作鬢；銀黃之末，則青草爲袍。莫不顧影包羞，塡膺茹嘆。倘或王庭辨貴，許廁九疑；京縣坐曹，令懸五色。校於同列，未越彝章。則衛館遺孤，常聞出涕；山陽舊曲，不獨傷心。誓將居必在勤，行惟鞭後。潛知寄託，所望於江州；必效忠貞，得酬於吏部。無任惶懼之至。

某聞仁祖乘流，先知彥伯；張憑植棹，正値劉惔。豈惟俄頃遭逢，抑亦初終汲引。當其覊遊臨汝，旅泊丹徒。遐思謦欬之音，杳絕烟雲之路。苟無直道，將委窮途。何異於懸水揚音，九弄有潺湲之曲；嚴霜戒節，兩欒含清越之儀。某融襟蟻術，造跡龍門。三千子之聲塵，曾參講席；十七年之鉛槧，夙預元圖。而性稟牛癡，機無兩可。收堯抵而寡術，舉舜鳳以無緣。使何準之兄，皆爲杞梓；戴逵之弟，獨守蓬茅。至於詞藻辛勤，儒林積習。自期燕笥，不愧秦臺。伏以相公周輅輪輳，虞琴節奏。早振經邦之業，果敷華國之姿。伊尹安危，本同於兆庶；深源行止，必繫於興衰。既而放跡戎軒，遺榮晝室。劉尹秣陵之柳，尙有淸風；召公陝服之棠，空留美蔭。竊聞謠詠，卽付樞衡。是以負笈趨塵，贏糧載路。願奏書於台席，思撰履於侯門。倘張禹尊高，猶爲戴榮說禮；鄭玄嚴毅，便令服愼聞詩。敢嘆朝飢，誠甘夕死。加以旅途勞止，末路蕭條。不無悽惻之懷，豈只羈離爲主。仰瞻旌棨，如望蓬瀛。不任懇迫之至。

爲人上裴相公啓

某聞瘦馬依風，悲皆感土；秋鷹厲吻，飢卽投人。能知豢養之恩，頗識歸飛之兆。是以臺卿瀝懇，先告孫賓；越石棲身，惟親晏子。觀賢達始終之趣，察古今行止之規，必有良知，願諧依託。某伶俜弱植，憔悴孤根。詞林無渙水之文，官路乏甘陵之黨。每持疎拙，久謝紛華。既而曳履侯門，經時不遇；牽裾憲府，越月而昇。九衢獨愧於迷津，五省纔霑於掌庾。相公初締鄭棟，甫潤殷林。寧知蕞陋之姿，首在陶甄之列。拔於郎吏，委在絃歌。元日縱囚，殊無異政；淸晨探賊，未報殊恩。豈期遽露精誠，猶煩鼓鑄。近者私門集釁，同氣貽災。孀幼流離，關河綿邈。淚變萇宏之血，髮同園客之絲。萬里銷魂，孤燈弔影。蓋生人之大痛，行路之同悲。泉壤長辭，何緣取决？人琴併絶，不得申哀。端居則有愧簪纓，乞告而曾無事例。又以孔懷酷遠，先塋非遥。永言龜告之期，遂在蜩鳴之月。倘解其所任，契彼私心。絶緬冒於官曹，獲優遊於敎義。孤誠所願，九死如歸。其或念以艱虞，難於罷免。亦有虚閒散秩，不漏於幽微；終鮮之悲，無慚於顯晦。伏增哀迫懇款之至。

上鹽鐵侍郎啓

某聞珠履三千，猶憐墜屨；金釵十二，不替遺簪。苟興求舊之懷，不顧窮奢之飾。亦有河南撰刺，徵彼通家；虢略移書，期於倒屣。志亦求於義合，理難俟於言全。某菅蒯凡姿，邾滕陋族。釋耕耘於下邑，觀禮樂於中都。然素勵顓蒙，常耽比興。未逢仁祖，誰知風月之情；因夢惠連，或得池塘之句。莫不冥搜刻骨，默想勞神。未嫌彭澤之車，不嘆萊蕪之甑。其或嚴霜墜葉，孤月離雲。片席飄然，方思獨往；空亭悄爾，不廢閑吟。強將麋鹿之情，欲學鴛鴦之性。遂使幽蘭九畹，傷謠諑之情多；丹桂一枝，竟攀折之路斷。豈直牛衣有淚，蝸舍無烟。此生而分作窮人，他日而惟稱餓隸。頃者萍蓬旅寄，江海羈遊。達姓字於李膺，獻篇章於沈約。特蒙俯開嚴重，不陋幽遐。至於遠泛仙舟，高張妓席。識桓温之酒味，見羊祜之襟情。既而哲匠司文，至公當柄。猶困龍門之浪，不逢鶯谷之春。今日俯及陶鎔，將裁品物；輒申丹慊，更竊清陰。倘一顧之榮，將迴於咳唾；則陸沈之質，庶望於騫翔。永言進退之塗，便決榮枯之分。如翩翻賀燕，巢幕何依？觳觫齊牛，釁鐘將遠。苟難窺於數仞，則永墜於重泉。空持擁篲之情，不識叫閽之路。不任懇迫之至。

上封尙書啓

某跡在泥途，居無紹介。常思激勵，以發湮沈。素稟顓愚，夙躭比興。因得誅茅絕頂，薙草荒田。默想勞神，冥搜刻骨。遂使崇朝覽鏡，壯齒成衰；暇日欹冠，玄鬢變白。望將蕪非，來貢文明。伏遇尙書秉甄藻之權，盡搜羅之道。誰言凡拙，獲預恩知。華省崇嚴，廣庭稱獎。自此鄉閭改觀，瓦礫生姿。雖楚國求才，難陪足跡；而丘門託質，不負心期。一旦推轂貞師，渠門錫祉。顧惟孤拙，頻有依投。今者正在窮途，將臨獻歲。曾無勺水，以化窮鱗。俯念歸荑，猶憐棄席。假劉公之一紙，達彼春卿；成季布之千金，沾於下士。儻迴咳唾，卽變昇沈。羈旅多虞，窮愁少暇。不獲親承師席，躬拜行臺。輕冒尊顏，伏增惶懼。

投憲丞啓

某聞古者窮士求知，孤臣薦拔，或三歲未嘗交語，或一言便許忘年。奇偶之間，彼何相遠？則運租船上，便獲甄才；避雨林中，俄聞託契。此又無由自致，不介而親者也。某洛水諸生，甘陵下黨。曾遊太學，不識承宮；偶到離庭，始逢种暠。懸薑照字，編葦爲資。遂竊科名，纔沾祿賜。常恐澗中孤石，終無得地之期；風末微姿，未卜棲身之所。侍郎議合機象，望逼台衡。每敍羣才，常推直道。昨日攝齊邱里，撰刺膺門。伏蒙清誨垂私，温言假煦。內惟孤賤，急被輝華。覺短羽之陵飈，似窮鱗之得水。今者方祗下邑，又隔嚴扃。誰謂避秦，翻同去魯。佇見漢朝朱傅，由憲長以登庸；願同晉室徐寧，因縣僚而遷次。下情無任。

上裴舍人啓

某自東道無依，南風不競，如擠井谷，若泛滄溟。莫知投足之方，不識棲身之所。孫嵩百口，繫以存亡；王尊一身，困於賢佞。伏念濟絕氣者，命爲神藥；起僵屍者，號曰良醫。自頃常奉緒言，每行中慮。猥將瑣質，貯在宏襟。今則阮路興悲，商歌結恨。牛衣夜哭，馬柱晨吟。一笈徘徊，九門深阻。敢持幽款，上訴隆私。伏以舍人十六兄，法上聖之規，行古人之道。俯斆中外，不陋幽沈。跡在層霄，足有排虛之計；身居大牖，寧無濟溺之方？伏在庭除，希聞謦欬。下情無任。

上蕭舍人啓

某啓：某聞孫登之奬嵇康，鬷蔑之逢叔向，蓋亦仙凡自隔，豈惟流品相懸。雖三秀鮮華，終難苟得；一言輝發，因此相期。曷嘗不仰企前修，追懷逸躅。豈期陋質，偶竊貞規。某器等餅筲，居惟嶺嶠。徒然折簡，非孔門之詞；率爾中科，忝劉縧之第。殷硎協律，（闕）頃因同籍，遂及論交。竊示裏言，奉揚嚴旨。張司空汲引，先及陸機；楊丞相銓衡，竟遺劉炫。實亦義同得祿，榮甚登門。伏以舍人川瀆降靈，星辰効祉。所冀陶鈞之日，不忘簪屨之餘。報不先期，竊比齊門座客；情非自外，欲爲顧氏家丞。徒自捐軀，安能報德。下情伏增依託。

上學士舍人啓二首

某聞七桂希聲，契冥符於淥水；兩欒孤嚮，接元暎於清霜。感達眞知，誠參神妙。其有不待奔傾之狀，寧聞擊考之功。亦有芝砌流芳，蘭扃襲馥。已困雕陵之彈，猶驚衞國之弦。而暗達明心，潛申讜議。重言七十，俄變於榮枯；曲禮三千，非由於造詣。始知時難自意，道不常艱。某荀鐸搖車，邕琴入爨。委悴倌人之末，摧殘膳宰之前。不遇知音，信爲棄物。伏以學士舍人陽葩搴秀，夏采含章。靜觀行止之規，已作陶鈞之業。遂使枯魚被澤，病驥追風。永辭平坂之勞，免作窮途之慟。恩如可報，雖九死而奚施；軀若堪捐，豈三思而後審。下情無任。

某步類壽陵，文慚渙水。登高能賦，本乏材華；獨立聞詩，空尊詣道。在蜀郡而惟希狗監，泝河流而未及龍門。常嘆美玉在山，但揚異彩；更恐崇蘭被逕，每隔殊榛。徒自沈埋，誰能攀擷？一旦雕於敏手，佩以幽襟。免使琳慚，寧貽蕙嘆。潛虞末路，未有良期。今乃受薦神州，爭雄墨客。空持硯席，莫識津塗。既而臨汝運租，先逢謝尚；丹陽傳教，取覓張憑。輝華居何準之前，名第在冉耕之列。俄生藻繡，便出泥沙。誰言獻輅車軨，先期畢命；猶懼吹竽樂府，未稱知音。倘更念毛輸，終思翼長。贖彼在途之厄，仍遺生芻；脫於鳴坂之勞，兼貽半菽。平生企望，終始依投。不任感恩干冒之至。

上杜舍人啓

某聞物乘其勢，則籊汜畫塗；才戾於時，則荷戈入棘。必由賢達之門，乃是坦夷之逕。是以陸機行止，惟繫張華；孔閣文章，先投謝朓。遂得名高洛下，價重江南。惟彼歸荑，同於拾芥。某弱齡有志，中歲多虞。模孝綽之辭，方成牋奏；竊仲任之論，始解言談。猶恨日用殊多，天機素少。揆牛涔於巨浸，持蟻垤於維嵩。曾是自強，雅非知量。李郢秀奉揚仁旨，竊味昌言。豈知沈約扇中，猶題拙句；孫賓車上，欲引凡姿。進不自期，榮非始望。今者末塗惆悵，羈宦蕭條。陋容須託於媒揚，沈痼宜蠲於醫緩。亦曾臨鉛信史，鼓篋遺文。頗知甄藻之規，粗達顯微之趣。倘使閣中撰述，試傳名臣；樓上妍媸，暫陪諸隸。微迴木鐸，便是雲梯。敢露誠情，輒干墻仞。

上吏部韓郎中啓

某識異旁通，才無上技。幸傳丕訓，免墜清芬。衡軛相逢，方悲下路；弦弧未審，可異前朝。郭翻無建業先疇，稽紹有滎陽舊宅。故人爲累，僅得豬肝；薄技所存，殆成鷄肋。分陰屢轉，尺涕難收。仲宣之爲客不休，諸葛之娶妻怕早。居惟數畝，不足棲遲；智效一官，靡能沾沃。荒涼散社，流寓窮塗。高堂之甕社難充，下澤之津蹊可見。竊以棄茵懷舊，尚動深仁；投釣言情，猶牽末契。敢將幽懇，來問平衡。昇平相公，簡翰爲榮，巾箱永秘。頗垂敦獎，未至陵夷。倘蒙一話姓名，試令區處。分鐵官之瑣吏，厠鹽醬之常僚。則亦不犯脂膏，免藏縑素。豈惟窮猿得木，涸鮒投泉。然後幽獨有歸，永託山濤之分；赫曦無恥，免干程曉之門。進退彷徨，不知所喻。

上蕭舍人啓

某啓：某聞周公當國，東伐淮夷；陸抗持權，北臨江漢。或陳師鞠旅，或築室反耕。然後王府圖功，台庭陟恪。猶垂壯烈，尙播雄圖。屬者邊塞失和，羌豪俶擾，烟塵驟起，烽燧相連。犬牙秦雍之疆，蠆尾河汾之地。雖登壇授鉞，屢選中權；而禁暴安人，殊無上策。相公手捐相印，腰佩兵符。威不搴旗，信惟盈缶。莫不周勤體物，煦嫗垂仁。足食足兵，俄成於富庶；惟風及雨，立致於生成。今者再振萬機，重宣五教。方從易簡，及表優崇。凡列陶鎔，咸增抃賀。從此鐏彝著德，鐘鼎流芳。四海遐瞻，共卜歸還之兆；一陽初建，便當霖雨之期。某忝預恩知，實踰倫等。

爲前邕府段大夫上宰相啓

某聞欒氏垂恩，延於十世；屈生罹譴，不過三年。雖行一切之科，宜聽九刑之訴。某謬因門蔭，獲忝朝私。雖位以恩遷，而官由政舉。累經重事，皆立微勞。頃年初忝邕南，頗常釐弊。事皆條奏，不敢曠官。冰蘖自居，膏腴不染。南蠻俶擾，邊徼先聞，始事詳觀，飛章備述。黃伯選根基深固，溪洞酋豪，準詔懷來，署之軍職。李蒙妄因非罪，忽使誅鋤。某離任之初，濫稱遺愛。伍營校隊，千里農桑，叫譟盈途，牽留截鐙。爰從初任，以至罷還，不戮一夫，聞於衆聽。其後既經焚蕩，又遣統臨。糠籺不充，菅蓬自覆。曾無祿賜，惟抱憂危。至無尺絹貫緡，以爲歸費。及蒙罪狀煥在絲綸，以爲徒忝官常，曾無制置，且經營甫爾，物力未周。拜疏將行，替人俄至。仰恩波而不浹，駐官局以何由？懦怯請兵，才非將帥。今者九州徵發，萬里喧騰，憑賊請鋒，已至城下。則以三千土著，衆寡如何？兩任經年，曾無掩襲。雖有烟塵之候，不踰朝貢之州。無勞北軍，已自抽退。伏念至德建中之際，長蛇大家之間，願報國恩，盡縻家族。松楸未拱，帶礪猶存。顧慙無用之軀，旋漏不私之貸。僑居乞食，蓬轉萍飄，生作窮人，死爲醜鬼。伏惟相公，業開伊呂，朗鏡臨人；運値堯湯，平衡宰物。伏乞錄其勳舊，假以生成。免令家廟豐碑，尚垂蟲篆；秋庭陋巷，長設雀羅。戀闕傷魂，臨途結欷。無任懇迫。

上崔大夫啓

伏承已踐埋輪，光膺弄印。夙承知遇，欣賀伏深。大夫二十三兄，銑社光輝，珠庭宅慶。居方可裕，秉直無從。誠宜便捨圭符，來調鼎鼐。而乃芝田挺秀，不許於三農；蕙畝流芳，寧同於百卉。伏想嵇山靈爽，鏡水澄明，仰止尊高，居然勝絶。隱貧居而坐聞絲管，調仙家而行有旌旗。竊料已飾廉車，行離郡界。高風在律，爽氣盈軒。未銷皋壤之秋，已領江山之秀。瞻望恩顧，攀結倍深。

牓國子監

右前件進士所納詩篇等，識略精微，堪裨教化；聲詞激切，曲備風謠。標題命篇，時所難著。燈燭之下，雄詞卓然。誠宜牓示衆人，不敢獨專華藻。並仰牓出，以明無私。仍請申堂，並牓禮部。咸通七年十月六日，試官温庭筠牓。

舊唐書本傳　附錄三

溫庭筠者，太原人，本名岐，字飛卿。新書：庭筠，彥博孫。大中初，應進士。苦心研席，尤長於詩賦。初至京師，人士翕然推重。然士行塵雜，不修邊幅，能逐弦吹之音，爲側豔之詞，公卿家無賴子弟裴誠、令狐滈之徒，相與蒱飲，酣醉終日，由是累年不第。新書：庭筠思神速，多爲人作文。大中末，試有司，廉視尤謹，庭筠不樂，上書千餘言，然私占授者已八人。執政鄙其所爲，授方山尉。徐商鎮襄陽，往依之，署爲巡官。咸通中，失意歸江東，路由廣陵，心怨令狐綯在位時不爲成名。既至，與新進少年狂遊狹邪，久不刺謁。又乞索於楊子院，醉而犯夜，爲虞候所擊，敗面折齒，方還揚州訴之。令狐綯捕虞候治之，極言庭筠狹邪醜迹，乃兩釋之。自是汙行聞於京師。庭筠自至長安，致書公卿間雪冤。屬徐商知政事，頗爲言之。無何，商罷相出鎮，楊收怒之，貶爲方城尉。再遷隋縣尉，卒。新書：事聞京師，庭筠徧見公卿，言爲吏誣染。俄而徐商執政，頗右之，欲白用。會商罷，楊收疾之，遂廢卒。子憲，以進士擢第。弟庭晧，咸通中爲徐州從事，節度使崔彥曾爲龐勛所殺，庭晧亦被害。庭筠著述頗多，新書藝文志：握蘭集三卷，又金荃集十卷，詩集五卷，漢南眞稿十卷。宋志同。而詩賦韻格清拔，文士稱之。新書：庭筠工爲辭章，與李商隱皆有名，號「溫李」、李商隱傳：商隱與太原溫庭筠、南郡段成式齊名，時號「三十六體」。文思淸麗，視庭筠過之。而俱無特操，恃才詭激，爲當塗者所薄，名宦不進，坎壈終身。

諸家詩評　附錄四

全唐詩話一則

庭筠才思豔麗，工於小賦。每入試，押官韻作賦，凡八叉手而八韻成，時號「温八吟」。紀事作叉。多爲鄰舖假手，日救數人。已而士行玷缺，搢紳薄之。李義山謂曰：「近得一聯句云：遠比趙公，三十六年宰輔。未得偶句。」温曰：「何不云：近同郭令，二十四考中書。」宣宗嘗賦詩，上句有金步搖，未能對，遣求進士對之。庭筠乃以玉條脫續之，宣宗賞焉。又藥名有白頭翁，温以蒼耳子爲對。他皆類此。宣宗愛唱菩薩蠻詞，丞相令狐綯假其修撰密進之，戒令勿洩，而遽言於人，由是疎之。温亦有言云「中書堂內坐將軍」，譏相國無學也。宣皇好微行，遇温於逆旅。温不識龍顔，傲然而詰之曰：「公非長史、司馬之流？」帝曰：「非也。」又曰：「得非六參、簿尉之類？」帝曰：「非也。」謫爲方城尉，其制辭曰：「孔門以德行爲先，文章爲末，爾既德行無取，文章何以稱焉！徒負不羈之才，罕有適時之用。」竟流落而死。杜悰自西川除淮海，庭筠詣韋曲杜氏林亭，留詩云：「卓氏壚前金線柳，隋家隄畔錦帆風。貪爲兩地行霖雨，不見池蓮照水紅。」邠公聞之，遺絹千匹。曾於江、淮爲親表辱之，由是改名。唐詩紀事同。

唐詩紀事二則

令狐綯曾以舊事訪於庭筠，對曰：「事出南華，一作華陽，下同。非僻書也。或冀相公燮理之暇，時宜覽古。」綯益怒，奏庭筠有才無行，卒不得第。庭筠有詩曰：「因知此恨人多積，悔讀南華第二篇。」

光風亭夜宴，伎有醉毆者，温飛卿曰：「若狀此便可以疻面對捽胡。」成式乃曰：「捽胡雲彩落，疻面月痕消。」又曰：「擲履仙鳧起，撦衣蝴蝶飄。羞中含薄怒，嚬裏帶餘嬌。醒後猶攘腕，歸時更折腰。狂夫自纓絕，眉勢倩誰描？」韋蟾云：「爭揮鉤弋手，競聳踏摇身。傷頰詎闕舞，捧心非效嚬。」飛卿云：「吳國初成陣，王家欲解圍。拂巾雙雉叫，飄瓦兩鴛飛。」

六一詩話一則

聖俞嘗語余曰：「詩家雖率意，而造語亦難。若意新語工，得前人所未道者，斯爲善也。必能狀難寫之景，如在目前；含不盡之意，見於言外，然後爲至矣。」賈島云：「竹籠拾山果，瓦瓶擔石泉。」姚合云：「馬隨山鹿放，雞逐野禽栖。」等是山邑荒僻，官況蕭條，不如「縣古槐根老，官淸馬骨高」爲工也。若嚴維「柳塘春水漫，花塢夕陽遲」，則天容時態，融和駘蕩，豈不如在目前乎！又若温庭筠「雞聲茅店月，人迹板橋霜」，賈島「怪禽啼曠野，落日恐行人」，則道路辛苦，羇旅愁思，豈不見於言外乎！

滄浪詩話一則

西崑體卽李商隱體，然兼温庭筠及本朝楊、劉諸公而名之也。

彥周詩話一則

段成式與温庭筠雲藍紙詩序曰：「予在九江，出意造雲藍紙，輒分送五十枚。」其詩曰：「三十六鱗充使時，數番猶得表相思。」唐詩紀事下有「待將袍襖重鈔了，盡寫襄陽播掿詞」。蓋龍八十一鱗，鯉三十六鱗也。

三山老人語錄一則

六一居士喜温庭筠詩：「雞聲茅店月，人迹板橋霜。」嘗作過張至祕校莊詩云：「鳥聲梅店雨，野色板橋春。」效其體也。

雪浪齋日記一則

温庭筠小詩尤工，如「牆高蝶過遲」，又「蝶翎胡粉重，鴉背夕陽多」，又過蘇武廟詩云：「歸日樓臺非甲帳，去時冠劍是丁年」，皆工句也。

漁隱叢話一則

苕溪漁隱曰：温飛卿晚春曲一首，殊有富貴佳致也。

北夢瑣言二則

温庭筠理髮，思來即罷櫛綴文。

庭筠又每歲舉場，多爲舉人假手。侍郎沈詢知舉，别施鋪席授庭筠，不與諸公鄰比。翌日，於簾前請庭筠曰：「向來策名者，皆是文賦託於學士，某今歲場中，幷無假託學士。勉旃！」因遣之，由是不得意也。唐詩紀事小異。

桐薪一則

温岐少曾於江、淮爲親表櫝楚，故改名庭雲，字飛卿。而他書或作庭筠，不曉所謂。

温嘗傲唐宣皇於逆旅，不獨獲罪令狐綯，流落而死，晚矣！温貌甚陋，號「温鍾馗」，不稱才名。最善鼓琴吹笛，云：「有絲即彈，有孔即吹，不必柯亭爨桐也。」著乾膭子，今其書不傳。

玉泉子一則

温庭筠有詞賦盛名。初，將從鄉里舉，客遊江、淮間，揚子留後姚勗厚遺之。庭筠少年，所得錢帛多爲狹邪費。勗大怒，笞且逐之，以故庭筠卒不中第。其姊，趙顓之妻也。每以庭筠下第，輒切齒於勗。一日，廳有客，温氏偶問客姓氏，左右以勗對。温氏遂出廳事，前執勗袖大哭。勗殊驚異，且持袖牢固不可脫，不知所爲。移時，温氏方曰：「我弟年少宴遊，人之常情，奈何笞之？迄今無成，由汝致之。」復大哭，久之，方得解。勗歸憤訝，竟因此得疾而卒。

南部新書一則

令狐綯以姓氏少，族人有投者，不吝其力，由是遠近皆趨之，至有姓胡冒令者。進士温庭筠戲爲詞曰：「自從元老登庸後，天下諸胡悉帶令。」

後記 附錄五

昔先考功令山陰時，邑人曾君，名益，字謙，注温庭筠詩四卷，曰八叉集。先考功謂其用心良苦，特鳩工剞劂，流傳一時。後歷銓曹歸里，葺治雅園，寄情詩酒。間嘗繙閱曾注，惜其闕佚頗多，援引亦不免穿鑿，重爲箋注，廣搜博考，援筆記纂。凡夫割剝支離、舛錯附會之說，輒復隨手删削。未畢事，而先考功歿世。時嗣立甫五歲耳。荏苒迄今，年過三十，濩落一無成就，惴惴焉惟以隕越先業是懼。去年秋，從長安歸，檢校篋中，得先考功遺筆。傷前緒之未竟，撫卷不勝泫然。用是鍵戶校勘，會稡經史百家，以至稗官小說、釋典道藏，諸書無不隱括，采拾所增者復得十之三四；而曾注中如漢皇迎春詞之誤釋高祖，邯鄲郭公詞之誤釋令公，譌謬不一，痛爲芟汰，又約計十之五六。凡此一皆本諸先考功之意，不敢妄生臆見。因自傷少遭孤露，不獲親承庭訓，縱竭區區，固陋未能發明萬一，顧猶藉是編得以時誦先考功之淸芬，非獨欲訂正曾注之失也。纘輯既成，依宋本分爲詩集七卷，別集一卷，復采諸英華、絕句諸本中定爲集外詩一卷，而續注焉。案唐藝文志載庭筠有握蘭集三卷，又金荃集十卷，詩集五卷，漢南眞稿十卷；明焦竑經籍志亦同。今所見宋刻止金荃集七卷，別集一卷，金筌詞一卷，并無八叉之目，更題之曰飛卿詩集，從其字也。時康熙三十六年歲在丁丑春正月，長洲顧嗣立謹書於閶邱小圃之秀野草堂。

秋笳集	[清]吴兆騫撰　麻守中校點
漁洋精華録集釋	[清]王士禛著 李毓芙、牟通、李茂肅整理
聊齋志異會校會注會評本	[清]蒲松齡著　張友鶴輯校
敬業堂詩集	[清]查慎行著　周劭標點
納蘭詞箋注	[清]納蘭性德著　張草紉箋注
方苞集	[清]方苞著　劉季高校點
樊榭山房集	[清]厲鶚著　[清]董兆熊注 陳九思標校
劉大櫆集	[清]劉大櫆著　吴孟復標點
儒林外史彙校彙評	[清]吴敬梓著　李漢秋輯校
小倉山房詩文集	[清]袁枚著　周本淳標校
忠雅堂集校箋	[清]蔣士銓著　邵海清校 李夢生箋
甌北集	[清]趙翼著　李學穎、曹光甫校點
惜抱軒詩文集	[清]姚鼐著　劉季高標校
兩當軒集	[清]黄景仁著　李國章校點
茗柯文編	[清]張惠言著　黄立新校點
瓶水齋詩集	[清]舒位著　曹光甫點校
龔自珍全集	[清]龔自珍著　王佩諍校點
水雲樓詩詞箋注	[清]蔣春霖著　劉勇剛箋注
人境廬詩草箋注	[清]黄遵憲著　錢仲聯箋注
嶺雲海日樓詩鈔	[清]丘逢甲著　丘鑄昌標點

湯顯祖戲曲集	[明]湯顯祖著　錢南揚校點
白蘇齋類集	[明]袁宗道著　錢伯城校點
袁宏道集箋校	[明]袁宏道著　錢伯城箋校
珂雪齋集	[明]袁中道著　錢伯城點校
隱秀軒集	[明]鍾惺著　李先耕、崔重慶標校
譚元春集	[明]譚元春著　陳杏珍標校
陳子龍詩集	[明]陳子龍著 施蟄存、馬祖熙標校
牧齋初學集	[清]錢謙益著　[清]錢曾箋注 錢仲聯標校
牧齋有學集	[清]錢謙益著　[清]錢曾箋注 錢仲聯標校
牧齋雜著	[清]錢謙益著　[清]錢曾箋注 錢仲聯標校
牧齋初學集詩注彙校	[清]錢謙益著　[清]錢曾箋注 卿朝暉輯校
李玉戲曲集	[清]李玉著 陳古虞、陳多、馬聖貴點校
吴梅村全集	[清]吴偉業著　李學穎集評標校
歸莊集	[清]歸莊著
顧亭林詩集彙注	[清]顧炎武著　王蘧常輯注 吴丕績標校
安雅堂全集	[清]宋琬著　馬祖熙標校
吴嘉紀詩箋校	[清]吴嘉紀著　楊積慶箋校
陳維崧集	[清]陳維崧著　陳振鵬標點 李學穎校補

淮海居士長短句箋注	[宋]秦觀著　徐培均箋注
清真集箋注	[宋]周邦彦著　羅忼烈箋注
樵歌校注	[宋]朱敦儒著　鄧子勉校注
李清照集箋注(修訂本)	[宋]李清照著　徐培均箋注
陳與義集校箋	[宋]陳與義著　白敦仁校箋
蘆川詞箋注	[宋]張元幹著　曹濟平箋注
劍南詩稿校注	[宋]陸游著　錢仲聯校注
放翁詞編年箋注(增訂本)	[宋]陸游著　夏承燾、吴熊和箋注 陶然訂補
范石湖集	[宋]范成大撰　富壽蓀標校
于湖居士文集	[宋]張孝祥著　徐鵬校點
稼軒詞編年箋注(定本)	[宋]辛棄疾撰　鄧廣銘箋注
姜白石詞編年箋校	[宋]姜夔著　夏承燾箋校
後村詞箋注	[宋]劉克莊著　錢仲聯箋注
雁門集	[元]薩都拉著 殷孟倫、朱廣祁校點
揭傒斯全集	[元]揭傒斯著　李夢生標校
高青丘集	[明]高啓著　[清]金檀注 徐澄宇、沈北宗校點
震川先生集	[明]歸有光著　周本淳校點
海浮山堂詞稿	[明]馮惟敏著 凌景埏、謝伯陽標校
滄溟先生集	[明]李攀龍著　包敬第點校
梁辰魚集	[明]梁辰魚著　吴書蔭編集校點
沈璟集	[明]沈璟著　徐朔方輯校
湯顯祖詩文集	[明]湯顯祖著　徐朔方箋校

玉谿生詩集箋注	[唐]李商隱著　[清]馮浩箋注 蔣凡校點
樊南文集	[唐]李商隱著　[清]馮浩詳注 錢振倫、錢振常箋注
皮子文藪	[唐]皮日休著　蕭滌非、鄭慶篤整理
鄭谷詩集箋注	[唐]鄭谷著 嚴壽澂、黄明、趙昌平箋注
韋莊集箋注	[五代]韋莊著　聶安福箋注
二晏詞箋注	[宋]晏殊、晏幾道著　張草紉箋注
梅堯臣集編年校注	[宋]梅堯臣著　朱東潤編年校注
歐陽修詩文集校箋	[宋]歐陽修著　洪本健校箋
蘇舜欽集	[宋]蘇舜欽著　沈文倬校點
嘉祐集箋注	[宋]蘇洵著　曾棗莊、金成禮箋注
王荆文公詩箋注	[宋]王安石著　[宋]李壁箋注 高克勤點校
王令集	[宋]王令著　沈文倬校點
蘇軾詩集合注	[宋]蘇軾著　[清]馮應榴注 黄任軻、朱懷春校點
東坡樂府箋	[宋]蘇軾著　[清]朱孝臧編年 龍榆生校箋
欒城集	[宋]蘇轍著　曾棗莊、馬德富校點
山谷詩集注	[宋]黄庭堅著　[宋]任淵、史容、 史季温注　黄寶華點校
山谷詩注續補	[宋]黄庭堅著　陳永正、何澤棠注
山谷詞校注	[宋]黄庭堅著　馬興榮、祝振玉校注
淮海集箋注	[宋]秦觀撰　徐培均箋注

孟浩然詩集箋注	[唐]孟浩然著　佟培基箋注
王右丞集箋注	[唐]王維著　[清]趙殿成箋注
李白集校注	[唐]李白著　瞿蜕園、朱金城校注
高適集校注	[唐]高適著　孫欽善校注
杜詩趙次公先後解輯校	[唐]杜甫著　[宋]趙次公注 林繼中輯校
杜詩鏡銓	[唐]杜甫著　[清]楊倫箋注
錢注杜詩	[唐]杜甫著　[清]錢謙益箋注
岑参集校注	[唐]岑參著　陳鐵民、侯忠義校注
戴叔倫詩集校注	[唐]戴叔倫著　蔣寅校注
韋應物集校注(增訂本)	[唐]韋應物著　陶敏、王友勝校注
權德輿詩文集	[唐]權德輿撰　郭廣偉校點
韓昌黎詩繫年集釋	[唐]韓愈著　錢仲聯集釋
韓昌黎文集校注	[唐]韓愈著　馬其昶校注 馬茂元整理
劉禹錫集箋證	[唐]劉禹錫著　瞿蜕園箋證
白居易集箋校	[唐]白居易著　朱金城箋校
柳宗元詩箋釋	[唐]柳宗元著　王國安箋釋
柳河東集	[唐]柳宗元著　[宋]廖瑩中輯注
元稹集校注	[唐]元稹著　周相録校注
長江集新校	[唐]賈島著　李嘉言新校
三家評注李長吉歌詩	[唐]李賀著　[清]王琦等評注
樊川文集	[唐]杜牧著　陳允吉校點
樊川詩集注	[唐]杜牧著　[清]馮集梧注
温飛卿詩集箋注	[唐]温庭筠著　[清]曾益等箋注

《中國古典文學叢書》已出書目

詩經今注	高亨注
楚辭今注	湯炳正、李大明、李誠、熊良智注
司馬相如集校注	[漢]司馬相如著　金國永校注
揚雄集校注	[漢]揚雄著　張震澤校注
張衡詩文集校注	[漢]張衡著　張震澤校注
阮籍集	[魏]阮籍著　李志鈞等校點
陶淵明集校箋(修訂本)	[晉]陶潛著　龔斌校箋
世説新語箋疏(修訂本)	[南朝宋]劉義慶撰　余嘉錫箋疏　周祖謨等整理
世説新語校釋	[南朝宋]劉義慶撰　[南朝梁]劉孝標注　龔斌校釋
鮑參軍集注	[南朝宋]鮑照著　錢仲聯增補集説校
謝宣城集校注	[南朝齊]謝朓著　曹融南校注集説
文心雕龍義證	[南朝梁]劉勰著　詹鍈義證
詩品集注(增訂本)	[梁]鍾嶸著　曹旭集注
文選	[梁]蕭統編　[唐]李善注
王梵志詩集校注(增訂本)	[唐]王梵志著　項楚校注
盧照鄰集箋注	[唐]盧照鄰著　祝尚書箋注
駱臨海集箋注	[唐]駱賓王著　[清]陳熙晉箋注
王子安集注	[唐]王勃著　[清]蔣清翊注